高等院校经济管理类专业应用型系列教材

客户关系管理理论与实务

周万发　饶欣　主　编
艾青益　范春　副主编

清华大学出版社
北　京

内 容 简 介

本书立足于企业客户管理岗位的工作背景,满足客户管理人员所需知识、技能和心态,围绕国家相关职业标准编排设计了客户关系管理概论、客户识别与开发、客户信息库的建设与管理、客户服务质量的提高、渠道客户关系管理、核心客户的管理、客户关系管理与营销、客户关系管理系统的设计与开拓等八章。

本书既可以作为高等学校经济管理类专业学习客户关系管理理论的教材,又可以作为职业教育、成人教育教材,还可以作为企业培训客户管理人员的参考书。

图书在版编目(CIP)数据

客户关系管理理论与实务/周万发,饶欣主编.--北京:清华大学出版社,2015(2019.12重印)
高等院校经济管理类专业应用型系列教材
ISBN 978-7-302-39051-0

Ⅰ.①客… Ⅱ.①周… ②饶… Ⅲ.①企业管理-供销管理-高等学校-教材 Ⅳ.①F274

中国版本图书馆 CIP 数据核字(2015)第 017145 号

责任编辑:刘翰鹏
封面设计:宋　彬
责任校对:李　梅
责任印制:沈　露

出版发行:清华大学出版社
　　　　网　　　址:http://www.tup.com.cn,http://www.wqbook.com
　　　　地　　　址:北京清华大学学研大厦 A 座　　　　　　邮　　编:100084
　　　　社 总 机:010-62770175　　　　　　　　　　　　　邮　　购:010-62786544
　　　　投稿与读者服务:010-62776969,c-service@tup.tsinghua.edu.cn
　　　　质量反馈:010-62772015,zhiliang@tup.tsinghua.edu.cn
　　　　课件下载:http://www.tup.com.cn,010-62795764
印 装 者:三河市少明印务有限公司
经　　销:全国新华书店
开　　本:185mm×260mm　　　　印　　张:14.75　　　　字　　数:335 千字
版　　次:2015 年 4 月第 1 版　　　　　　　　　　印　　次:2019 年 12 月第 4 次印刷
定　　价:29.00 元

产品编号:062020-01

前　言

客户选择企业,企业选择客户。许多企业的运行机制已成功转型为营销型企业。客户选择的是品牌企业、品牌产品。客户的选择与管理已成为推动企业营销的关键。现代市场营销的发展趋势是:消费者的消费日益享乐化、舒适化、品牌化、奢侈化。任何企业要想更好地生存和发展,必须最大限度地寻找更多的潜在顾客。

结交新客户,不忘老客户。积极推行分级管理,我们既要重视有价值的 A 级客户,也要高度关注一段时间内购买力稍差的 C 级客户。培养他们,引导他们,提升他们,才能不断壮大我们的客户队伍。有了客户,才有营销。当然其间的客户关系管理就显得至关重要,不可忽视。

客户不仅包括企业产品的终端消费者,还包括与企业经营相关的任何组织和个人。关系管理是在生产格局变化的背景下,从过去以资本为中心对生产商、销售商、相关企业的权威命令式组织关系,转变为对员工、销售商、相关企业的非权威命令式的协作关系的管理。关系管理包括:上游企业的关系管理、横向企业关系的管理、下游企业和销售商的关系管理、企业内部劳资关系管理、客户关系管理、企业与社会和市场环境的关系管理、企业与所有者利益关系管理。

客户关系管理是一种商业策略,目标是通过优化客户的行动使企业获得最大的商业成功。CRM 是管理客户关系的商业策略和商业实践,它强调用不同方式管理不同的客户,给客户带来价值的同时,也为公司创造价值。它不仅是管理软件和技术,而且是融入企业经营理念、生产管理和市场营销、客户现代服务等领域的一种以客户为中心的管理方法。

现代营销已跨入了客户服务时代,客户服务也是一种企业营销人员的业绩目标。本书强化素质教育和能力培养,注重学生的科学思维方法和创新精神,特别强调操作中的实务。主张理论与实践的一体化,学中做、做中学。力求通过对本课程的了解和熟悉,培养学生的企业经济管理素质和技能。

在内容安排上,本书以案例带动教学,精心编排了八章,围绕客户关系管理的理论和实务展开了必要的探讨,特别是每章结束处又以案例分析来加强对学生的训练,有利于提高学生的实际操作能力。

本书由武汉商贸学院周万发、艾青益、朱婀丹、王艳梅,湖北工业大学商贸学院饶欣、宋秀芬,湖北税务学院的范春等编写。其中,饶欣编写第一、第二、第四章,王艳梅编写第三章,艾青益编写第五章,范春编写第六章,宋秀芬编写第七章,朱婉丹编写第八章。本书编写过程中,还得到了武汉易斯特咨询服务公司、上海先兴网络科技有限公司、深圳新高度杭州分公司、珠海天沐厦门分公司、武汉泰康人寿、浙江台州人本、武汉 21 世纪房地产等企业客户关系管理岗位专业人员的指导,对他们提供的案例和编写意见表示诚挚的感谢。

　　本书编写过程中参阅了国内外学者的文献资料,吸纳了大量的实际案例,并得到武汉大学、华中科技大学,中南财经政法大学(武汉学院),湖北工业大学商贸学院,湖北财税学院等院校教授和专家的指导与支持,在此谨向各位专家学者致以诚挚的谢意。

　　由于编者水平有限,书中难免有不妥之处,敬请广大读者和专家批评赐教。

周万发

2014 年 12 月

目　录

第一章　客户关系管理概论 …………………………………………………… 1

第一节　客户关系管理的起源 ……………………………………………… 3
第二节　客户关系管理的概念与内涵 …………………………………… 10
第三节　客户关系管理的未来趋势 ……………………………………… 15
本章小结 ……………………………………………………………………… 18
案例分析 ……………………………………………………………………… 18
思考与训练 …………………………………………………………………… 19

第二章　客户识别与开发 ……………………………………………………… 21

第一节　客户识别 …………………………………………………………… 22
第二节　客户的获取与开发 ………………………………………………… 30
第三节　客户信息管理 ……………………………………………………… 35
第四节　客户流失 …………………………………………………………… 43
本章小结 ……………………………………………………………………… 48
案例分析 ……………………………………………………………………… 49
思考与训练 …………………………………………………………………… 50

第三章　客户信息库的建设与管理 ………………………………………… 51

第一节　建立客户档案数据库 ……………………………………………… 52
第二节　客户档案的分析与利用 …………………………………………… 58
第三节　评估客户信用 ……………………………………………………… 64
第四节　客户信用风险监控与调整 ……………………………………… 70
本章小结 ……………………………………………………………………… 74
案例分析 ……………………………………………………………………… 74
思考与训练 …………………………………………………………………… 75

第四章　客户服务质量的提高 ……………………………………………… 77

第一节　客户服务 …………………………………………………………… 78

第二节　客户服务方法及技巧 ·· 90

第三节　客户投诉及处理 ··· 109

本章小结 ·· 117

案例分析 ·· 118

思考与训练 ·· 119

第五章　渠道客户关系管理 ·· 121

第一节　渠道成员的选择 ··· 123

第二节　终端客户的管理 ··· 128

第三节　渠道冲突管理 ··· 133

第四节　窜货行为的控制 ··· 140

本章小结 ·· 142

案例分析 ·· 143

思考与训练 ·· 145

第六章　核心客户的管理 ·· 147

第一节　评估和选择核心客户 ·· 150

第二节　核心客户管理的方法与策略 ····································· 153

本章小结 ·· 161

案例分析 ·· 161

思考与训练 ·· 163

第七章　客户关系管理与营销 ·· 165

第一节　营销管理中的客户关系管理 ····································· 166

第二节　关系营销的具体实施 ·· 170

第三节　一对一营销与直复营销 ··· 185

第四节　CRM 营销及其他营销 ·· 190

本章小结 ·· 195

案例分析 ·· 195

思考与训练 ·· 195

第八章　客户关系管理系统的设计与开拓 ························· 198

第一节　客户关系管理系统概述 ··· 199

第二节　策划和建设呼叫中心 ·· 206

第三节　客户关系管理与企业资源整合 ································· 216

第四节　电子商务时代中的客户关系管理 ···························· 220

本章小结 ·· 222

案例分析 ·· 223

思考与训练 ·· 225

参考文献 ·· 226

第一章

客户关系管理概论

学习目标：

1. 理解客户关系管理的含义。
2. 理解客户关系管理的发展过程及管理目标。
3. 通过 CRM 的发展过程领会管理的精髓。

案例导入

万科的客户关系管理

在地产界有这样一种现象：每逢万科新楼盘开盘，老业主都会前来捧场，并且老业主的推荐成交率一直居高不下，部分楼盘甚至能达到 50%。据悉，万科在深、沪、京、津、沈阳等地的销售，有 30%～50% 的客户是已经入住的业主介绍的；在深圳，万科地产每开发一个新楼盘，就有不少客户跟进买入。金色家园和四季花城，超过 40% 的新业主是老业主介绍的。而据万客会的调查显示：万科地产现有业主中，万客会会员重复购买率达 65.3%，56.9% 业主会员将再次购买万科，48.5% 的会员将向亲朋推荐万科地产。这在业主重复购买率一直比较低的房地产行业，不能不说是一个奇迹。

1. 万科的第五专业

在设计、工程、营销、物管的基础上，万科经过多年的实践和反思，提出了"房地产第五专业"的理念，即客户关系管理，企业也从原来的项目导向转为客户价值导向。为适应企业对客户关系管理的更高诉求，万科主动引入了信息技术，探索实现了客户关系管理的信息化。他们建立了客户中心网站和 CRM 等信息系统，从多个视角、工作环节和渠道，系统性收集客户的意见和建议，及时做出研究和响应，这些意见和建议，还为企业战略战术开发提供了指引。万科的第五专业，成为引领企业持续发展、不断续写传奇的重要动力。

2. 关注客户体验

万科素以注重现场包装和展示而闻名，同类的项目，每平方米总要比别人贵几百甚至上千元，有人不理解：我没看出万科楼盘有什么惊人之处，技术也好，材料也好，设计也好，都是和别人差不多啊？其实，只要客户仔细到万科的项目上看看，基本上会被那里浓郁的、具有艺术品位的、温馨的居家氛围和某些细节所打动，他们会发现那里才是理想中的家园，于是就愿意为此多掏很多钱，愿意为瞬间的美好感受、未来的美好遐想而冲动落定。

万科以其产品为道具、以服务为舞台,营造了一个让消费者融入其中、能产生美好想象和审美愉悦的空间环境与人文环境,万科出售的不再仅仅是"商品"和"服务",万科出售的是客户体验——客户在其精心营造的审美环境中,通过自身的感悟和想象,得到了一种精神上的愉悦。

3. 万科独有的"6+2"服务法

万科有一个称为"6+2"的服务法则,主要是从客户的角度分成以下几步。

第一步:温馨牵手。强调温馨牵手过程中发展商信息透明,阳光购楼。万科要求所有的项目,在销售过程中,既要宣传有利于客户(销售)的内容,也要公示不利于客户(销售)的内容。其中包括一公里以内的不利因素。

第二步:喜结连理。在合同条款中,要尽量多地告诉业主签约的注意事项,降低业主的无助感,告诉业主跟万科沟通的渠道与方式。

第三步:亲密接触。公司与业主保持亲密接触,从签约结束到拿到住房这一段时间里,万科会定期发出短信、邮件,组织业主参观楼盘,了解楼盘建设进展情况,及时将其进展情况告诉业主。

第四步:乔迁。业主入住时,万科要举行入住仪式,表达对业主的敬意与祝福。

第五步:嘘寒问暖。业主入住以后,公司要嘘寒问暖,建立客户经理制,跟踪到底,通过沟通平台及时发现、研究、解决出现的问题。

第六步:承担责任。问题总会发生,当问题出现时,特别是伤及客户利益时,万科不会推卸责任。

随后是"一路同行"。万科建立了忠诚度维修基金,所需资金来自公司每年的利润及客户出资。

最后是"四年之约"。每过四年,万科会全面走访一遍客户,看看有什么需要改善的。

4. 多渠道关注客户问题

倾听是企业客户关系管理中的重要一环,万科专门设立了一个职能部门——万科客户关系中心。客户关系部门的主要职责除了处理投诉外,还肩负客户满意度调查、员工满意度调查、各种风险评估、客户回访、投诉信息收集和处理等项工作。具体渠道如下。

(1)协调处理客户投诉:各地客户关系中心得到公司的充分授权,遵循集团投诉处理原则,负责与客户的交流,并对相关决定的结果负责。

(2)监控管理投诉论坛:"投诉万科"论坛由集团客户关系中心统一实施监控。规定业主和准业主们在论坛上发表的投诉,必须24小时内给予答复。

(3)组织客户满意度调查:由万科聘请第三方公司进行,旨在通过全方位地了解客户对万科产品服务的评价和需求,为客户提供更符合生活需求的产品和服务。

(4)解答咨询:围绕万科和服务的所有咨询或意见,集团客户关系中心都可以代为解答或为客户指引便捷的沟通渠道。

5. 精心打造企业与客户的互动形式

随着企业的发展,万科对客户的理解也在不断提升。在万科人的眼里,客户已经不只是房子的买主,客户与企业的关系也不再是"一锤子买卖"。于是在1998年,万科创立了"万客会",通过积分奖励、购房优惠等措施,为购房者提供系统性的细致服务。万客会理念不断提升和丰富，从单向施予的服务，到双向沟通与互动，再到更高层次的共同分享，万客会与会员间的关系越来越亲密，从最初的开发商与客户、产品提供方与购买方、服务者与使用者，转变为亲人般的相互信任，朋友般的相互关照。

万科没有刻意强调客户关系管理，而是将客户的利益，包括诉求真正放在心上、捧在手里、落实到了行动。万科深知，对客户利益的关照需要每个子公司、每名员工的贯彻落实，而公司对子公司及员工的考核，是检验公司对客户真实看法的试金石，是引导下属企业及员工言行的指挥棒。

目前，面对市场竞争的压力，已经有许多房企开始意识到具有优质的服务才能占领或保住市场，如绿地、保利等品牌房企均倡导以服务为主题。业内专家表示，从以产品营造为中心到以客户服务为中心，这将是房地产发展的必然途径，与此同时，服务营销的观念也将推动房地产市场走向更加成熟和理性。

资料来源：百度文库

思考：

1. 万科是采取哪些具体措施来实施客户关系营销的？
2. 借鉴万科的经验，简述房地产企业应如何实施客户关系管理？

第一节　客户关系管理的起源

随着人类社会进入新经济时代，世界经济正以势不可当的趋势朝着全球市场一体化、企业生存数字化、商业竞争国际化、竞争对手扩大化等方向发展，互联网、知识经济、高新技术特征明显，企业的经营进一步打破了地域的阻隔，如何在全球贸易体系中占有一席之地，如何赢得更大的市场份额和更广阔的市场前景，如何开发和保持相对稳定的客户资源，已成为影响企业生存和发展的关键问题。

一、客户关系管理的起源

现代客户关系管理产生的原因可以归纳为以下三个方面：管理理念的更新（客户资源的重视）、需求的拉动、技术的推动，如图 1-1 所示。

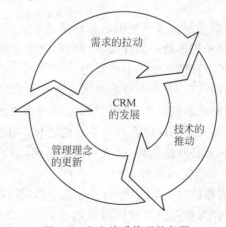

图 1-1　客户关系管理的起源

（一）管理理念的更新

企业获得和维护竞争优势是其生存与发展的基础,企业的竞争优势从内容上看包括规模优势、绝对成本优势、差异化优势等。资源能力学派认为:在今天形成企业竞争优势和核心竞争力的,再也不是那些有形的机器设备、厂房、资本、产品等物质资源,因为这些资源很容易从市场上得到,你可以买到的,你的竞争对手同样也很容易从市场中得到。而管理、人才、技术、市场、品牌形象等无形资源不易流动、不易被复制、交易频率低,其他企业不容易从市场中得到,具有相对的垄断作用,可以产生一定的垄断优势。客户资源就是这样一种重要的市场资源,它对企业具有重要的价值。

客户资源对企业的价值除了市场价值即客户购买企业的产品与服务、使企业的价值得以实现外,主要体现在以下几个方面。

1. 成本领先优势和规模优势

一方面,有事实表明,客户能够提供一个成本优势,从而也就能提供收入优势。为新客户服务花费的费用,比起老客户来要昂贵得多。这是因为为新客户服务需要更高的初始化成本。如果公司能够增加回头客的比例,那么总成本就会呈现出戏剧性的下降趋势。另一方面,如果企业的忠诚客户在企业的市场中占据相对较大的份额,那么就会为企业带来相应的壁垒,形成规模优势,也会降低企业的成本。

2. 市场价值和品牌优势

从战略的角度讲,客户不仅是承兑收入流的资金保管者,而且是能够提高市场价值的宝贵财富。这主要是通过商标价值表现出来的。商标价值是一个企业与消费者或者与起决定性作用的客户之间相互发生联系的产物,商标不能孤立存在,它因客户的认可而存在。没有客户作为出发点,企业便不能创造或维持商标的价值。

3. 价值信息

客户信息对企业来讲是最重要的价值,它会直接影响企业的经营行为,以及对客户消费行为的把握。譬如,沃尔玛超市会通过对会员客户购买行为、消费习惯等信息的分析,来制定面向客户的产品服务组合和提供相应的企业关怀。亚马逊通过对会员客户的资料、会员浏览网页的习惯和程序等信息分析客户的消费特点与个人爱好,并据此来制定服务不同客户的不同策略。

4. 网络化价值

客户的网络化价值是指一商业客户使用你的产品或服务,该商业客户的客户为了便于与他进行商业行为,也会采用你的产品或服务,同样,该商业客户的客户也可能采用你的产品或服务,因此形成了一种网络化的消费行为。

基于以上对客户价值的认识,企业十分重视通过转变经营管理理念和利用现代科学技术为客户提供更为满意的产品或服务,来维持和发展与客户的关系。一些先进的企业的重点正在经历着从以产品为中心向以客户为中心的转移。甚至有人提出了客户联盟的概念,也就是与客户建立共同获胜的关系,达到双赢的结果,而不是千方百计地从客户身上谋取自身的利益。

在这个变革的时代、创新的时代,比竞争对手领先一步,仅仅是一步,就可能意味着成功。而业务流程的重新设计为企业的管理创新提供了一个工具,在引入客户关系管理的理念和技术时,不可避免地要对企业原来的管理方式进行改变,变革、创新的思想将有利于企业员工接受变革,而业务流程重组则提供了具体的思路和方法。

(二)需求的拉动

企业都希望能够扩大市场份额、挖掘潜在市场、继续提高销售收入和利润率。随着IT 技术和产业的发展和成熟,一方面,很多企业在信息化方面已经做了大量工作,收到了很好的经济效益;另一方面,一个普遍的现象是在很多企业,销售、营销和服务部门的信息化程度越来越不能适应业务发展的需要,企业会从客户、销售、营销和服务人员、企业经理那里听到各种抱怨。越来越多的企业要求提高销售、营销和服务的日常业务的自动化和科学化,这是现代客户关系管理应运而生的需求基础。

1. 来自销售人员的声音

从市场部提供的客户线索中很难找到真正的客户,我常在这些线索上花费大量时间。我是不是该自己来找线索? 出差在外,要是能看到公司计算机里的客户、产品信息就好了。我这次面对的是一个老客户,应该怎样报价才能留住他呢?

2. 来自营销人员的声音

去年在营销上开销了 2000 万元。我怎样才能知道这 2000 万元的回报率? 在展览会上,我们一共搜集了 4700 张名片,怎么利用它们才好? 展览会上,我向 1000 多人发放了公司资料,这些人对我们的产品有什么看法? 其中有多少人已经与我们的销售人员接触了? 我应该和那些真正的潜在购买者多多接触,但我怎么才能知道谁是真正的潜在购买者? 我怎么才能知道其他部门的同事和客户的联系情况,以防止重复地给客户发放相同的资料? 有越来越多的人访问过我们的站点了,但我怎么才能知道这些人是谁? 我们的产品系列很多,他们究竟想买什么?

3. 来自服务人员的声音

其实很多客户提出的计算机故障都是自己的误操作引起的,很多情况下都可以自己解决,但回答这种类型的客户电话占去了工程师的很多时间,工作枯燥而无聊;怎么其他部门的同事都认为我们的售后服务部门只是花钱而挣不来钱?

4. 来自客户的声音

我从企业的两个销售人员那里得到了同一产品的不同报价,哪个才是可靠的? 我以前买的东西现在出了问题,这些问题还没有解决,怎么又来上门推销? 一个月前,我通过企业的网站发了一封 E-mail,要求销售人员和我联系一下,怎么到现在还是没人理我? 我已经提出不希望再给我发放大量的宣传邮件了,怎么情况并没有改变? 我报名参加企业网站上登出的一场研讨会,但一直没有收到确认信息,研讨会这几天就要开了,我是去还是不去? 为什么我的维修请求提出一个月了,还是没有等到上门服务?

5. 来自经理人员的声音

有个客户半小时以后就要来谈最后的签单事宜,但一直跟单的人最近辞职了,而我作为销售经理,对与这个客户联系的来龙去脉还一无所知,真急人。有三个销售员都和这家客户联系过,我作为销售经理,怎么知道他们都给客户承诺过什么? 现在手上有个大单子,我作为销售经理,该派哪个销售员才好呢? 这次的产品维修技术要求很高,我是一个新经理,该派哪个维修人员呢?

对于这些抱怨我们并不陌生,上面的问题可以归纳为两个问题:其一,企业的销售、营销和客户服务部门难以获得所需的客户互动信息。其二,来自销售、客户服务、市场、制造、库存等部门的信息分散在企业内,这些零散的信息使得企业无法全面了解客户,各部门难以在统一的信息基础上面对客户。这需要各部门对面向客户的各项信息和活动进行集成,组建一个以客户为中心的企业,实现面向客户的活动的全面管理。

(三) 技术的推动

计算机、通信技术、网络应用的飞速发展使得上述需求的实现不再是梦想。信息技术的发展使得信息在以下几个方面的应用成为可能。

(1) 企业的客户可通过电话、传真、网络等访问企业,进行业务往来。

(2) 任何与客户打交道的员工都能全面了解客户关系,根据客户需求进行交易,了解如何对客户进行纵向和横向销售,记录自己获得的客户信息。

(3) 能够对市场活动进行规划、评估,对整个活动进行 360°的透视。

(4) 能够对各种销售活动进行追踪。

(5) 系统用户可不受地域限制,随时访问企业的业务处理系统,获得客户信息。

(6) 拥有对市场活动、销售活动的分析能力。

(7) 能够从不同角度提供成本、利润、生产率、风险率等信息,并对客户、产品、职能部门、地理区域等进行多维分析。

上面所有的功能都是围绕客户展开的。与“客户是上帝”这种操作性不强的口号相比,这些功能把对客户的尊重落到了实处。办公自动化程度、员工计算机应用能力、企业信息化水平、企业管理水平的提高都有利于客户关系管理的实现。电子商务在全球范围内正如火如荼地展开,正在改变着企业的经营方式。通过网络,可开展营销活动,向客户销售产品,提供售后服务,搜集客户信息。

二、客户关系管理的兴起动因

客户关系管理的思想由来已久,但作为一门学科,其出现的时间并不长。从它出现的那一刻开始,便引起了学术界和企业界的空前重视,各方人士从不同的角度对客户关系管理(customer relationship management,CRM)进行了深入探讨,国内外的著名软件公司都纷纷推出了以 CRM 命名的应用软件。客户关系管理系统的大量涌现也推动了企业对客户关系管理的认识,越来越多的企业开始实施这些 CRM 系统进行相关信息管理。综合各种原因,客户关系管理的兴起与下列五个因素有密切的关系。

(一) 消费者价值观的变迁

随着经济的发展、科技的进步、产品的不断推陈出新,消费者的思维方式、生活方式和行为方式不断发生变化,因而消费者的需求和购买方式也不断变化着,尤其是信息技术的飞速发展,带来了客户消费行为历史性和根本性的变革。

在整个工业化发展的过程中,客户对产品消费的价值观基本上经历了三个阶段,每一个阶段对产品和服务的要求都留下了时代的烙印。

1. 理性消费阶段

在理性消费阶段,人们的生活水平较低,社会生产力欠发达,物质尚不充裕和丰富,是供不应求的阶段。在这一时期,人们的消费行为是非常理智的,不但重视价格,而且更看重质量,追求的是物美价廉和经久耐用,客户对产品的评判标准是"好"与"差"。

2. 感觉消费阶段

在感觉消费阶段,社会生产力有了很大提高,社会物质和财富开始丰富,逐步达到供需平衡。同时,人们的生活水平不断提高,消费者的价值选择不再仅仅是经久耐用和物美价廉,而是开始注重产品的形象设计与使用的方便性等,其评判的标准是向"喜欢"与"不喜欢"转变。

3. 感情消费阶段

随着科学技术的快速发展,人们的生活水平大大提高,于是人们的消费进入了感情阶段。在这个阶段,消费者越来越注重心灵上的充实和满足,对商品的需求已超出了价格和质量、形象和品牌的考虑,对于无形的价值如售后服务、销售人员的态度好坏等提出了要求。因此,客户在这个阶段的选择是总体的"满意"与"不满意"。

现在,我们所处的时代是第三个阶段,物资匮乏的时代已经一去不复返了,经过机械化的大量生产以及生产技术的普及使得产品在功能上的差别越来越小,只凭产品本身已无法完全满足客户的要求。因此企业的经营策略必须从"以产品为中心"向"以客户为中心"转移。

(二)互联网的普及使客户的选择权空前加大

互联网为人们提供了一个全新的、快速的、可适时交互的(包括声音、文字、图像、文件等信息载体)、跨地域的信息交流平台。人类足不出户就可以获得分散在世界各地的多媒体信息,更重要的是,还可以利用个人计算机对这些信息进行有效存储、处理和分析。毫无疑问,信息是我们日常生活中可依靠的决策数据,知识就是力量在互联网时代被充分地体现出来。

因此,如今的企业面对的是更聪明、更主动的客户群体。应该指出的是,企业对互联网这种新技术的消化和吸收明显滞后于个人。企业如果不及时作出适当的战略性调整,最终将离客户越来越远,从而被淘汰出局。

(三)日益激烈的市场竞争使 CRM 成为企业的必然选择

另一个催生 CRM 的宏观经济环境是 20 世纪 80 年代以来日益激烈的市场竞争。在新的竞争环境下迫使企业想方设法保持和扩大自己的市场份额。企业竞争环境的变化体现在以下三个方面。

1. 竞争全球化

当全世界的竞争者都被放在同一个起跑线的时候,结果自然是强者更强,弱者被淘汰出局。企业已经不能再寄希望于过多地得到地方和国家的保护,全球资源将在世界范围内按照效益最大化的原则被重新分配,尤其是客户资源。面对这种激烈的竞争,每个企业都需要对自己的竞争能力进行重新审视,利用一切可以利用的手段来增强自身的实力,这是企业生存的唯一途径。

2. 产品本身差异降低,竞争由产品转向服务

在高速发展和高度竞争的市场上,科学技术的快速发展和应用使得产品的生命周期大大缩短,新产品层出不穷,产品本身的优劣差距缩小。单纯依靠产品已经不足以使一个企业获得很多的优势。如何让客户在堆积如山的商品中选择自己企业的产品?最好的办法就是注入情感因素,与客户建立长期关系,通过情感和关系纽带说服客户购买。这样,竞争力从产品转向服务就成为必然的选择,如何从情感上"笼络"客户成为企业在新经济条件下必须磨炼的生存技巧。

3. 内部挖潜已不足以产生明显竞争优势

随着竞争的加剧,越来越多的企业意识到那种通过内部挖潜降低成本的方式已不足以使产品在竞争中获得优势,要想在市场上获得竞争优势,客户资源发挥着突出的作用,于是企业对客户的争夺日趋白热化。要想提高客户为企业带来的价值,可以通过三条途径,即开发潜在客户、优化现有客户的价值和挽留有价值的客户。哈佛商学院曾经对客户整个生命周期内企业服务于客户的成本和收益进行了分析,并得出结论:各个行业在早期为赢得客户所付出的高成本使企业无法盈利,但随着服务于老客户的成本不断下降,老客户的购买额不断上升,对企业而言,老客户跟企业之间形成了客户关系并带来了巨大的收益,回头客每增加 5%,利润就会根据行业不同而增加 25%~95%。这些研究成果使客户关系在市场竞争中的优势作用得到了肯定,也使企业认识到必须以科学手段对客户关系进行有效的管理,因此,客户关系管理成为企业竞争优势的必然选择。

(四) 企业内部管理的需求是 CRM 兴起的原始动力

目前企业内部的众多低效率、内耗式的业务活动,充分说明了企业内部业务需求是 CRM 快速发展的原始动力。这主要表现在以下几个方面。

1. 客户信息分散导致客户服务效率低下

在企业内部围绕客户的信息分散在各个模块中,比如客户主文件管理、客户地址管理、客户交易文件和客户设备合同管理、客户服务请求管理、应收账款管理等由不同的模块来管理。在企业里,谁也没有办法对整个客户的情况有一个完整的了解。每个人只负责客户管理的很小一块,企业越大,功能划分就越细,整个信息链就更无法有效存储和表示,这样就导致企业内部很多重复的、内耗式的无效劳动。

2. 信息不准确导致营销预算浪费严重

由于企业内部没有一个有效的采集、存储、处理和输出客户信息并能经常更新的管理系统,销售人员获得的可用性、准确性以及完整性方面都符合要求的基础信息有限。营销经理由于得到的信息不完整,甚至信息错误很多等原因,使得其营销活动的针对性和成功率大打折扣。

3. 一般性事务耗时太多

销售人员在客户拜访、销售服务等一般性事务上花费的时间远远多于客户信息搜集与整理更新上,加上相对于企业其他部门人员来讲,他们对计算机的使用明显落后,从而使得在时间管理、潜在客户管理等方面往往还处于原始状态。

4. 销售人员占有关键客户信息

销售人员在从事销售活动的过程中,通常自己掌握各种客户资料,他们一般把这些资料看成自己的重要资源,如果营销人员想要他们手中的资料,他们往往不太情愿交出。这对公司的发展是不利的,而且销售人员一旦离开,就带走了大笔业务,一个新的销售人员进入公司后,对客户的了解又要从头做起,从而形成某种信息断层。很明显,从企业内部的实际需求来看,为了解决这些客户信息分散、客户信息不一致等问题,迫切需要一个能够整合多个客户部门的客户关系管理系统,以减少内部资源的浪费,提高企业的工作效率。

(五)现代信息技术的发展是 CRM 兴起的技术保障

客户关系管理观念刚兴起时,由于开发、维系管理、培养客户关系的难度大、成本过高而难以实施,导致客户关系管理仅停留在理论层次上,在商业实践中并不多见。20 世纪 90 年代以来,大型关系数据库技术、局域网技术、客户/服务器技术、分布式处理技术、数据挖掘技术等在企业的应用日益普遍,一个公司在不同地方可以建立多个输入点、多用户共享的客户管理系统成为可能。而互联网的产生和发展则对 CRM 注入了一个强大的催化剂,利用互联网把企业和用户拉得更近,从而增添了一个全天候的、不受地域限制的接触渠道,企业和客户能更快、更广泛地进行双向交流。因此,正是因为信息技术的飞速发展,客户关系管理从实践上成为可能之后,CRM 的概念才被广泛流传,在短短几年之内就已成为企业管理应用系统关注的一个焦点。应该说,CRM 是一个新时代、新环境的产物,信息技术无疑在 CRM 的发展中发挥了最强大的推动作用。信息技术对 CRM 的推动作用主要体现在以下三个方面。

1. 提高对客户资料的搜集和利用能力

信息技术包括智能化工具,如知识发现、数据挖掘、数据仓库和计算机网络集成技术等,是 CRM 的使能者。没有信息技术的支撑,CRM 可能还停留在早期的关系营销和关系管理阶段。正是因为信息技术的出现,使得企业能够有效地分析客户数据,积累和共享客户知识,根据不同客户的偏好和特性提供相应的服务,提高客户价值。同时,信息技术也可以辅助企业识别具有不同关系价值的客户关系,针对不同的客户关系采用不同的策略,从而实现客户价值最大化和企业利润最大化之间的平衡。

2. 提高对客户的服务能力

通过信息技术的应用,将客户引入企业的设计与生产活动中,形成有效协同。增强对客户需求的把握能力,有效地增强客户的价值感知,同时也能大大增强企业的灵活性和应变能力,快速满足客户对产品/服务的多变性和个性化的需求。

3. 增加顾客与企业的沟通渠道

信息技术的发展造就与客户信息交流的多样性。一方面,客户可以通过电话、传真、电子邮件及互联网上的语音或视频浏览企业情况,向企业发出服务请求和抱怨投诉等;另一方面,企业利用先进的信息技术,整合各客户接触点,可以更加方便及时地向客户提供个性化的服务。没有信息技术的支持,就不会有现代呼叫中心的出现。

总体而言,信息技术的发展使许多现代营销理念得以实现,同时信息技术也促进营销理念和营销方式的变革,这种变革加速了"市场权力"向客户转移的进程,进而也推动了 CRM 的发展。另外,CRM 软件市场的发展与成熟,也是推动企业实践 CRM 的重要因素。

第二节 客户关系管理的概念与内涵

最早发展现代客户关系管理的国家是美国,在 1980 年年初便有所谓的"接触管理"(contact management),即专门搜集整理客户与企业相互联系的所有信息,借以改进企业经营管理,提高企业运营效益的活动过程。1985 年,巴巴拉·本德·杰克逊提出了关系营销的概念,使人们对市场营销理论的研究又迈上了一个新的台阶;到 1990 年则演变成包括电话服务中心支持资料分析的客户关怀(customer care)。CRM 这一概念直到 20 世纪 90 年代末才开始深入一些公司。

一、客户关系管理的概念

1999 年,Gartner Group 公司提出了 CRM 概念。Gartner Group 在早些年提出的 ERP 概念中,强调对供应链进行整体管理。而客户作为供应链中的一环,为什么要针对它单独提出一个 CRM 概念呢?

原因之一在于,在 ERP 的实际应用中人们发现,由于 ERP 系统本身功能方面的局限性,也由于 IT 技术发展阶段的局限性,ERP 系统并没有很好地实现对供应链下游(客户端)的管理,针对 3C 因素中的客户多样性,ERP 并没有给出良好的解决办法。另外,到 90 年代末期,互联网的应用越来越普及,CTI、客户信息处理技术(如数据仓库、商业智能、知识发现等技术)得到了长足的发展。结合新经济的需求和新技术的发展,Gartner Group 公司提出了 CRM 概念。从 2000 年开始,CRM 市场一直处于一种爆炸性增长的状态。要理解客户关系管理的概念与内涵,首先得对客户、关系与管理三个概念有深刻的理解。

(一)客户

美国传统词典对 customer 的释义为 one that buys goods or services,即"顾客,购买货物或享受服务的人"。在汉语里,客户在唐宋以前指流亡他乡或以租佃为生的人家(跟"住户"相对);现在多指顾客和客商,即商店或服务行业称来买东西的人或服务对象。

随着市场竞争的加剧,客户的市场地位逐步提高,商家越来越乐于为他们服务,迎合他们的需求。在产品与客户的两大企业运营焦点中,企业家们经常考虑的一个问题是:谁是本企业的市场营销对象? 很显然,市场营销对象是客户,也就是营销传播者的受众。

营销对象更多的是潜在客户,也就是可能购买或者仅仅是营销活动所假想的对象群体,而客户则是产品或服务的购买者。在这里有一些容易混淆的概念:营销对象、客户、消费者、用户。营销对象是指企业营销活动的客体,也就是假想的目标客户群和影响到的受众;客户(customer),就是购买或者有意向购买企业产品和服务的群体,核心是企业在与他的联系过程中掌握了部分关键信息尤其是购买意向;消费者(consumer),是潜在的客户和客户的集合,泛指同类产品的购买者;用户(user),就是正在使用产品或服务的个人或群体,用户可能不是购买的客户而仅仅是使用者。

从现在客户关系管理的角度看,客户是指对本企业产品和服务有特定需求的群体,它是企业生产经营活动得以维持的根本保证。客户资源是企业生存、发展的战略资源,它的价值体现在"所有客户未来为企业带来的收入之和,扣除产品、服务以及营销的成本,加上满意的客户向其他潜在客户推荐而带来的利润",如图1-2所示。

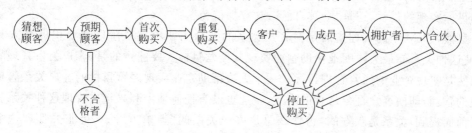

图1-2　客户的形成

(二) 关系

英文对relationship这个词的定义是a relationship is the way in which two people or groups of people behave towards each other and feel towards each other。关系即"两个人(组织)或两组人(组织)之间彼此的行为方式以及感觉状态",如图1-3所示。

按照这个定义,对关系的内涵理解如下。

(1) 关系是发生在人和人之间,排除人同机器或动物的关系概念。虽然,你喜欢某个事物或某个宠物,但不表明你同它有"关系"。另外,由于组织本身由人组成,因此组织同人的关系还是人与人之间的关系。

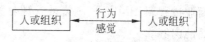

图1-3　关系理解图

(2) 一个关系同时具有行为和感觉两种特性,对于仅有某种行为而没有感觉或仅有感觉而没有适当行为的关系则是一种有欠缺的关系。

(3) 关系本身是中性的,但会逐步被当事一方加以一定的判断而赋予一定的态度。

(4) 关系有一种"束缚"。对关系双方都有所约束,想脱离关系的一方要付出"逃离代价"。

(三) 对"客户关系"的理解

根据对关系内涵的理解,可以推理出对客户关系内涵的理解。

(1) 关系有一个生命周期,即关系建立、关系发展、关系维持,以及关系破裂的周期。

(2) 企业在加强客户关系的同时,不仅要关注关系的行为特性(物质因素),也要考虑到关系的另一个特点,即客户的感觉等其他非物质的情感因素。从效果上说,后者不易控制和记录,但你的竞争对手很难拷贝。

(3) 关系有时间跨度,好的感觉需要慢慢积累,因此,企业要有足够的耐心建立关系。

(4) 关系建立阶段,企业即要求建立关系的一方在开始时应主动出击,付出前期投入。关系稳固之后,企业才开始获得回报。不过,这个阶段企业最容易懈怠,以为大功告成,而忽视了维持关系的必要性。

(5) 在供过于求的时代,客户一般是比较挑剔的,只要有一次不满意,就有可能导致企业的努力前功尽弃。

(四) 管理

英文management的含义是control and organization,即管理就是对资源的控制和有效分配,以实现特定管理单位所确定的目标。也就是说,管理具有两个明显的特性:一是管理是有目的的,是为了实现一定目标的行为;二是管理和不管理的区别在于,是主动去控制目标实现的过程,还是"顺其自然"或"守株待兔"。

显然,CRM 中的管理指的是对客户关系的生命周期中每一阶段都要积极介入和控制,使这种关系能最大限度地帮助企业实现其经营目标。要注意的是,客户关系管理的目的仍然是实现企业的经营管理目标。一个无法帮助企业实现经营目标的客户关系管理是无效的管理,即使客户百分之百的满意,企业也没有任何理由和兴趣去管理这种关系。

前面提到,关系是双方的,为什么总是客户关系的"追求方"——企业去管理这个关系,而客户对这种关系不想管理或甚至想"逃避"被管理呢?答案很简单,因为企业有"目的",而客户面对众多的追求者,可以"暂时"不必理会这种关系。换句话说,虽然一个良好的关系是互利的,但客户刚开始并没有意识到,只有关系建立起来,客户感觉到关系的好处之后,才会觉得这种"关系"的必要。这一点同企业的回报时间滞后的特点是一致的。

关于客户关系管理的定义,不同的研究机构或公司及学者有不同的表述。

(1) IBM 所理解的客户关系管理包括企业识别、挑选、获取、发展和保持客户的整个商业过程。IBM 把客户关系管理分为三类:关系管理、流程管理和接入管理,包含两个层面的内容。

一是企业的商务目标。企业实施 CRM 的目的,就是通过一系列的技术手段了解客户目前的需求和潜在客户的需求。企业牢牢抓住这两点,就能够适时地为客户提供产品和服务。CRM 不是一个空洞目标,而是有一系列技术手段作为支持的。

二是企业要整合各方面的信息,使得企业所掌握的每一位客户的信息是完整一致的。企业对分布于不同的部门,存在于客户所有接触点上的信息进行分析和挖掘,分析客户的所有行为,预测客户下一步对产品和服务的需求。分析的结果又反馈给企业的相关部门,相关部门根据客户的需求,进行一对一的个性化服务。

(2) Gartner Group 认为,客户关系管理是企业的一项商业策略,它按照客户的细分情况有效地组织企业资源,培养以客户为中心的经营行为以及实施以客户为中心的业务流程,并以此为手段来提高企业的获利能力、收入以及客户满意度。

该定义明确指出了 CRM 是企业的一种商业策略,而非某种单纯的 IT 技术;指出了 CRM 是为了提高企业的获利能力,而不只是为了提高客户满意度;提出以客户为中心的经营机制的建立是实现 CRM 目的的重要手段;指出区别对待客户,分割群体,有效组织企业资源的重要性。

(3) Hurwitz group 认为,客户关系管理的焦点是自动化并改善与销售、市场营销、客户服务和支持等领域的客户关系有关的商业流程。客户关系管理既是一套原则制度,也是一套软件和技术。

除上述描述外,还有很多其他研究机构与学者提出了各自不同的 CRM 定义。这些定义没有谁对谁错之分,只是对问题分析的角度不同,可以更好地帮助我们理解问题的本质。客户关系管理解决的问题如图 1-4 所示。

综合各方关于 CRM 的定义,我们从管理理念、业务流程和技术支持三个层面上给现代客户关系管理作如下定义:客户关系管理是结合现代信息技术、经营理念和管理思想,

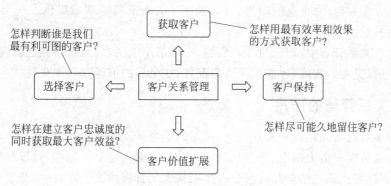

图 1-4 客户关系管理解决的问题

以信息技术为手段,不断加强与客户的交流,不断了解客户需求,按照以"客户为中心"原则对业务流程重新组合和设计,不断对产品及服务进行改进以满足客户需求,来提高客户满意度,进而提高客户忠诚度,最终实现企业经营效率提高和利润增长的过程。

二、客户关系管理的内涵

综合所有 CRM 的定义,我们可以将其理解为理念、技术、实施三个层面。其中,理念是 CRM 成功的关键,它是 CRM 实施应用的基础和土壤,信息系统、IT 技术是 CRM 成功实施的手段和方法;实施是决定 CRM 成功与否、效果如何的直接因素。三者构成 CRM 稳固的"铁三角",如图 1-5 所示。

CRM 理念源自于关系营销学,其核心思想概括为"为提供产品或服务的组织找到、留住并提升价值客户,从而提高组织的盈利能力(经济效益、社会效益)并加强竞争优势",因此对于 CRM 理念的理解是组织能够向建立"以客户为核心,以市场为导向"经营管理模式转变的第一步。

图 1-5 CRM 的"铁三角"内涵

客户关系管理技术集合了很多当今最新的科技发展,他们包括:Internet 和电子商务技术、多媒体技术、数据仓库和数据挖掘、人工智能和呼叫中心等,这些技术体现在客户关系管理软件中。CRM 技术不同于 CRM 理念,它是先进理念的反映和体现,它吸纳了当今先进的软件开发技术、企业经理管理模式、营销理论与技巧。

CRM 实施是结合软件与组织的状况,在调研分析的基础上做出的解决方案。实施之初就要确定实施的目标与范围,确保在有限的资源与时间内完成项目,归避风险或将风险降到最低点。因此,准备引入 CRM 软件的组织不但要评价其软件本身,还要从实施能力的角度进行考虑。厂商的实施能力需要经过大量实战的千锤百炼并需要拥有专业、敬业的专家队伍,在软件与实施两个方面具备优势的厂商应该是组织的首选。

从战略角度来看,CRM 将客户看成一项重要的企业资源,通过完善的客户服务和深入的客户分析来提高客户的满意度和忠诚度,从而吸引和保留更多有价值的客户,最终提升企业利润。

从战术角度来看,CRM 将最佳的商业实践与数据挖掘、数据仓库、网络技术等信息技术紧密结合在一起,为企业的销售、客户服务和决策支持等领域提供了一个自动化、智能化的解决方案。

企业客户关系管理中,理念、技术、实施,一个都不能少,只有借助先进的理念,利用发达的技术,进行完美的实施,才能优化资源配置,在激烈的市场竞争中获胜。

三、客户关系管理的作用

客户关系管理首先是一种管理理念,早先的研究是从心理学、组织行为学开始的。它要求企业一切从客户需求出发,将客户为中心的思想融入企业文化中,通过对客户信息的管理,来为客户提供满意的产品或服务。本书从人文管理角度出发,探究发现实施客户管理主要有以下几点作用。CRM 概念模型如图 1-6 所示。

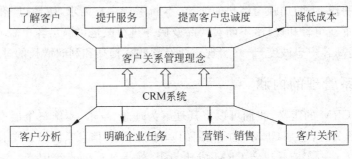

图 1-6　CRM 概念模型

(一)了解客户个性化需求

在商品经济发达的今日,市场上同质产品越来越多,消费者日趋成熟,传统的企业管理专注于产品的研发、设计和制造,而对于与客户的互动未有过多的涉及,这种"闭门造车"的方式已经过时。在这种情境下,只有通过客户关系管理的方式,深入了解客户真正所需,根据客户需求来设计、定制产品,提供令消费者"惊喜"的服务,才能赢得客户,留住客户。

(二)提供针对性服务,与客户实现良性互动

意大利经济和社会学家帕累托二八法则表明:企业 80%的利润来自于 20%的优质客户,这就表明了这些优质客户对企业的重要性。客户关系管理可以通过对客户信息的搜集、分析,找出这些优质客户,并提供有针对性的服务。通过客户定制,为客户创造更加贴心的服务。客户关系管理的模式能让"一对一"的服务形式成为可能,真正实现与客户的即时互动,体现客户为中心的经营理念。

(三)提高客户忠诚度,挖掘客户潜在价值

对于很多企业来说,最大的成本之一就是吸引新客户,一般吸引一个新客户的成本比保留一个老客户要高出 4~6 倍。因此,留住老客户,直至客户忠诚的建立,对于企业来讲意义重大。企业通过加强客户关系管理,可以了解他们的情感、心理的诉求,帮助客户实现价值最大化。这样,客户会对企业的文化、价值产生认同感,也会形成一种心理依赖,当竞争者想要抢夺客户资源时,客户会考虑转换成本。客户关系管理的目的是发展从短期

交易转变为开发客户终生价值。

（四）降低成本，实现利润最大化

Bryan 的一项研究统计发现，客户流失率降低 2％，就相当于降低了 10％的成本，客户忠诚度提高 5％，可致企业利润增长 25％～85％。实施客户关系管理，能与客户之间形成相互信任的合作伙伴式关系，这样可以大幅减少广告及其他营销费用的支出。同时，良好的消费体验能产生口碑营销的效用。国外的研究数据表明，100 个满意的客户会带来 24 个新客户。

第三节　客户关系管理的未来趋势

经过多年的应用与发展，CRM 在其管理理念、技术实现和市场方面也在不断地发生变化。

一、CRM 的管理理念

（一）CRM 关系边界的变化

CRM 关系边界变化的趋势表明，CRM 的关系理念将不断地拓展到社会生活的各个领域，CRM 中的"C"将涵盖企业的所有利益相关者，将 CRM 提升到企业全面关系管理的层面，使 CRM 转变成 XRM，将客户的内涵和关系管理的边界拓展到更大的范围。另外，公共服务、电子政务等领域将越来越关注"关系管理"的内涵。

（二）CRM 经营理念的变化

虽然 CRM 强调以客户为中心，但就 CRM 的具体实践而言，企业采用 CRM 几乎都是以企业利益为中心的，在企业和客户的"权力斗争"中，企业基本上主导着关系的发展与维持，企业与客户在利益上的"冲突"还是很明显的。然而，为了维持关系的长期稳定，只有双方进行平等的互利合作才能实现。因此，在 CRM 的经营理念中，企业在维护自身利益的基础上，将会越来越多地关注客户利益，同时也要更多地关注所有其他利益相关者的利益。目前，企业社会责任（corporate social responsibility，CSR）在企业中的推广应用就是一个明显的事例。

（三）E-CRM

传统的 CRM 已无法满足其需求，而将逐渐地演变成为一种 E-CRM，以使整个供应链关系同步化。广义的 E-CRM 是由以下四个核心概念的开头字母组成的缩写。

E——电子商务（E-business）：电子商务与现存的和未来的商务活动的一体化。

C——渠道管理（channel management）：即进行市场营销的综合性、互动性的服务渠道管理。

R——关系（relationships）：建立在优质、高效、便捷服务基础上的真正的客户关系。

M——对企业的一体化管理（management of the total enterprise）：即前台操作（front office）与后台操作（back office）的一体化。

E-CRM 强调只要从事电子商务都必须将其视为一个单独的市场区隔，能持续性地立即更新客户资料,利用统计分析功能发挥网络营销的最大优势,进行一对一的营销服务,真正照顾到每一位客户的实际需要。

二、CRM 的技术应用

任何事物都处于不断发展变化之中,CRM 系统也不例外。随着新技术、新的管理理念的不断涌现,CRM 的技术应用也在向更深的层次发展。

(一)CRM 与商业智能的结合

随着企业对于成本控制的更高要求,营销成本也开始受到关注。因此,企业希望 CRM 方案不仅仅要实现客户信息搜集与销售进度跟踪等,更希望解决方案可以针对这些信息进行分析,例如,对客户进行聚类分析,可以掌握不同类型客户的购买行为特征,实现精准营销。在这种结合中,体现 CRM 系统对知识管理的需求,主要有两个层面:一是在系统的设计层面融入知识管理的思想、方法和工具;二是在 CRM 的业务运营中实施知识管理,通过信息的积累实现知识挖掘。因此,数据仓库(data warehousing)、数据挖掘(data mining)、联机分析处理(OLAP)技术将成为 CRM 系统实现的关键技术。

(二)CRM 与其他应用系统的进一步整合

许多企业的 CRM 系统主要应用于市场营销、销售或是客户服务部门,并没有将 CRM 系统与其他应用系统进行无缝集成,因此造成客户服务的断点。最重要的整合是 CRM 与 SCM、ERP 的集成,通过这三大系统的集成实现从供应商到最终消费者的全程供应链管理,实现企业业务流程的高度整合。例如,目前出现的企业关系管理(enterprise relationship management,ERM)就是 ERP 与 CRM 合二为一的产物,它强调建立一个有机的系统,使企业对内外部的信息感应成为集成的、主动的和充分交互式的,即 ERP 要确保来自企业内外部的信息都能对企业的运营和管理形成有效的刺激和反馈,从而帮助企业整合所有资源,获得竞争优势。

(三)CRM 与互联网和无线移动技术的结合

由于市场销售的跨区域性,以及客户服务的实时性,移动 CRM 正备受瞩目。由于时间在销售周期里显得越来越珍贵,当今的销售人员需要更多的时间在办公室以外工作并同时处理多个交易,他们需要通过移动设备来完成 CRM 中经常涉及客户信息的任务。CRM 与互联网和移动终端的结合,实现无界限营销,将大大提升企业的营销和服务的效率。

(四)CRM 与电子商务的融合

CRM 是企业电子商务的核心,CRM 系统是电子商务平台的子集,CRM 的成功与否直接关系到企业电子商务实践的成败。如果 CRM 没有与企业电子商务平台功能(网上商店、网上服务、网上营销和网上支付等)进行良好的集成与互动,CRM 的应用就没有最大限度地利用互联网这个有力的工具与客户进行交流并建立关系,应用 CRM 的效果会大打折扣。总的来说,CRM 与电子商务的关系在于,电子商务是充分地利用信息技术,特别是通过互联网来提高企业所有业务运作和管理活动的效率和效益,而 CRM 则是专注于同客户密切相关的业务领域,主要是呼叫中心、服务自动化、销售自动化、市场自动化、企业网站等,通过在这些领域内提高内部运作效率和方便客户来提高企业竞争力。

三、CRM 的应用市场

在过去几年里,非呼叫中心的 CRM 的解决方案在中国市场逐步得到更多应用。不仅使以 ERP 应用为核心的企业开始逐步部署 CRM 的应用,一些中小型企业也开始把 CRM 方案的应用提上日程。但受到 2008 年年底的经济环境影响,中国的贸易型企业、生产制造业以及金融服务等行业都受到不同程度的影响,而这些行业恰恰是 CRM 解决方案应用的主导或是新兴力量。随着整个经济环境的转暖,CRM 市场将有着更快速的发展,如图 1-7 所示。

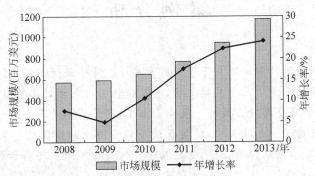

图 1-7　中国 CRM 解决方案市场规模(2008—2013 年)

(数据来源:IDC,2009)

下面列举三个 CRM 市场的发展趋势。

(一)市场需求广泛

相对于 ERP 来讲,CRM 的市场需求更加广泛。除企业外,政府部门及非营利性公益机构也是 CRM 的目标客户群,其实只要存在和上下游的供需关系,都会有 CRM 的需求。因此,CRM 中的 C 不一定指传统"客户",也可能适用于供应商、经销商、分销商、联系人、合作伙伴、法律实体等,存在供需关系和业务关系的实体,涵盖企业的所有利益相关者。市场对 CRM 的需求是广泛和复杂的。

(二)行业性解决方案

CRM 具有明显的行业特点,面向行业的 CRM 解决方案是 CRM 产品赖以生存的基础。CRM 正在越来越多地被应用于垂直行业,比如医疗保健和生命科学领域。CRM 的行业解决方案将成为未来 CRM 市场的发展重点,将出现不同于 CRM 厂商占领不同行业市场的局面。

(三)软件即服务(SaaS——software-as-a-service)CRM

软件即服务(SaaS)CRM 越来越普及。SaaS 有着易于使用、易于获得、易于实施,甚至易于付费等特色。销售自动化就是 SaaS 在实际应用中的一个成功例子。对一名销售代表来说,软件的可用性和方便性是他最为关心的问题,而 SaaS 在可用性方面的确取得了较大的进步。中小型企业对于目前的 SaaS 的流行起了很大的作用。

本 章 小 结

　　客户关系管理的兴起是企业应对环境变化的需求、技术进步的拉动以及管理理念发展的结果。只有充分掌握客户的需求,保持客户资源,企业才能生存和发展。本章从客户关系管理的起源、发展历程、产生背景和发展动力等角度对 CRM 的产生做了详细介绍,对客户关系管理的概念进行了深度剖析,并对客户关系管理的未来发展趋势做了简单预测,把对 CRM 的理解融入其发展过程中。

案 例 分 析

【案例 1】

　　一位客户在销售员的帮助下买下了一所大房子。房子虽说不错,可毕竟价格不菲,所以总有一种买贵了的感觉。几个星期之后,房产销售员打电话说要登门拜访,这位客户不禁有些奇怪,不知销售员有什么目的。星期天上午,销售员如约而至。一进门就祝贺这位客户选择了一所好房子。在聊天中,销售员讲了好多当地的小典故。又带客户围着房子转了一圈,把其他房子指给他看,说明他的房子为何与众不同。还告诉他,附近几个住户都是有身份的人,一番话,让这位客户疑虑顿消,得意满怀,觉得很值。销售员的热情造访让客户大受感染,这位客户确信自己买对了房子,很开心。一周后,这位客户的朋友来这里玩,对旁边的一幢房子产生了兴趣。自然,他给朋友介绍了那位房产销售员。结果,这位销售员又顺利地完成了一笔生意。

　　思考:请从客户关系管理的角度谈谈这则案例对你的启示。

【案例 2】

　　日本的一家化妆品公司设在人口百万的大都市里,而这座城市每年的高中毕业生相当多,该公司的老板灵机一动,想出了一个好点子,从此,他们的生意蒸蒸日上,成功地掌握了事业的命脉。

　　这座城市中的学校,每年都送出许多即将步入黄金时代的女学生。这些刚毕业的女学生,无论是就业还是深造,都将开始一个崭新的生活,她们脱掉学生制服,开始学习修饰和装扮自己。这家公司的老板了解到这个情况后,每年都为女学生们举办一次服装表演会,聘请知名度较高的明星或模特儿现身说法,教她们一些美容技巧。在招待她们欣赏、学习管理的同时,老板自己也利用这一机会宣传自己的产品,服装表演会结束后他还不失时机地向女学生们赠送一份精美的礼物。

　　这些应邀参加的女学生,既可以观赏到精彩的服装表演,还可以学到不少美容知识,又能获得一份精美的礼物。因此许多人都对这家化妆品公司颇有好感。

　　这些女学生事先都会收到公司管理人员寄来的请柬,这份请柬也设计得相当精巧有趣,令人一看卡片就被吸引住,哪有不去的道理?因而大部分人都会寄回报名单,公司根据这些报名单准备一切事物。据说每年参加的人数,约占全市女性应届毕业生的 90% 以上。

在她们所得的纪念品中,附有一张申请表。上面写着:如果你愿意成为本公司产品的使用者,请填好申请表,亲自交回本公司的服务台,你就可以享受到公司的许多优惠,其中包括各种表演会和联欢会,以及购买产品时的优惠价等。大部分女学生都会响应这个活动,纷纷填表交回,该公司管理人员就把这些申请表一一加以登记装订,以便事后联系或提供服务。事实上,她们在交回申请表时,或多或少都会买些化妆品回去。如此一来,对该公司而言,真是一举多得,不仅吸收了新顾客,也实现了把顾客忠诚化的理想。

思考:此案例对你有何启示?

思考与训练

一、选择题

1. 客户关系管理的目的是( )。

    A. 企业利润最大化   B. 企业与客户的双赢

    C. 企业成本最小化   D. 客户价值最大化

2. 客户关系管理的本质是( )。

    A. 企业与客户之间是竞合型博弈的关系

    B. 企业与客户之间是合作的关系

    C. 企业与客户之间是竞争的关系

    D. 企业与客户之间是服务与被服务的关系

3. 客户关系管理的特点( )。

    A. 主要是企业资源的投入

    B. 主要是对企业资源的管理

    C. 客户资源的投入与管理

    D. 企业与客户的双向资源的投入与管理

4. ( )是客户关系管理产生和发展的推动力量。

    A. 超强的竞争环境

    B. 互联特网等通信基础设施与技术的发展

    C. 管理理论重心的转移

    D. 对客户利润的重视

5. 客户中心论关心的焦点是( )。

    A. 产值(量)   B. 销售额

    C. 利润   D. 客户满意与客户忠诚

6. 产值中心论关心的焦点是( )。

    A. 产值(量)   B. 销售额

    C. 利润   D. 客户满意与客户忠诚

7. 客户中心论关心的焦点是( )。

    A. 产值(量)   B. 销售额

    C. 利润   D. 客户满意与客户忠诚

8. 客户关系的特征有两个方面：一是行为特征，二是(   )特征。

    A. 盈利   B. 增长   C. 感觉   D. 技术

9. 要求企业"以产品为中心"的业务模式向"以客户为中心"的模式转变,这是客户关系管理的(   )。

    A. 客户价值理念   B. 市场经营理念

    C. 技术应用的理念   D. 业务运作的理念

10. 在日益激烈的市场竞争环境下,企业仅靠产品的质量已经难以留住客户,(   )成为企业竞争制胜的另一张王牌。

    A. 产品   B. 服务   C. 竞争   D. 价格

二、简答题

1. 客户关系管理兴起的动因有哪些?

2. 试述客户关系管理的作用。

3. CRM 的技术应用体现在哪些方面?

第二章

客户识别与开发

学习目标：

1. 理解客户识别的含义。
2. 掌握客户开发的步骤。
3. 能够运用客户信息管理的方法。
4. 掌握客户流失的对策。

案例导入

迪克连锁超市的客户管理

美国普莱特·威尔士·迪克连锁超市是美国著名连锁超市之一，他们在分析获取新客户和留住老客户方面有自己独特的经验。

迪克超市依靠顾客特定信息，跨越一系列商品种类，把促销品瞄准各类最有价值的顾客。比如，可以将非阿司匹林产品（如泰诺）的服用者分成三组：全国性品牌、商店品牌和摇摆不定者。每组顾客又可以根据低、中、高用量分成三个组次。用量就代表着在某类商品中顾客对迪克超市所提供的长期价值（仅在这一个产品种类中，就有六个"模件"，产生出总共9种不同类型的顾客——这足以发动一次批量定制营销运动了）。

假设超市的目标是要把泰诺用户转变成商店品牌的用户，那么罗布（迪克连锁超市的高级营销副总裁）就会将其最具攻击性的营销活动专用于用量大的顾客，因为他们最有潜在价值。给予大用量顾客的初始折扣优惠的所得利润远高于给予低用量和中等用量的顾客的所得利润。促销活动的时间会恰好与每一位顾客独有的购买周期相吻合，而对这一点，罗布通过分析顾客的以往购物记录即可做出合理预测。

"顾客们认为这太棒了，因为购物清单准确地反映了他们要购买的商品。如果顾客养有狗或猫，我们就会给他提供狗粮或猫粮优惠；如果顾客有小孩，他们就可以得到儿童产品优惠，比如尿布及其他婴幼儿食品；常买蔬菜的顾客会得到许多蔬菜类产品的优惠，"罗布说，"如果他们不只在一家超市购物，他们就会错过我们根据其购物记录而专门提供的一些特价优惠，因为很显然我们无法得知他们在其他地方买了些什么。但是，如果他们所购商品中的大部分源于我们商店，他们通常可以得到相当的价值回报。我们比较忠诚的顾客常会随同购物清单一起得到价值为 30~40 美元的折价券。我们的目标就是回报那些把他们大部分的日常消费都花在我们这儿的顾客。"

资料来源：联商网——信息化专栏

思考： 迪克连锁超市运用了哪些方法来获取新客户和留住老客户？

第一节 客 户 识 别

随着企业之间的竞争日趋激烈，消费者有了越来越大的选择自由，消费需求日益呈现出多样化、复杂化、个性化等趋势。消费者的选择决定着企业的未来和命运，任何企业要想在激烈的市场竞争中求得生存和发展，就要设法吸引消费者，使其成为自己的客户，并尽力与其建立长期的、良好的关系，达到长期、稳定发展的目的。可是如果无法知道哪些客户是重要的，哪些客户是最有潜力的，那么客户关系管理将无从谈起。因此，客户识别将成为客户关系管理实际运作过程中非常重要的管理技术。

一般人都会认为做出租车司机是靠运气。运气好就能拉几个高价值的长途客人，运气不好拉的都是低价值客人。在招手即停的几秒钟内，普通的出租车司机很难判断出客人的价值。

场景一：医院门口，一人拿着药，另一人拿着脸盆，两人同时要车，应该选择哪一个客人？

答案：选择拿脸盆的那个客人。因为拿着脸盆在医院门口打车的是出院的病人，出院的病人通常会有一种重获新生的感觉，重新认识生命的意义——健康才最重要，因此他不会为了省一点车钱而选择打车去附近的地铁站，而后换乘地铁回家。而拿药的那位，很可能只是小病小痛，就近选择不远的医院看病，所以打车的距离不会很远。

场景二：人民广场，中午 12：45，几个人在前面招手。一个年轻女子，拿着小包，刚买完东西。还有一对青年男女，一看就是逛街的。第三个是个里面穿绒衬衫、外穿羽绒服的男子，拿着笔记本包。应该选择哪个客人？

答案：选择拿笔记本包的男子。因为在这个时间拿笔记本包出去的多半是公务拜访，很可能约的客户是下午两点见面，车程约一小时。而那个年轻女子是利用午饭后的时间溜出来买东西的，估计公司很近，赶着一点钟回到公司上班。那对青年男女手上没什么东西，很可能是游客，也不会去远的地方。

一、客户识别的内涵

客户是企业最重要的资源，客户关系管理也要求以"客户为中心"来构架企业，但并非每个客户都是上帝，并非所有的客户都能给企业带来效益，并非所有客户都是企业应该争取或者能够争取的。

国内某证券企业在解决客户资料分析方面的问题时发现，他们的大客户虽然仅占公司总客户的 20%,但却占了公司利润 90%的来源。换句话说,有八成客户是公司几乎赚不到钱的!这充分验证了二八法则。谢登(Sherden)把它修改为 80/20/30,其含义是在顶部的 20%的客户创造了公司 80%的利润,然而,企业的部分利润被存于底部的 30%的没有盈利的客户丧失掉了。这就是说,一个公司应该"剔除"其最没有价值的客户,以增加企业利润。所以与其耗费大量精力和成本追逐每一个客户,不如先明智地预先识别客户,定位客户群之后,再低成本、高效率地挖掘那些高价值、高潜力的优质客户,通过合理的客户发展策略来建立良好的客户关系。

所谓客户识别就是通过一系列技术手段,根据大量客户的特征、购买记录等可得数据,找出谁是企业的潜在客户、客户的需求是什么、哪类客户最有价值等,并把这些客户作为企业客户关系管理的实施对象,从而为企业成功实施客户关系管理提供保障。

客户识别是一个全新的概念,它与传统营销理论中的客户细分与客户选择有着本质区别。传统营销理论是以选择目标市场为着眼点,对整个客户群体按照不同因素进行细分,最后选择企业的目标客户。而客户识别是在确定好目标市场的情况下,从目标市场的客户群体中识别出对企业有意义的客户,作为企业实施客户关系管理的对象。由于目标市场客户的个性特征各不相同,不同客户与企业建立并发展客户关系的倾向也各不相同,因此他们对企业的重要性是不同的。

通常情况下,客户识别有两方面的含义:一是它定义了客户范围,这里的客户不仅仅指产品的最终用户,还包括企业供应链上的任何一个环节,如供应商、分销商、经营商、批发商和代理商、内部客户等成员;二是它明确了客户的类别和属性,不同客户对企业利润贡献差异很大,满意度和流失性都很不同。那么,在企业资源有限的情况下,如何把有限的资源分配在对企业贡献较大以及非常具有潜力的客户群体上,放弃或部分放弃那些对企业利润没有贡献,甚至使企业亏损、浪费企业资源的客户,将成为企业管理者不得不考虑的问题。因此,客户识别成为客户关系管理的核心内容之一,它直接影响企业能否成功地实施 CRM。

二、客户识别的意义

客户识别对企业客户关系管理实施的重要意义,主要体现在对企业的客户保持和客户获取的指导上。客户保持是企业实施客户关系管理的主要目标之一,它对企业的利润有重要影响。对美国 9 个行业的调查数据表明,客户保持率增加 5%,行业平均利润增加幅度在 25%~85%。客户保持对公司利润的影响之所以如此之大,是因为保持现有客户比获取新客户的成本低得多,一般可节约 4~6 倍。但是客户保持也是需要成本的,在现有的客户群体中,并不是所有的客户都会同企业建立并发展长期合作关系。如果不加区别地努力维护所有客户,势必会造成客户保持成本的浪费。如果事先通过客户识别方法,识别出有较大概率会同企业保持客户关系的客户,并有区别地开展客户保持努力,就会起到事半功倍的效果,大大节省企业的客户保持成本。

企业的客户有不同的层级,因此企业对待客户不能一视同仁,而应该区别对待,认真分析不同客户,然后制定不同的服务策略和措施。

三、客户识别的内容

（一）识别潜在客户

潜在客户是指存在于消费者中间，可能需要产品或接受服务的人。也可以理解为潜在客户是经营性组织机构的产品或服务的可能购买者。识别潜在客户需要遵循以下原则：

（1）摈弃平均客户的观点；

（2）寻找那些关注未来，并对长期合作关系感兴趣的客户；

（3）搜索具有持续性特征的客户；

（4）对客户的评估态度具有适应性，并且能在与客户的合作问题上发挥作用；

（5）认真考虑合作关系的财务前景。

（二）识别有价值的客户

客户大致分为两类：交易型客户和关系型客户。交易型客户只关心价格，没有忠诚度可言。关系型客户更关注商品的质量和服务，愿意与供应商建立长期友好的合作关系，客户忠诚度高。交易型客户带来的利润非常有限，结果往往是关系型客户在给交易型客户的购买进行补贴。

实际上需要两个步骤：首先，分离出交易型客户，以免他们干扰你的销售计划；其次，分析关系型客户。

我们将有价值的关系型客户分为三类：①给公司带来最大利润的客户；②带来可观利润并且有可能成为最大利润来源的客户；③现在能够带来利润，但正在失去价值的客户。

对于第一种客户最好进行客户关系管理营销，目标是留住这些客户。也许你已经从这些客户手中得到所有的生意，但是对其进行客户关系管理能保证你不把任何有价值的客户遗留给竞争对手。

对于第二种客户，开展营销同样重要。这类客户也许在你的竞争对手那里购买商品，所以针对这类客户开展营销的直接目的是提高本公司在客户购买的商品中的份额。

对于第三类客户，经过分析，剔除即可。

（三）识别客户的需求

"需要"是我们生活中不可缺少的东西，"需求"则是我们想要得到满足的方面。过去人们往往认为必须满足客户的需要，但在今天竞争的社会里，满足需要是不够的。为了留住客户，我们应该让他们感到愉悦，因此我们必须了解客户的需求，找到满足客户需求的方法。

1. 会见头等客户

客户服务代表和其他人员定期召集重要客户举行会议，讨论客户的需求、想法和对服务的期望。

2. 意见箱、意见卡和简短问卷

很多公司在客户看得见的地方设立意见箱。他们把意见卡和简短问卷放置到接待区、产品包装上、商品目录服务中心或客户容易接触到的地方，以征求客户对产品或服务的意见。

3. 调查

可以通过邮寄、打电话和网上发布等方法进行调查。

4. 客户数据库分析

客户数据库提供了丰富的客户信息,可以通过分析客户信息,了解客户的需求。

5. 个人努力

因为客户代表的工作需要直接跟客户打交道,他们可以询问客户对企业的看法。这些反馈将指导客户服务代表与客户的交往行为,并指导公司对产品或服务的选择。

6. 考察竞争者

访问竞争对手可以获得有关价格、产品等有价值的信息。

7. 兴趣小组

与顶级客户联合访谈,以搜集怎样改进特定产品或服务的信息,参加访谈的所有成员组成一个兴趣小组。

8. 市场调研小组

市场调研小组为雇用他们的公司组织单独会面和团体会面。他们也通过电话、邮件和互联网进行调查,以了解客户的需求。

四、客户识别的步骤

客户识别是贯穿整个客户关系管理运作流程的一条主线,也是企业判断是否进行以及如何进行客户获取、客户保持、关系终止活动的根本依据。本书把客户识别分为客户定位、客户分类、客户调整和客户发展几个步骤,如图 2-1 所示。

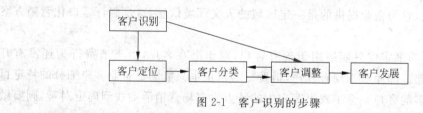

图 2-1 客户识别的步骤

(一) 客户的定位

客户定位是客户关系管理的一个重要研究内容。要准确定位客户,必须知道企业和客户之间的关系是什么性质,还必须对客户进行差异性分析。不同客户的差异性主要表现为对企业贡献价值和产品需求两方面的不同。

对客户进行差异性分析可以辨识客户的种类,详细需求和价值取向,使企业清楚地知道其利润形成所主要依赖的经营业务范围,客户对企业的依赖动力以及客户的分布情况。具体来说,有以下两种定位方式。

1. 属性分析

属性分析可以从三个方面来考虑。

(1) 外在属性

外在属性包括像客户的地域分布、客户的产品拥有、客户的组织归属(如企业用户、个人用户、政府用户)等。这种方式数据易得,但比较粗放,不易明晰在客户层面谁是"好"客户,谁是"差"客户,可能知道的只是某一类客户(如大企业客户)较之另一类客户(如政府客户)可能消费能力更强。

(2) 内在属性

内在属性指客户的内在因素所决定的属性,如性别、年龄、信仰、爱好、收入、家庭成员、信用度、性格、价值取向等。通过客户的内在属性亦可将客户定位,如 VIP 客户等。

(3) 消费属性

消费属性即所谓的 RFMD:最近消费、购买频率、消费金额、人口统计资料和生活方式。比如,在通信行业,对客户定位主要依据这样一些变量:话费量使用行为特征、付款记录、信用记录等。

R(recent),客户最近一次购买的情况。对客户最近一次购买情况的信息的搜集和跟踪,用以分析客户在购买之后是否能够持续购买的概率,可利用这一工具了解提供的即时商品与服务是否有所反映,与客户建立长期关系而不是卖东西,维持企业与客户的良好关系。

F(frequent),购买频率。购买频率即在测试期间的购买次数。高消费频率意味着更大的市场感召力,如果将该信息与最近一次购买情况和花费金额相参照,能够准确地判断一定区域和时期的合适客户和关键客户,从而使企业的营销策略更具针对性。

M(monetary),花费金额。它能够为企业提供客户在一定时期的需求量信息,如果将该信息与其他信息相参考,可以准确地预测一定时期、一定区域的销售量、市场占有率等信息,为供应链上的企业生产、采购和制订营销企划方案等提供准确依据。

D(demographic and lifestyle append),人口统计资料和生活方式。这一信息是对前三种信息的补充,它为企业提供的是一定区域的人文环境信息,这是制订客户化营销方案的人文信息。

根据消费行为来定位只能适用于现有客户,对于潜在客户,由于消费行为还没有开始,当然无从谈起。即使对于现有客户,消费行为定位也只能满足企业客户细分的特定目的,如奖励贡献多的客户。至于找出客户中的特点为市场营销活动找到确定对策,则要做更多的数据分析工作。

2. 统计分析

如果按照上述定位方式进行客户定位,基本上不需要进行数据分析。但随着营销的统计方法日益精确化,服务的日益个性化,客户定位在不同情况下常常精确到能适用多种统计方法。如要知道什么样的客户为优质客户,就要用消费行为数据作为应变量,找出在内在属性、外在属性各变量中影响应变量的自变量。这个自变量可能是前文中所列的一个或几个数据,也可能是由这些数据所导出的一些抽象的因子,只有这样营销策略才能有针对性。否则,若仅仅盯住那些高消费、高价值客户不断促销,结果并不一定表明客户仍然会有良好的响应。

除了一般描述型,比如 Cross-tab 报表的方法外,目前数据发现与数据挖掘用得最多的有两类:传统统计方法,这包括聚类分析、因素分析和 CHAID 方法;非传统统计方法,其中包括神经网络方法、回归树方法等。

(二) 客户的动态调整

市场环境是瞬息万变的,所以必须用动态的、发展的眼光看待客户。随着企业核心业务的变化,有可能过去的客户已经流失,而过去的竞争对手已变为今天的核心客户。

所以,寻找客户是一个长期的工作,它会一直伴随着企业生产经营的全过程,应根据企业的发展不断更新补充企业的核心客户。

(三) 客户分类

在进行客户识别与调整后,下一步就是客户分类的工作。因为不同的客户有不同的特征,由于在一定范围内所存在的共同点而形成差异较大的不同群体,企业可以据此来进行客户群的划分,这也正是企业选择客户获取、客户保持以及关系终止策略过程中的必要步骤。

客户分类是按客户对企业的价值来区分客户,对高价值的用户提供高价值的服务,对低价值客户提供廉价的服务;也可以分为长期客户和临时客户,对长期客户采用优惠,对临时客户进行宣传服务。对客户进行分类有利于针对不同类型的客户进行客户分析,分别制定客户服务策略。

1. 客户分类的流程

企业的客户有不同的层级,因此企业对待客户不能一视同仁,而应该区别对待,认真分析不同客户,然后制定不同的服务策略和措施。"客户分析、量体裁衣"是一个很复杂的过程,如图 2-2 所示。

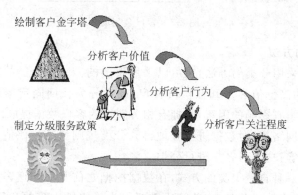

图 2-2 客户分类的流程

(1) 绘制客户金字塔

按照客户给企业带来的利润来确定不同客户在企业整个营销体系当中的层级,据此来绘制客户金字塔。

(2) 分析客户价值

分析不同客户给企业带来的营业收入和企业所付出的成本,以此来确定客户的价值。

(3) 分析客户行为

分析客户的各种表现,这是有效拉近企业和客户之间距离的方式,可以使企业和客户以后的合作更加紧密。

(4) 分析客户关注程度

了解客户各种表现之后,企业就可知晓客户的关注程度,是关注价格,还是关注服务

态度,或是关注企业的采购方式和信息传递方式,这些都是企业最后设计分级服务政策的
根据。

(5) 制定分级服务政策

企业根据客户关注程度制定分级服务政策。分级服务政策的核心是服务好老客户,
对企业来说,得罪老客户是不可原谅的过错。

如图 2-3 所示,企业要强化钻石级用户忠诚度,提升其转换成本,延伸产品销售线,交
叉销售多种产品。黄金级客户和黄铜级客户的数量很大,且处于中间状态,既可转变为钻
石级客户,也可能转变为重铅级客户。企业应该使其尽量上移,延伸产品的销售,加强对
客户忠诚度的关怀。对重铅级客户,企业或者是降低其利益,提高产品的销售价格;或者
通过多种销售措施使其上移,转变为黄铜级客户。

让客户金字塔动起来

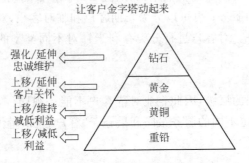

图 2-3　客户金字塔

2. 客户分类的方法

客户分类可以采用分类的方法,也可以采用聚类的方法。分类的方法是预先给定类
别,比如将客户分为高价值客户和低价值客户,或者分为长期固定客户和短期偶然客户
等。然后确定对分类有影响的因素,将拥有相关属性的客户数据提取出来,选择合适的算
法(如决策树、神经网络等)对数据进行处理得到分类规则。经过评估和验证后就可将规
则应用在未知类型客户上,对客户进行分类。

聚类的方法是一种自然聚类的方式,在数据挖掘之前并不知道客户可以分为哪几个
类,只是根据要求确定分成几类(有些算法需要人为确定输出簇的数目)。将数据聚类以
后,再对每个簇中的数据进行分析,归纳出相同簇中客户的相似性或共性。

比如,银行在长期的金融服务中,积累了大量的数据信息,包括对客户的服务历史、对
客户的销售历史和收入,以及客户的人口统计学资料和生活方式等。银行必须将这些众
多的信息资源综合起来,以便在数据库里建立起一个完整的客户背景。在客户背景信息
中,大批客户可能在存款、贷款或使用其他金融服务上具有极高的相似性,因而形成了具
有共性的客户群体。经过聚类分析,可以发现他们的共性,掌握他们的投资理念,提供有
针对性的服务,进而引导他们的投资行为,提高银行的综合服务水平,并可以降低业务服
务成本,取得更高的收益。通过客户细分,可以使银行准确地把握现有客户的状况,采取
不同的服务、推销和价格策略来稳定有价值的客户,转化低价值的客户,消除没有价值的
客户。

3. 客户分类的意义

客户分类的目的不仅仅是实现企业内部对于客户的统一有效识别,也常常用于指导企业客户管理的战略性资源配置与战术性服务营销对策应用,支撑企业以客户为中心的个性化服务与专业化营销。

客户分类可以对客户的消费行为进行分析,也可以对顾客的消费心理进行分析。企业可以针对不同行为模式的客户提供不同的产品内容,针对不同消费心理的客户提供不同的促销手段等。客户分类也是其他客户分析的基础,在分类后的数据中进行挖掘更有针对性,可以得到更有意义的结果,如图 2-4 所示。

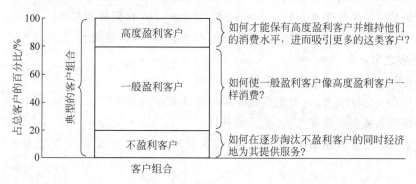

图 2-4 客户组合分类图

万科的客户分类体系(5 类客户群体)

- **富贵之家**(9%)

人群特征:家庭成员高学历,高收入,高社会地位。

生活形态:忙碌,经常加班,希望有空闲时间,休闲活动层次高。

房屋价值:事业成功的标志、社会标签。

房屋需求:完备的健身娱乐场所,良好的停车设施,高水平的物业管理,大规模的山水园林,高层次的邻居,房屋面积大,价格高。

- **社会新锐**(29%)

人群特征:年轻,学历较高,收入仅次于富贵之家,没有孩子的家庭较多,或孩子年龄较小。

生活形态:思想观念多元,休闲娱乐丰富且新潮,注重生活品质。

房屋价值:社会标签,个性,彰显品位,聚会场所。

房屋需求:户型好,接近娱乐场所。

- **望子成龙**(31%)

人群特征:收入水平一般,以孩子为生活核心。

生活形态:一般进行一些对孩子的成长有利的运动,比如打乒乓球、网球、踢足球等,而牺牲了成人的业余活动和兴趣爱好,有强烈的家庭观念。

房屋价值:对房屋有心理依赖,房屋能够为孩子提供健康成长的地方,也在物质和精神上给他们一种安定的感觉。

房屋需求:小区文化氛围浓,房屋通风和采光对家人健康有利,靠近父母,方便照顾孩子。

- **健康养老**(6%)

人群特征:家庭结构趋向老龄化,或接老人同住。

生活形态:一般进行老年人喜欢的安静运动,较少远距离出行。

房屋价值:安享晚年或照顾老人的地方,健康和老人休闲较为注重。

房屋需求:大型的娱乐锻炼场所,步行到超市,附近有医疗机构。

- **务实之家**(25%)

人群特征:收入不是很高,对价格非常敏感。

生活形态:生活节省,一般进行近距离的休闲或宅在家里。

房屋价值:最大的投资支出,生活的保障。

房屋需求:注重房屋质量,小区安全,通风采光好,物业费低廉,对更高层次的属性要求少。

(四) 客户发展

对不同的客户进行分类之后,更好地了解当前客户的价值并采取相应的客户维系政策将变成工作的重心,企业需要采取合适成本的具有针对性的营销方案来发展客户,从而降低成本、增加企业活动的效用。如果企业对所有的用户采取相同的维系政策,既不利于激励客户更多地消费,还有可能导致高价值客户的不满。

英国最大药品制造和连锁销售公司 Boots 化学公司,对取自近 1300 万张会员卡用户的数据进行分析,来描述保健品和美容用品细分市场的基本状况:寻求优惠型消费者总是使用礼券购物;储藏型消费者只在商品促销时大批量购买;忠诚型消费者坚持在同一商店购物,只是打折时的采购量比平时稍大;新进入的客户也购买打折商品,并在优惠期结束后继续按常价购物。

组织的明确目标应是集中精力争取吸引忠诚型消费者和新客户,而非优惠型和储藏型。

第二节　客户的获取与开发

在竞争激烈的市场中,能否通过有效的方法获取客户往往是企业成败的关键。况且客户越来越明白如何满足自己的需要和维护自己的利益,客户是很难轻易获得与保持的。因此加强客户开发管理对企业的发展至关重要。

一、客户的获取

1. 客户获取的含义

客户获取是指企业在吸引潜在客户转变为实际购买者这一过程中所运用的策略和方法。客户获取的最佳值取决于企业保留客户的能力、客户重复购买的频次以及与保留客户相比获得客户的相对机遇。

2. 客户获取的步骤

（1）建立关系阶段

建立关系阶段是卖方确立客户,买卖双方建立互信的阶段,买方对你的产品和服务并没有真正的使用经验。这个阶段是客户营销中最为关键的,也是需要消耗最多资源的。

（2）稳定关系阶段

与客户关系进入稳定期以后,工作重点和关键就发生了转移,这个时候工作重点应该放在防止意外情况发生和积极进行危机管理。进入稳定阶段以后,沟通在客户管理中起着非常重要的作用。

（3）加强关系阶段

随着买卖双方信任和了解的加固,卖方应该对自己满足客户的能力进一步地加强和提高要求,应该更加深入分析客户的需求潜力。这也是增加销售内容和加固关系的最佳时期。在加强阶段要和客户建立互利互惠的关系。

欧博家电计划在上海寻找一家代理商,洽谈了几家后,比较中意 A 商贸公司。A 商贸公司由于实力、网络数量与质量、经营能力等比较占优势,而成为多家厂家争夺的对象。而欧博家电没有任何明显的优势。

欧博家电的营销总监梁总监亲自出马,先对 A 商贸公司的经营状况及代理的品牌在市场上的情况进行了一番了解。了解到 A 商贸公司的刘总也正在考虑更换代理的品牌,并且洽谈了几家品牌,还没有拿定主意。

掌握这些情况后,梁总监与刘总做了常规性的洽谈。在洽谈中梁总监没有像其他厂家那样信誓旦旦地做承诺和咄咄逼人地要求其合作,而是希望刘总慎重考虑,不要匆忙做决定。

过了几天,双方又坐在一起,这一次梁总监绝口不提对方与自己公司合作的事情,而是像老朋友一样帮助对方分析企业代理一个品牌后的经营得失。A 商贸公司的刘总连连点头,声称自己做了这么多年的经销商,还从来没有做过这样的经营分析。

过了几天,梁总监又向刘总演示了自己多年来研究系统的数据化、工具化的营销分析方法与工具,梁总监还对刘总讲:粗放式的营销时代已经过去,而精细化、数据化的营销模式才能在新的市场竞争中取得比较优势。为了让刘总彻底掌握这套方法,梁总监又给他讲了两遍,直至刘总自己可以运用为止。

接下来的一段时间,梁总监还是不提双方合作的事,只是隔三差五地给刘总发个问候的短信,打电话提供一点有用的信息,发个搞笑的电子邮件等。一个月以后,刘总主动打电话约梁总监,希望签约合作。

二、客户开发

客户开发工作是销售工作的第一步,通常来讲是业务人员通过市场扫街调查初步了解市场和客户情况,对有实力和有意向的客户重点沟通,最终确定目标区域的客户开发计划。但以上只是一个企业客户开发工作的冰山一角,要成功做好企业的客户开发工作,企业需要从自身资源情况出发,了解竞争对手在客户方面的一些做法,制定适合企业的客户开发战略,再落实到销售一线人员客户开发执行,这是一个系统工程。

客户开发的前提是确定目标市场,研究目标顾客,从而制定客户开发市场营销策略。营销人员的首要任务是开发准客户,通过多种方法寻找准客户并对准客户进行资格鉴定,使企业的营销活动有明确的目标与方向,使潜在客户成为现实客户。

(一)客户开发的目的和意义

开发客户的目的不是为了销量提升,而是强化与渠道成员的沟通,激发兴趣和信心,树立战略合作的强烈意愿;通过客户合作、合同签订、货款预付、产品进仓,抢占渠道资源,占仓库、占资金,建立渠道壁垒。提高品牌与消费者的沟通效果,提升品牌的认知度和影响力,激发消费者购买欲望,培育市场势能。

开发客户,获得客户的理解、配合和支持至关重要,为此必须把建立良好的客情关系放在重要位置。营销人员要加强与各级渠道成员沟通,随时了解客户的建设和建议并迅速处理,做好市场服务,让客户随时感到温暖和关心。营销人员要准确把握市场信息,随时了解竞争对手动态,随时修正营销策略,提升营销执行力。

(二)客户开发的步骤

客户开发永远是企业营销的重点,但面对市场上层出不穷的新产品,客户的眼光也变得越来越挑剔,从而给企业营销人员开发客户增加了难度。作为企业营销管理者,该如何指导下属在已经发生了剧烈变化的营销环境中,顺利实现有效的客户开发呢?一般来说,客户的开发可以按照以下几个步骤进行。

1. 寻找客户

寻找客户即找到对本公司产品有需求的单位,了解客户的相关信息。销售业务员要做个有心人,通过各种渠道与方式将潜在客户找出来,并了解客户单位与主要负责人的相关信息,为筛选、联系与拜访客户做准备。

2. 联系客户

联系客户的方式有很多,如打电话、发邮件、信函、拜访等,但现实中用得最多的是打电话,即使是其他方式,也通常离不开电话。

3. 销售准备

销售准备具体包括:一是销售资料的准备,名片、公司画册、样品、报价单、公司小礼品、演示辅助工具、合同样本等要准备好。二是客户异议预测和应对的准备,根据以往的经验,结合目标客户的一些实际情况,列出客户可能会提出的异议,做好应对准备,以免临时被弄得措手不及。三是仪表修饰和个人心态的准备,以良好的仪表、精神饱满、信心满怀的形象去见客户,一般最好事先打个电话预约一下,出于礼貌也是让客户有所准备。

4. 接近客户

接近客户关键是要给客户留下好的印象,应该注意以下三个方面:一是良好的外表,良好的外表并不是指容貌的漂亮,而是指服饰整洁得体,穿着与自己的身份、销售的产品和公司的形象相符。二是良好的身体语言,包括握手、目光接触、微笑、交换名片等。三是营造轻松的氛围,与客户面谈注意营造一个轻松、愉快的氛围,避免形成与客户对立和过于商务化的环境,以免给双方造成压力。

5. 了解需求

客户管理人员一般通过提问来了解客户的需求,并有效控制谈话局面。同时,要注意提问与聆听相结合,一要有目的地听,捕捉客户话语中关于需求的真实意愿;二要把握谈话的重点,有效地引导客户的谈话方向,让客户提供你最想了解的信息;三要搜集有效的信息,采用心记加笔记的办法,同时,要及时地给客户一些反馈,如通过发问确认自己的理解或者通过点头、微笑等来传递你的认同。

6. 销售陈述

销售陈述的内容与步骤如下:一是产品基本情况的介绍,包括产品生产企业、性能、功能、服务、包装等。二是产品的特点、优点的介绍,在同类产品中,本企业产品的特点与优点是什么。三是给客户带来的利益,销售业务员在作销售陈述时要考虑对各种信息作相应的取舍,重点介绍客户必须知道的信息。

7. 克服异议

克服异议可采用的四步法:第一,采取积极的态度,当客户提出一些反对意见时,应该说是件好事,激发客户产生比较强烈的购买意向。第二,认同客户的感受,认同不等于赞同,赞同是同意对方的看法,而认同是认可对方的感受,理解对方的想法,但并不是同意对方的看法,认同的作用是淡化冲突,提出双方需要共同面对的问题,以便于进一步解决异议。第三,使反对意见具体化,了解客户反对的细节是什么?是哪些因素导致了客户的反对?找出异议的真正原因。第四,给予补偿,在掌握了客户异议的真实原因后,给予客户补偿是解决问题、达成交易的一种有效途径。

8. 达成协议

达成协议的方法主要有三种:一是直接法达成协议,直接法是指销售员得到客户的购买信号后,直接提出交易的方法。二是选择法达成协议,选择法是销售员给客户提供一些备选的方案,然后引导客户从备选方案中选择一个。三是总结利益法达成协议,总结利益法是销售员把客户与自己达成交易所带来的所有的实际利益都展示在客户面前,从而促使客户最终与自己达成协议。

 小案例

草率而为,导致无功而返

A企业的业务员小张通过别人介绍认识了某地的准客户谢某,便亲自上门拜访。初

次见面,一番寒暄之后,小张切入了主题。他将 A 企业的简介、产品、政策一一向客户做了详细介绍,但谢某听后只是淡淡地说:"你们的企业和产品不错,不过另一个企业的产品价格比你们低,所以你的产品我无法销售。再加上市场前景无法预测,我们还是有机会再合作吧。"面对谢某的婉言拒绝,小张尽管不死心,却没有其他办法去说服对方,只得快快地告辞离开。

一个方案,让客户点头

谢某是 A 企业锁定的理想客户。面对小张的无功而返,企业派出了另一位经验丰富的业务员小李,并且下了硬指标。小李接到任务后,并没有像小张一样急于拜访客户。因为他知道小张已经失败了一次,如果再草率前去,不但给客户开发带来难度,恐怕还会引起谢某的反感,导致客户开发失败。他先侧面对谢某公司做了全面了解,然后就开始在市场上进行详细调研,形成了一份完备的方案。拿着这份方案,小李信心十足地去拜访谢某。

谢某起初看到小李并不十分热情,只是淡淡地应付了几句。小李见状,开门见山向谢某介绍了自己的市场推广方案。从谢某所在市场的基本情况,如人口数量、市场规模、消费水平、市场结构等,到竞品情况,如价格、政策、主要销售区域、存在的问题以及销量分析等,再到阐述 A 企业和产品的定位,以及与竞品相比的优劣势所在,不免让谢某觉得这个业务员水平不一般。最后,小李还为谢某操作 A 企业的产品提供了一些具体建议,包括:详细的价格设置、通路设置、消费群体和主要消费场所锁定、操作要点及步骤、企业投入与扶持、谢某需要投入的资源和投入产出比等。谢某看着小李这份完整而详尽的市场推广方案,听着他头头是道的讲解,频频点头。最后终于高兴地表示马上与 A 企业签订合作,并邀请小李担任他的经营顾问。

点评:同样的企业,同样的产品与资源,同样的开发对象,小张的客户开发为什么会失败?原因就在于他只是就产品而推产品,就企业而推企业,这样没有新意的客户开发形式难怪会遭到客户拒绝。而小李之所以能够开发成功,就在于他前期做了充足的准备工作,通过市场调研,向客户提供了一套行之有效的、完整的市场推广方案。客户看到这么有吸引力和可操作性的方案,自然会心动。

(三)客户开发的关键

客户开发的关键在于对潜在客户的开发。潜在客户开发是销售员工作流程中非常重要的环节,销售员需要不断地开发新客户,弥补流失的老客户,提高客户质量和数量。潜在客户开发是销售业绩增长的来源,不断学习提高销售技巧,对潜在客户进行有效的开发和管理,将帮助销售员提高销售效率,为其提供稳定的销售业绩保证。

在潜在客户开发的工作当中,有三个关键点销售员应随时注意。

1. 潜在客户开发要补充流失的客户

在实际销售工作中,无论服务做得多么周到,都会面临销售额的波动和客户的流失。

在这种情况下,必须不断开发客户,有新资源补充进来,才会取得稳定的销售额。并随时关注市场上的客户情况,不断选择那些有价值的潜在客户进行客户开发,只有这样才不会受市场波动的影响。

2. 潜在客户开发要吸收新的需求

随着市场的变化,随时都可能产生新的潜在客户,或者形成新的需求市场。客户开发可以使我们随时把握市场需求的变化,获得新的商机。

3. 潜在客户开发要更新客户结构,拥有更多的好客户资源

企业常常会发现,绝大部分销售额来自少部分客户,就像二八法则描述的那样(80％的销售额来自20％的客户),也就是说,客户的质量差异很大。如果客户资源缺乏,为了完成销售额,对小客户也尽心尽力地服务,每个小客户服务量可能不少,但产单量很低,这就使销售工作很辛苦,但是销售额不高。如果不断进行客户开发,就会发现更多的好客户,然后把工作重点转移到这些好客户身上,减少他们的流失,就可以用同样的时间和工作量,取得更多的订单。

第三节　客户信息管理

在竞争激烈的环境中,越来越多的公司认识到客户是公司最稀缺的资源,是公司的财富,无论是开发新客户,还是维护老客户,客户信息的管理是最基础、最重要的工作,很多公司已经把客户信息看成公司的核心资产来管理和维护。

一、客户信息管理的作用

(一) 用于与企业的客户进行有效、准确的沟通

让企业的营销经理、客户经理、市场经理了解企业的客户到底是谁,企业的客户是如何分布的,企业的客户群体数量是多少,通过企业已经建立的客户基本信息,让营销经理、客户经理、市场经理以及客户代表看到这些基本信息,能够对客户有一个相对明晰的描述,并且能够与已经或即将开展业务关系的客户进行有效的沟通。

(二) 用于客户分析与分类

一定要明确哪些客户信息对于客户分析与分类是有帮助的,且这些信息以及客户分析与分类,可以指导客户经理制定沟通策略。否则,再多的信息,都是没有效率的。

(三) 用于客户关系的管理

(1) 客户信息管理是客户管理体系中非常重要的环节,通过客户信息的分析和研究,确定自己下一步如何搞好客户关系的方案。

(2) 利用客户信息帮助公司分析客户管理的效率与瓶颈,以便指导客户代表的工作。

(3) 帮助公司了解客户代表的工作现状,帮助客户代表进行客户维护,制定客户管理的沟通计划,影响沟通过程和沟通结果。

(四) 用于企业信息管理的规范化

一般来讲企业在信息管理上,尤其是客户信息管理方面存在很多问题,管理能力和管

理程度非常粗放,所以有必要对客户信息进行有效的规范,才能保证日常客户管理的有效性。

1. 客户信息整合

整合和提升现有的、割裂的分散在企业各部门的老客户信息,以实现客户信息的完整性和一致性,实现360°客户视角;执行规范的信息管理,以实现对已有客户信息进行有效的维护和实时更新,保持信息的时效性、准确性和完整性;从客户关系管理和关系营销的基本需要出发,整合来自不同业务环节和渠道的客户信息,通过客户数据的集中、提升和补充,实现单一客户视角,为客户信息分析和营销决策提供充分支持;方便快速地获得开发新客户所需的客户基本特征信息和联系信息。

2. 客户信息挖掘与分析

企业的数据分析人员利用专业的数据分析工具和分析方法,帮助企业有效了解客户和细分市场,实现既有客户价值最大化,挖掘最有价值的客户,建立流失客户预警机制,为企业的市场和销售策略提供科学的依据。

3. 客户信息内容规范

利用企业内部市场部、营销部、客户部等机构和客户信息数据库,协助客户信息管理人员保持客户信息的完整、准确和全面,并根据企业的目标客户特征补充新的潜在客户数据,提高公司直复营销的能力和效果。

要做好以上工作,除了了解以上几个方面的信息的基本构成之外,需要对相关信息使用者、搜集者与管理者进行访谈与问卷调查,才能够使信息管理真正服务于客户关系管理的需要。

二、客户信息管理的原则

为了将得出科学的结论用于管理决策,企业需要在客户信息管理过程中遵循真实性、完整性、时效性、标准化和制度化这五项基本原则。

(一)真实性

对客户信息进行管理时充分利用各种渠道搜集有价值的客户信息,对来自不同渠道的客户信息进行核查,对相关人员行为进行跟踪和监控,以保证信息真实可靠。

(二)完整性

为了全面反映客户的各种特征,必须坚持客户信息管理工作的完整性。客户特征的选择和信息内容的分类应该齐全,使客户信息成为有机的整体,系统地反映客户情况,同时信息的搜集工作应该全面、细致,对能够反映客户各种状况的所有信息都要关注。

(三)时效性

为了防范在激烈的市场竞争中出现客户交易各种风险,必须坚持客户信息管理工作的时效性,让企业能够更好地适应市场竞争和客户情况的不断变化,通过监控客户的动态信息,避免过时信息对企业造成的经济风险。

(四)标准化

标准化原则不仅关系到客户信息的质量,还关系到信息的分析利用问题。只有明确规定客户信息的层次和分类标准,才能够对不同客户、不同时间的信息进行数据处理和分析比较,从而得出科学的结论用于管理决策。

(五)制度化

客户的信息是海量的,分散存放于企业的各个部门之中,需要有意识地去搜集这些信息,这就要求企业能够把客户信用信息的管理工作制度化,确定岗位责任、工作内容和时间进度安排等。

三、客户信息的采集

(一)客户信息资料搜集方法

客户信息资料是企业销售者了解市场的重要工具之一,通过它可以连续了解客户实际情况,从中看到客户的销售动态,并能据此对市场动态做出判断,对于企业的经营销售和客户服务工作起着至关重要的参谋作用。因此,在实际工作中,我们应该注意客户信息资料的搜集、整理,并予以充分运用。客户信息资料搜集的方法主要有以下几种。

1. 询问法

询问法是调查人员事先拟定调查项目,确定调查的内容或具体的问题,以某种方式向被调查对象提出,要求给予回答,由此获得信息资料。此种方法是调查的主要方法,适用于基本资料搜集和意见征询及预测、分析。询问法又分为几种形式:当面交谈法、电话询问法、邮寄调查法、问卷调查法。

2. 观察法

观察法是由调查人员直接或通过仪器在现场观察被调查对象的行为并加以记录而获取信息的一种方法。它适用于新产品的宣传和促销及跟踪调查,有利于掌握客户对新品的第一感觉和评价,以便及时回馈相关信息。观察法又可分为几种形式:直接观察法、亲身经历法、痕迹观察法、行为记录法。

3. 实验法

实验法是由调查人员将研究的对象置于特殊的环境中,进行有控制的观察。在可控制的条件下,对一个或多个客户进行测验,以测定客户的思想和认识。通过小规模的实验,记录事物的发展和结果,搜集和分析第一手信息资料。实验法源于自然科学中的实验求证,适用于新品的开发调研和认定。

4. 集体思考法

集体思考法是调查人员通过讨论的方式来取得完整的信息。人总免不了受自身环境、经历、知识、思维方式等方面的限制,即使学识水平较高的人也难免有实践或经验方面的缺陷。集体思考法适用于企业的重大决策和对更大范围客户信息资料的掌握,是科学、民主决策的保证。

5. 德尔菲法

德尔菲法是一种专家调查法,与其他调查法的区别在于:它是用背对背的判断来代替面对面的会议,采用函询的方式,依靠调查机构反复征求各个专家的意见,经过客观分析和多次筛选,使各种不同意见逐步趋向一致,得出客观实际的资料。它适用于企业的重大决策和重要客户信息资料的调查。

总之,对客户信息资料搜集的方法很多,在具体运用的时候,可根据实际情况灵活采取,有时,也可以把不同的方法结合在一起综合使用,以取得客户最实际、客观的信息和资料。

(二) 客户信息资料搜集途径

直接接触渠道是客户数据搜集的有效手段。客户通常会最先与销售渠道打交道,而后形成购买意向,到完成购买过程进入售后阶段。在这些阶段中,客户数据的搜集具有直接、明确的特征。很多企业都采取订单、客户登记表、客户联系卡、会员卡等形式,对客户基本静态信息进行搜集。

1. 企业内部信息搜集

与客户初次接触和交流、对客户实地走访、与客户的交易经验、对客户的必要文件资料或证明进行审查、业务员内部测评。

2. 行业内信息交流与沟通

行业内信息交流与沟通包括行业组织、信息组织、同行业的沟通以及行业会议的交流与沟通。

3. 市场调查

市场调查所进行的数据搜集能够准确完成客户发现和客户导向的发掘。现代企业已经越来越多地利用市场调查来实现对产品、市场、服务进行考察、分析、预计的工作。通常情况下,委托第三方进行相关的调查都能够对调查对象的客户数据进行详尽的记录,而这些记录不但能够反馈这些被调查人中潜在的客户,而且能够通过对产品、服务所反馈的意见和建议反映出客户需求的导向,更重要的是还能够通过被调查人的倾向性,发现潜在客户的分布规律,为企业开发新产品、开拓更大的市场提供依据。

4. 服务过程是客户数据搜集的最佳时机

如果说直接接触渠道提供了客户数据的搜集的机会,那么服务过程则提供了深入了解客户,建立互动联系的最佳时机。服务的过程中,客户通常能够直接而毫无避讳地讲述对产品的看法和期望、对服务的要求和评价、对竞争对手的认识和挑剔以及周边客户群体的意愿和销售机会。其信息容量之大、准确性之高是在其他条件下难以实现的。一次好的服务过程本身就是一次全面的客户数据搜集过程。

5. 客户数据资源的整合

客户数据资源的整合成为企业客户数据的另一个重要信息来源。客户数据资源的整合是指不同企业在一定条件下将各自的客户数据与其他企业进行共享以扩大相互的客户资源并提高客户数据利用率的行为。随着直复营销、整合营销的发展,市场上还形成了专注于客户信息搜集整理,集合各个企业资源进行整合营销的渠道厂商。他们通过诸如电话黄页、网站注册、展会搜集、企业提供等方式搜集了大量丰富的客户信息,并利用这些信息,整合其他企业的产品或服务,有针对性地对客户进行跨企业的整合销售。

6. 公共信息

公共信息包括的内容举例如下。

各类文献——公司年报、基本经营情况。

工商局——注册资料、年检资料,从这些单位的资料中搜集新近登记注册的企业和迁出、迁入本地区的企业,主动访问这些企业,向他们提供服务,以优质高效的承诺,获取客户的信任。

统计局——基本经营数据、财务报表。

法院——诉讼记录。

税务局——财务报表。

主管部门——行业统计资料、经营数据。

房产部门——房产所有权、抵押情况。

同行——企业经营变化情况。

7. 展会

展会已经成为客户数据搜集的重要形式。由于展会的针对性强、潜在客户群体集中,因此展会已经成为能够迅速搜集客户数据、发现客户群体、达成购买意向的场所。也正是由于这个特点,国内展会经济呈现出蓬勃发展的态势。但是展会上的名片搜集还远远不能满足客户数据搜集的要求,对客户的意见、产品倾向、竞争产品评价的搜集是展会客户数据搜集的重点。

8. 网站和呼叫中心

网站和呼叫中心是客户数据搜集的低成本"吸收器"。随着电子商务的开展,网站、呼叫中心在企业客户发展战略中起的作用已经越来越受到企业领导者的重视。与此同时,客户也越来越多地转向网站和呼叫中心去了解企业情况、产品和服务,以及即时完成订单等操作。不难看出,很多企业已经将客户在网站、呼叫中心的访问作为搜集客户数据的重要机会,为进一步开展营销、服务打下基础。也正是这些客户数据为个性化服务的开展提供了可能。

9. 商业或银行资信证明

商业或银行资信证明包括商业资信证明书、银行资信证明书或向专门信用评估机构订购资信报告等。

10. 通过 11185 客服电话

11185 有业务咨询记录,如果有迫切需要的客户信息,可通过邮政客服电话咨询的客户名及联系方式,以便迅速、方便地获取客户信息。这种方法成功率较高,但客户数量有限。

11. 向投递员咨询

投递员向客户提供邮政终端服务,在向客户投递报纸、信件的过程中,与客户接触比较频繁,对客户各方面信息了解得比较清楚。咨询投递员能了解客户使用邮政业务的种类,根据日常投递情况能更好地判断客户使用邮政业务的时机。邮政投递员拥有丰富的客户信息,从他们那里搜集、整理的客户信息除了有规律性的和周期性的信息外,还有较多新出现的信息。

12. 翻阅每天的投递清单

注意投递清单上签收邮件较多的客户,是不是邮政的客户;询问他们在接收邮件后,要不要使用邮政其他业务。如有需要,可以迅速反馈到相关部门。

13．阅读报刊招商广告

不断更新的招商广告每天都在向我们提供着新的客户信息,坚持阅读,从中可以了解到客户基本情况,而且这些市场新诞生的客户,有可能成为新的业务发展增长点,我们只需根据招商广告提供的地址,通过电话预约,直接拜访客户洽谈即可。

14．通过熟人、朋友介绍客户

广泛的人际关系是获取客户信息的重要途径之一,朋友、熟人在不同机关、单位或公司工作,一方面他们可能需要邮政业务,另一方面通过他们接触到的单位和人员,再介绍更多的客户。通过介绍获得的客户信息,真实、具体,虽然数量有限,但是成功率极高。

15．搜集废旧名片

不仅可以获得客户信息,说不定还能捞到"一条大鱼"。

16．拨打 114 电话查询台

当想了解某家公司或单位是否有业务需求时,在不知道单位或公司地址和电话情况下,可拨打 114 查询,当知道电话或地址后再开展工作,也能取得一定效果。

17．直接登门拜访客户比较集中的商厦、写字楼

获取客户信息最简单的方式就是直接按响客户的门铃,直接询问客户,虽然比较辛苦,但这是成功率最高、最节省时间的有效方式。

不同的客户各有其独特的特征,需求服务的种类也不同,在搜集客户信息的艰苦过程中,还要对客户信息进行整理、辨别、筛选,确定开发目标,做到有的放矢,必然会获得事半功倍的效果。

航空公司搜集客户资料的方法:订座单直接登记了客户姓名、证件号码等信息,日常旅客则采用会员卡的形式详细记录了姓名、性别、证件号码、通信地址、电话、电子邮件、日常喜好、座位偏好、餐食习惯等,并通过会员卡详细登记了客户的每一次行程记录,甚至一些航空公司还通过会员卡实现了对客户的宾馆酒店入住信息和会员商场消费记录的全面搜集。这些直接接触渠道与以电话、互联网等构成的非接触式渠道共同形成了客户数据搜集的主要来源。

四、客户信息的分析

搜集到客户的海量信息之后,接下来就要对这些众多的客户数据信息进行分析,客户数据分析为整合营销提供了巨大的动力。客户数据分析的基础是进行客户数据搜集的设计和实施。良好的客户数据搜集方案的设计能够合理地在客户交互中搜集和完善客户信息。而全面的客户数据又能够指导企业设计、改进产品和服务,并发现客户的需求和市场规律,做到在有限的客户交互过程中实现产品销售和其他附加产品的交叉销售,将客户交互渠道发展成为实现客户价值的整合营销渠道。

(一)客户数据的目标性分析

目标性分析为市场策略和产品策略提供了有利的支持。客户数据的搜集过程中,大多数具有一定的针对性或相关性,而这些具有针对性和相关性的客户数据更便于进行预先设定目标的分析。比如,家电企业在数据的搜集中通常会关注客户某种家电的拥有数量、品牌、购买时间,而这些在配合家庭人口、职业、年龄等数据进行分析后,往往能够直接得出该客户是否具有购买需求、预计购买时间和数量、消费档次等结论。这些都是具有目标性的数据分析。具有目标性的客户数据分析,能够对企业当前市场和产品的设计、生产、销售产生指导,对营销和市场细分提供依据。

(二)客户数据非目标性分析

非目标性分析帮助企业从客户数据中发现新的商业机会。客户数据由于人群的地域、文化、历史的相似性,客户数据中往往还能够反映出一些超出数据搜集目标的结论。这些结论通常还能够引导一个新的市场或产品。还是以一个家电企业的客户数据为例,在对某地区某种家电的市场情况进行调查中发现,该区域内 30 岁以下青年人居多,职业特征均为白领职业,多数拥有不同品牌的 DVD 产品,市场咨询顾问根据这些特征敏锐地意识到,在这个年轻白领为主流的社区内,小容量保鲜冰箱、MP3 音像制品、运动器材、快餐、宽带等新的市场需求。这些非目标性分析对于发现新的商机起到了重要的作用。

(三)客户数据的静态分析

结合客户的静态主数据(如年龄、教育水平等)、客户的行为(如购买记录、付款记录等),以及他们给企业带来的收益数据,可以对不同的客户群做有效的区分。在此基础上将客户分为客户 A、客户 B、客户 C 等。此种分类可作为企业分配市场、销售和客户服务资源的基础,可以更有针对性地筛选出目标群体并开展市场营销、促销及售后服务等活动。

(四)运用 CRM 系统的分析功能

运用 CRM 系统的分析功能,将对客户的洞察力运用到现实的活动中。针对每个企业的内部操作建立一个整体计划以管理所有业务流程。了解和感受以客户为核心的理念,将其策略贯彻运用于整个企业之中,并通过运用关键绩效指标监控任何计划的流程,逐步提高企业效率,真正实现以客户为核心的业务管理。

(五)利用 CRM 系统的客户生命周期价值分析

利用 CRM 系统的客户生命周期价值分析,可以帮助企业管理者们用分析软件很容易地获得,在一个生命周期阶段某些典型客户创造的利益,以及预测在下个生命周期阶段他们的保持可能性,从而更有效地提高重点客户的保持率。

(六)采用数据挖掘及系统集成技术

集成第三方数据和工具以提供特定计划和分析信息。通过全面的分析工具,CRM系统可以获得外部系统有价值的信息,进行同步的数据分析,并将分析结果公布和传递给市场、销售和服务人员。

五、客户信息的管理

(一)领导重视

企业领导要真正重视客户信息的管理,而不是只做官样文章。由于客户管理决定着一个企业的生死存亡和胜败兴衰,而客户信息管理又决定着客户管理的成功与否,企业的高层领导必须高度重视客户信息管理系统的建立,必须认识到他们的责任不仅是决定是否要建立客户管理这座大楼和制定什么样的施工蓝图,更重要的是确保大楼地基的坚固。客户信息作为客户管理的地基,其质量的提高首先离不开企业高层领导的理解、关心和支持。

(二)建立现代化的客户信息库

没有足够的客户信息,客户管理将成为巧妇亦难为的"无米之炊"。企业在实施客户管理战略的时候,必须建立一个集中化的客户信息储存中心,这要求企业克服各个方面的障碍(数据库方面的、企业各部门的、渠道方面的、信息来源方面的、技术架构和平台方面的)。虽然这一任务十分艰巨,但是成功的回报也十分巨大,可以说强大的客户信息库将会成为企业客户关系管理的"聚宝盆"。

(三)分配更多的资源

给客户信息管理分配更多的资源(包括时间),即建立一个集中化的客户信息储存中心需要大量的资源:人力、物力、财力。许多企业都容易低估这一任务所需的资源。企业在实施客户管理战略的时候,必须用更多的资源,尤其是那些容易被忽视的时间资源,来提高客户信息的管理水平。

(四)通力合作

业务人员和信息管理人员必须通力合作。找出错误、残缺和过时的客户信息并找出适当的解决办法不是企业信息技术部门单独所能胜任的,也不是各个业务部门单独所能胜任的。信息技术部门和主要业务部门应该分工合作,齐心协力才能建好客户信息储存中心,提高客户信息的管理能力。

(五)开展培训

开展信息管理培训,培养信息管理人才。任何事业归根结底都是人的事业,信息管理也不例外。由于市场经济和信息技术的复杂性,任何企业的员工都日益感受到知识和技能跟不上时代发展的步伐,客户管理战略的全面实施更加剧了这种不足感。企业为了提高客户管理的有效性,必须加强对员工的培训,使他们认识到客户信息管理的重要性,增强他们清洗和整合信息的能力。从长远来说,企业如果能在实施客户管理战略的过程中培养一批得力的、能为企业控制和提高客户信息管理的人才,将是一笔不可估量的无形财富。

(六)改善信息管理流程

信息的管理流程包括搜集、储存、提取、转换、清洗、挖掘、分析和利用。这一过程十分复杂,任何一个环节都不容忽视,否则将对企业的客户管理产生严重的影响。企业要仔细审视每一环节,找出应该改进和可以改进的地方,采取切实的措施加以改进,这样客户信息的管理才能提高。

(七)利用信息清洗和整合工具

为了帮助企业提高客户信息的管理质量,现在许多软件厂商和营销服务公司推出了各种技术工具,包括信息来源分析工具、信息要素改造工具、客户姓名/地址清洗工具和客户关系识别工具。企业可以根据自身需求从中选用适当的工具。

(八)建立重视客户信息的企业文化

任何企业都不应该忽视企业文化对实施客户管理战略、建立客户信息储存中心以及建立商务智能体系所起的作用。一个重视客户信息的企业文化能使客户管理战略的实施事半功倍,而一个不重视客户信息的企业文化则会使客户管理战略的实施收效甚微乃至全面失败。企业要建立奖惩分明的制度来促进客户信息管理系统的建设,这是企业建立重视客户信息的企业文化的最重要的一部分。

第四节 客户流失

市场调查显示:一个公司平均每年约有10%～30%的顾客在流失。但很多公司常常不知道失去的是哪些顾客,什么时候失去,也不知道为什么失去,更不知道这会给它们的销售收入和利润带来怎样的影响。它们完全不为正在流失的顾客感到担忧,反而依然按照传统做法拼命招揽新顾客。冷静地研究分析顾客流失原因,对于企业挽救危机、健康成长具有十分重要的意义。

小知识

现代公司通过计算一位顾客一生能为公司带来多少销售额和利润来衡量顾客价值。例如,一位顾客每周平均去某超市一次,平均每次购物 100 元,一年 50 周就是 5000 元,假定他在该区域居住 10 年,就是 5 万元;按 10% 的利润计算就是 5000 元利润。所以,一位不满意的顾客可能意味着该店失去 5 万元生意及 5000 元的利润。另外,公司通过计算顾客流失成本可以了解顾客价值。如一公司有 5000 个客户,假定因劣质服务,今年流失 5% 的客户,即 250 个客户,若平均对每位客户的销售收入是 8000 元,则收入损失 200 万元,利润为 10% 的话,利润损失 20 万元。

美国市场营销学会(AMA)顾客满意度手册所列的数据显示:每 100 个满意的顾客会带来 25 个新顾客;每收到一个顾客投诉,就意味着还有 20 名有同感的顾客;获得一个新顾客的成本是保持一个满意顾客成本的 5 倍;争取一个新顾客比维护一个老顾客要多 6～10 倍的工作量;客户水平提高 2 成,营业额将提升 40%。

一、客户流失的含义

要想解决顾客流失问题,首先需要了解什么是顾客流失,为什么会产生顾客流失的问题。

所谓客户流失就是指由于企业各种营销手段的实施而导致客户和企业中止合作的现象。

二、客户流失的识别

对于企业而言,如何识别客户流失显得尤为重要,一般可借助下列指标来判断。

(一)顾客指标

顾客指标主要包括顾客流失率、顾客保持率和顾客推荐率等。

(1)顾客流失率是顾客流失的定量表述,是判断顾客流失的主要指标,用公式表示为

$$顾客流失率=顾客流失数÷消费人数×100\%$$

它直接反映了企业经营与管理的现状。

(2)顾客保持率是顾客保持的定量表述,也是判断顾客流失的重要指标,用公式表述为

$$顾客保持率=顾客保持数÷消费人数×100\%或1-顾客流失率$$

它反映了顾客忠诚的程度,也是企业经营与管理业绩的一个重要体现。

(3)顾客推荐率是指顾客消费产品或服务后介绍他人消费的比例。顾客流失率与顾客保持率、顾客推荐率成反比。通过顾客调查问卷和企业日常记录等方式可获得上述顾客指标信息。

(二)市场指标

市场指标主要包括市场占有率、市场增长率、市场规模等。通常顾客流失率与上述指标成反比。企业可通过市场预测统计部门获得这方面的信息。

(三)收入利润指标

收入利润指标如销售收入、净利润、投资收益率等。通常顾客流失率与此类指标成反比。企业可通过营业部门和财务部门获得上述信息。

(四)竞争力指标

在激烈的市场竞争中,一个企业所流失的顾客必然是另一个企业所获得的顾客。

因此,判断一下企业的竞争力,便可了解该企业的顾客流失率。通常竞争力强的企业,顾客流失的可能性要小些。企业可借助行业协会开展的各类诸如排名、达标、评比等活动或权威部门和人士所发布的统计资料获得上述信息。

三、客户流失的原因

随着市场竞争的日趋激烈,客户个性化要求越来越高,客户流失现象也愈加频繁。国外的一组经验数据显示:客户忠诚度如果下降5%,则企业利润下降25%;向新客户推销产品的成功率是15%,向现有客户推销产品的成功率是50%;若将每年的客户关系保持率增加5个百分点,利润增长将达25%~85%;向新客户进行推销的费用是向现有客户推销费用的6倍以上;60%的新客户来自现有客户的推荐;一个对服务不满的客户会将他的不满经历告诉其他8~10个客户;发展一个新客户的成本是维持老客户的3~5倍之多等。由此可见维持客户关系、提高客户忠诚度和防范客户流失,对降低企业运营成本、提升企业竞争力、获得最大效益具有重要意义。客户流失的原因主要有以下几个方面。

（一）企业内部员工流动导致客户流失

企业内部员工流动是企业客户流失的重要原因之一,很多企业由于在客户关系管理方面不够细腻、规范,导致企业员工跳槽,带走了大量客户,此时,业务员的桥梁作用就被发挥得淋漓尽致,而企业自身对客户的影响相对乏力,一旦业务人员跳槽,老客户就随之而去。与此带来的是竞争对手实力的增强。

（二）客户遭遇新的诱惑

任何一个行业,客户毕竟是有限的,特别是优秀的客户更是弥足珍贵,20％的优质客户能够给一个企业带来80％的销售业绩,这是个恒定的法则。所以优秀的客户会成为各大企业争夺的对象。市场竞争激烈,为能够迅速在市场上获得有利地位,竞争对手往往会不惜代价以优厚条件来吸引那些资源丰厚的客户。"重赏之下,必有勇夫",客户"变节"便也不是什么奇怪现象了。作为企业的管理者,尤其要注意竞争对手对你的大客户采取的措施及给予的好处,及时采取有效的应对措施,以防止自己的客户被竞争对手挖走。

（三）缺乏诚信

客户最担心的是和没有诚信的企业合作,但是有些销售经理却喜欢向客户随意承诺,结果又不能及时兑现。客户最担心和没有诚信的企业合作。一旦企业出现诚信问题,哪怕仅是很小的问题,客户往往也会选择离开。为了争取客户,就随意承诺,结果又因为某些原因,承诺无法实现,使得自己辛苦培育的客户掉头转向竞争对手。这无疑会给企业带来巨大损失。

（四）细节的疏忽使客户离去

客户与厂家的利益是联结在一起的,而情感也是一条很重要的纽带,一些细节的疏忽,往往也会导致客户的流失。某企业老板比较吝啬,其一代理商上午汇款50万元并亲自来进货,中午企业却没安排人接待,只叫他去食堂吃了一个盒饭。代理商觉得很委屈,回去后就调整经营策略做起了别的品牌。

（五）没有做好市场调查,不能及时了解市场状况

有些企业只一味生产某种产品,并且保持很高的质量。但其产品销量却一直上不去,主要就在于这些企业的产品和服务没有及时得到更新。而市场是不断变化的,客户的需求也随之不断变化,因此,当企业无法满足客户的需求时,客户就会将其注意力转向其他企业。无疑,客户的流失将会给企业带来不小的损失。

（六）企业自身问题

企业自身问题一方面表现为企业对于其产品和服务的管理和监管不当,使产品和服务环节出现缺陷,导致企业无法实现客户要求,使得客户转向其他企业;另一方面表现为企业产品技术含量提高,升级换代,企业的目标客户群体发生改变,而使得之前的客户不能再与之合作,从而导致客户流失。此时,客户就必须再去寻找和开发新客户。

（七）企业内部服务意识淡薄

员工态度傲慢、客户提出的问题不能得到及时解决、咨询无人理睬、投诉没人处理、服务人员工作效率低下等,都是导致客户流失的重要因素。例如,某用户用的都是A牌电器,

很少出现故障,不料前几天空调坏了,电话好不容易接通,结果企业的销售部门与服务部门相互推诿,一来二去,耽误了时间,事情也没得到解决。最后该用户决定再也不用 A 牌电器了。

(八) 营销策略组合不当

营销策略组合不当的表现主要有:产品定价不合理,即产品价格的确定是否有相应的细分市场为基础,或者由于产品成本控制较差,导致价格无法降低;营销中间环节即销售渠道过长,致使客户得不到应有的技术指导从而导致客户的流失;产品的功能过于复杂,从而影响其最主要功能的推荐,并因此增加了产品的成本,从而增加消费者的负担;产品的品牌认知度不高,企业必须在品牌建设上加大投入;产品的包装出了问题,如与营销市场的文化习俗冲突,未能体现产品和本企业的特色。企业需根据以上分析重新做出相应的营销决策。

(九) 企业文化中缺少务实精神

有人用"人心浮躁"来形容现在的社会风气,在这种浮躁的环境下,曾经催生过一些昙花一现的流星企业,但是流星划过天空的那一瞬之后,那些企业就从此销声匿迹。缺少务实精神的企业文化是导致一些企业失去客户信赖的又一重要因素。在这类企业中,由于始终没能形成务实的企业文化,企业内部各个工作岗位的员工就很难在眼前的工作岗位上踏踏实实地付出努力,他们更多的是带着较强的个人功利主义从事各项活动。

当企业内部无法积淀积极务实的企业文化之时,当企业内部员工缺少应有的、务实的职业精神之时,企业的各项生产和经营活动就会变得相当短视。无论是企业整体,还是其各个部门,以及大多数员工,都会以一种十分短浅的眼光只关注眼前利益的实现,而不会考虑到企业长期的持续性发展。

在这种浮躁的企业文化下,企业为了短期利益的实现往往会不惜损害客户的利益,这样的企业自然不会得到客户的信赖。

(十) 企业管理不平衡,令中小客户离去

营销人士都知道二八法则,很多企业都设立了大客户管理中心,对小客户则采取不闻不问的态度。广告促销政策也都向大客户倾斜,使得很多小客户产生心理不平衡而离去。其实不要小看小客户 20% 的销售量,比如一个年销售额 10 个亿的公司,照推算其小客户产生的销售额也有 2 个亿,且从小客户身上所赚取的纯利润率往往比大客户高,算下来也是一笔不菲的数目。

四、客户流失的对策

(一) 为客户提供高质量服务

服务质量的高低关系到企业利润、成本、销售额。每个企业都在积极寻求用什么样高质量的服务才能留住企业优质客户。一般而言,企业的主要精力都放在营销管理和技术研发上,但随着产品技术的日趋同化,服务也越来越成为影响市场份额的关键因素。因此,为客户提供服务最基本的就是要考虑客户的感受和期望,从他们对服务和产品的评价转换到服务的质量上。找准了基本点,与客服部一起设计一种衡量标准,以对服务质量做

有效的考核。

（二）严把产品质量关

产品质量是企业为客户提供有力保障的关键武器。没有好的质量依托，企业长足发展就是个很遥远的问题。肯德基的服务是一流的，但依然出现了苏丹红事件，而让对手有机可乘，致使客户群体部分流失；康泰克、息斯敏等药物也是在质量上出现问题而不能在市场上销售。

（三）加强与客户的信息即时互通

在管理上最重要的是与客户沟通，提供知识信息，让企业的服务或营销人员控制协调好客户关系，传达好客户的要求、意见。多给客户提出一些在管理上的缺陷，以及你对客户所在市场的见解，让客户接受你的思维。这就需要企业员工要有较高的职业素养和对市场的敏感，以及丰富的管理技巧。当然，要注意不能忽视人际角色、信息角色和决策角色，不能干预客户更多的事情，除了和客户正常的业务以外，不要掺杂其他内容，以免会影响客情关系。

（四）鼓励投诉和顾客咨询

把投诉看作令人讨厌的事情是很自然的——这是商业活动令人头痛的一面。但是，投诉的资料可能是营销者的金矿，他们能够找出导致顾客流失的问题所在。毕竟，只要有一位顾客投诉，就可能有 10 位顾客没有对相同的问题进行投诉。听取顾客意见并采取适当的行动不仅有助于保留提出投诉的顾客，而且更重要的是，还能够保持没有投诉的顾客。

免费投诉电话的开通极大地增加了可以用于分析的投诉量。服务资料对了解顾客流失非常有帮助。为了提高顾客投诉和咨询的积极性，公司应该清楚地告诉顾客如何进行投诉和投诉可能会带来什么结果。在此基础上，还应该增加接受和处理投诉的透明度，建立奖励顾客投诉，督促员工积极接受并积极处理顾客投诉的机制。

（五）保证高效快捷的执行力

要想留住客户群体，良好的策略与执行力缺一不可。许多企业虽能为客户提供好的策略，却因缺少执行力而失败。在多数情况下，企业与竞争对手的差别就在于双方的执行能力。如果对手比你做得更好，那么他就会在各方面领先。

小案例

顾客盈门是每个零售客户所盼望的，但一些零售客户却总是出现客源流失的情况。

第一例：卷烟品种较少，导致客源流失。

A 零售户位于城镇的主干道，经营环境相对繁华，但客流量一直偏少。经过对其经营情况分析发现，由于卷烟品种偏少，许多消费者购买不到所需要的卷烟品牌，便不愿再到其店中购买卷烟。久而久之，导致该零售户的客源不断流失，客流量越来越少。

点评：萝卜蔬菜，各有所爱。不同的消费者有不同的消费习惯和饮食喜好。作为卷烟零售户，适当增加卷烟品种可以满足不同的消费需求，从而招徕更多客源。

第二例：售卖假烟，导致客源流失。

B零售户位于居民区，但前来购买商品的消费者同样很少，有些消费者宁愿多走路也不愿到这家零售店购买商品。后来，从一些消费者口中了解到，该零售户由于数次售假贩假被查处，导致其在周边消费者群体中的信誉度降低，消费者担心购买到假冒伪劣产品，因而不愿到其店中购买卷烟。

点评：售假贩假，害人终究害己。一旦售假贩假，通过消费者的口口相传，零售户的信誉会不断降低，最终将导致客源消失殆尽。作为零售户一定要将诚信经营放在首位，才有可能留住老客户，结交新客户，让自己的零售店持续经营，并不断地发展壮大。

第三例：店面形象不佳，导致客源流失。

C客户的零售店位于三岔路口边，人流量大，但客源却很少，星级也一直在二到三星级之间徘徊。对其卷烟经营能力、店堂形象、卷烟陈列等进行分析后发现，该零售户店堂凌乱，卷烟陈列杂乱无章，无法吸引消费者驻足停留，导致客源减少。

点评：店面如脸面，店容店貌在卷烟经营中也是至关重要的。脏、乱、差的店堂形象和杂乱无章的卷烟陈列不仅不能够吸引消费者眼球，而且还会让消费者觉得肮脏、不卫生，很容易导致客源流失。零售户在经营过程中，要时刻注意做好店堂环境的整理和卷烟的陈列工作，才能不断地吸引消费者的注意，让自己的生意红火。

第四例：待客冷淡造成客源流失。

D客户位于工业园区，附近有几家大工厂，周边人流量大，但该店的顾客却很少。分析原因，主要是因为D客户性格较为古板、不苟言笑，待客较为冷淡，导致其与消费者关系一般，无法建立属于自己的固定消费群体，前来购买商品的一直是一些过路客和散客。

点评：做生意其实也是在做人脉。良好的人际关系，可以帮助零售户确立良好的口碑并建立稳固的消费者群体，从而不断地扩大自己的商品销量。作为零售户，在顾客进门时多一点微笑，在顾客购买商品时多一点热情，在顾客离开时多一句问候，虽然很简单，却能够真真切切地让顾客感觉到你的诚意，从而聚拢人气，将生意不断地做大做强。

第五例：经常性关门，导致客源流失。

E客户同样位于一小区，平常人流量大，但近一阶段，E客户由于忙于其他事务，开店三心二意，经常关门，经过一段时间后，E客户猛然发现其客源正在慢慢流失，许多原本在其店中购物的消费者，跑到了其他地方，给他带来了不小的损失。

点评：经常性的关门停业也是客源减少的一个重要原因。经常性的关门停业，使原本属于自己的固定消费者转移至其他客户，久而久之自己辛辛苦苦培育起来的消费群体便会被其他客户瓜分，商品销量也会随之减少。所以，持之以恒、一心一意地打理自己的零售店，也是留住客源、增加销量的一个关键因素。

本 章 小 结

客户的选择实际是提出一个适合本企业客户的标准、准则，为识别和寻找客户提供条件和基础。现实中，企业的客户或者说客户群体是有范围限制的，只有识别企业自身的客户，企业的客户管理工作才能有的放矢。

本章叙述了客户识别的基本含义、选择客户和识别客户的意义和方法、客户获取与开发的步骤、客户信息采集与管理的方法,以及客户流失的原因和对策的分析。

案例分析

屈臣氏 CRM 案例分析

在 1828 年,有一位叫 A. S. Waston 的英国人在广州开了家西药房,起名广东大药房。1841 年药房迁到中国香港,并用广东方言将公司名译为"屈臣氏大药房",这就是屈臣氏的由来。这个以药店经营起家的公司至今仍保留着这一特色,在 1981 年成为李嘉诚旗下和记黄埔有限公司全资拥有的子公司后,凭借和记黄埔雄厚的经济实力和灵活的经营理念,屈臣氏经营的品牌涵盖之广、之丰,在亚洲迅速崛起,成为家喻户晓的零售品牌。屈臣氏个人护理店是集团首先设立的旗舰零售品牌。凭借其准确的市场定位,使其"个人护理专家"的身份深入人心,以至人们一提到屈臣氏便想到"个人护理专家",其品牌影响力由此可见一斑。

屈臣氏采用的是连锁经营模式。首先,连锁经营把分散的经营个体组合成一个规模庞大的网络经营结构,通过总部为各店集中采购,进货批量大,可享受较高的价格折扣,降低了进货成本。其次,连锁经营的自建网点速度远远超过其他经营模式,能有效增加自有网点规模及扩展广大的区域规模。连锁经营从外延上拓展了零售企业的市场阵地,不仅使自有品牌较易进入广阔的市场领域,而且可以大大延长自有品牌在市场上的生命周期。最后,连锁零售企业在原经营领域内培养的信誉及带给消费者一致的服务和形象还可以降低消费者对自有品牌的认知成本,提高消费者的忠诚度。

屈臣氏的个人护理商店以"探索"为主题,提出了"健康、美态、快乐"(health,good,fun)三大理念,协助热爱生活,注重品质的人们塑造自己内在美与外在美的统一。在国内,屈臣氏是第一家以"个人护理"概念经营的门店,其独特而准确的市场定位,令人耳目一新。商店的目标顾客锁定在 18~35 岁的女性,她们注重个性,有较强的消费能力,但时间紧张不太爱去大超市购物,追求的是舒适的购物环境。

会员制现在在零售业随处可见,几乎所有的超市、百货商场等都在实行会员制,以保持客户。但是屈臣氏的会员制却有其独特之处,它给予了顾客更多的权利。通过会员卡,屈臣式将顾客的信息搜集到自己的网络中心,有利于进行顾客需求的进一步分析,同时还可以为每位顾客提供个性化的服务,从而提升顾客的满意度。除此之外,屈臣氏定期推出会员独享的促销商品,屈臣氏还与第三方零售商合作,让持有屈臣氏会员卡的顾客同时还能享受其他店面的优惠,有利于扩大自己的顾客群,实现共赢。2007—2008 年,屈臣氏曾在中国南方推行过会员卡,当时屈臣氏采用了和大部分超市一样的操作方式,在店面由专门的会员卡推广人员,填写入会申请表格,实行积分制,每次消费都有积分。会员卡没有有效期,办卡仅收工本费 1 元,屈臣氏每周推出数十件贵宾独享折扣商品,低至额外 8 折折扣,每次消费 10 元积一分,满 200 分可以兑换礼品或抵用现金券。在投入大量的人力资源和 1000 多万元成本之后,屈臣氏的第一代会员卡的效果却没有达到预期的效果,预期5％的销售增长也没有实现。

失败原因分析如下。

（1）屈臣氏的顾客80％是二三十岁的女性，出于该年龄段的女性对于年龄等个人信息的敏感和生活节奏快的特征，她们不愿意花费时间在公共场合填写个人信息。在这一点上，与普通超市的会员有很大不同，而屈臣氏的会员又没有普通超市会员人数基数那么多。这造成了在费时费力却搜集不到完整且准确的数据，无法基于这些基础信息推出精准有效的促销等推广活动。而且，IT部门和业务部门的互动不多，也无法了解会员卡能对销售带来的实质推动，因此屈臣氏的第一次会员卡推广活动以失败告终。

（2）大多数研究发现，免费的卡很难获得顾客的珍惜和利用，而目前大多数零售企业的"低门槛"会员进入制度不仅让顾客看低所持会员卡的质量，也容易使会员制营销在众多对手中因大众化而迷失自我，一分钱一分货，来之不易的的物品自然会获得顾客的重视。

（3）会员卡的包装和制作较为简陋，而很多零售连锁企业大规模发放会员卡时，基本没有在会员卡的包装上下功夫，而"会员须知"及顾客所能享受的优惠及会员专属政策大都在宣传单上或者由店员口头告知，这些使得顾客对同质化的CRM缺乏重视。

思考：综合以上分析，请提出屈臣氏找回流失客户的CRM管理对策。

思考与训练

一、名词解释
客户识别　客户获取　集体思考法　客户流失

二、简答题
1. 简述客户识别的含义和步骤。

2. 企业应如何开发和获取客户？

3. 客户资料信息搜集的途径有哪些？

三、角色模拟题
假如你是一位楼盘销售公司的客户服务人员，你手上的客户很多，整天特别忙，可是你却发现这些客户一直没有产生销售业绩，你该怎么通过客户价值分析的方法降低你的时间成本，并获得自己的价值客户？

第三章

客户信息库的建设与管理

学习目标：

1. 能够建立客户档案卡，掌握客户信息搜集的内容、方法。
2. 能够分析和利用客户档案资料。
3. 了解客户信用评估的内容和客户信用风险的动态监控方法。

案例导入

知己知彼——设立客户档案卡

庄学忠先生是南洋商贸公司的总裁。因为业务关系，他经常到苏州出差。每次到苏州，他必定下榻蓝天大酒店。这一点颇令他的朋友们纳闷，凭庄先生的财力和身份，完全可以入住四五星级的高档酒店，为何独钟爱三星级的蓝天？其实庄先生只是蓝天大酒店庞大的客户网络中的一员。自5年前开业至今，几乎每一个入住过蓝天的顾客都很快成为蓝天的忠实拥护者。庄先生预备来苏时，一个预订电话，报上姓名，一切手续就都已安排妥帖，而且还会有意想不到的特殊安排在等候着他。蓝天大酒店的奇特现象引起了人们的注目，作为苏州酒店的佼佼者，其成功的奥秘何在呢？

蓝天大酒店的营销总监梁先生为公众揭开了谜底：顾客是酒店的客户，也是活生生的有七情六欲的人。酒店与客人之间不能仅仅只是一种商业交往的经营行为，更重要的是人与人之间的情感沟通。要真正做到宾至如归，必须对客人的嗜好、习惯、消费需求等特殊的个性化信息了如指掌，在此基础上提供的产品和服务就有明显的针对性，从而获得顾客的好感。

每一个入住蓝天的客人，尤其是那些入住次数较多的熟客，在酒店营销部都有一份详细的资料档案卡。档案卡上面记载着顾客的国籍、职业、地址、特别要求、个人爱好、喜欢什么样的娱乐活动、饮食的口味和最喜欢的菜肴、酒水，等等。对于入住频繁的客户，甚至连他喜欢什么样的香波、摆什么样的花、看什么报纸都有专门的记载。

庄学忠先生每次预订房间后，酒店就根据他的资料卡显示的情况，为他安排靠近西村公园的房间，号码是他的幸运数16；再在房间里摆上总经理亲笔签名的欢迎信，旁边摆放他最喜欢的康乃馨鲜花篮；他听力不好，电话铃声需调大；卫生间里换上茉莉花型的沐浴液，浴巾要用加大型的；他是一个保龄球迷，每逢酒店有保龄球晚会，要记得通知他。

对客人的情况搜集，来源于全体员工细致投入的服务。例如，餐厅服务员发现某位客人特别喜欢吃桂林腐乳，就将这个信息传递营销部，存入资料库。下次该客人再来时，计算机里便会显示这个信息，餐厅就可以迅速作出反应。所有这些，都无须客人特别叮嘱，当他再次光临时，他便能惊喜地发现，怎么蓝天酒店这么神通，什么都替他想到了。久而久之，也就成了酒店的常客。

资料来源：范文之家——酒店管理

思考：蓝天大酒店通过什么方法给客户营造了一种宾至如归的感觉？

第一节　建立客户档案数据库

客户档案管理的首要工作就是客户档案数据库建立。客户数据库只是企业数据仓库中的一个集市，客户数据库的建设自然要以企业整体数据仓库的构架为技术依据，重点记录客户信息和分析结果。

一、客户档案数据库的重要性

很多企业的客户服务都是从建立客户档案入手的。进行客户档案管理，不仅仅是搜集、存储有关客户的资料，更为重要的是这些资料的分析和充分利用。完备的客户档案是企业的宝贵财产，它不仅在保持客户关系方面有重要作用，而且对企业各个部门及最高决策层的决策都具有重要意义。客户档案不仅在客户关系管理，而且在企业面向客户服务的各项工作中都具有广泛而重要的作用。这也是客户档案日益引起企业界重视的原因。

建立一个准确的、完备的、客观的客户档案，对公司来说，就像一双眼睛，能随时一目了然地了解客户，大大减少公司管理者的盲目性，有效地了解客户的动态，并提高了办事效率，增强公司的竞争力。公司管理者只要进入公司内部网络系统的"客户"一栏，就可以找到客户的相关信息、情况，做到心中有数，既省心，又省事。客户信息直接来源于营销人员和市场部人员，并服务于公司管理。客户档案也记录一些客户的需求和产品偏好，对营销人员的分析判断起到一个很好的参考作用，同时也使销售人员最大限度地努力工作，通过各种渠道来满足客户的要求。

二、客户档案的基本内容

客户档案的内容包括了客户方方面面的信息，一般而言，客户档案包含了三个方面的内容：客户个人资料、客户所在公司资料、企业与客户之间的业务往来和联系记录。

（一）客户个人资料

客户个人资料主要有客户姓名、生日、家庭地址、电话号码、电子邮箱、年龄、教育水平、爱好、家庭状况等内容。

（二）客户所在公司资料

客户所在公司资料主要包含了三个方面的内容：客户公司基本资料、客户公司扩展信息和客户公司业务状况。

客户公司的扩展信息主要包括市场区域、业务范围、销售能力、发展潜力、经营观念、经营方式、经营政策、经营特点。

客户公司的业务状况主要包含了销售实绩、市场份额、市场竞争力和市场地位、与竞争者的关系及与本公司的业务关系和合作情况。

客户公司的市场前景主要包含公司的战略、市场展望、公司的形象、声誉,财务状况、信用状况等。这些资料是客户管理的起点和基础,需要通过销售人员对客户的访问来搜集、整理归档。

（三）企业与客户之间的业务往来和联系记录

企业与客户之间的业务往来和联系记录资料主要包含了企业给客户提供产品和服务的记录、合作与支持行动,给予了哪些优惠,为争取客户所做的其他努力和花费的费用,以及企业与顾客进行联系的时间、方式、地点等。

以上三个方面是客户档案的一般性内容。客户档案应设立哪些内容,不仅取决于客户服务的对象和目的,而且也受到企业的费用开支和搜集信息能力的限制。各企业应根据自身管理决策的需要、客户的特征和搜集信息能力,选择确定不同的客户档案内容,以保证档案的经济性、实用性。显然,档案内容不是越多越好,而是要真正适用。要使档案信息所带来的效益大于搜集、管理信息的费用,而且所列项目内容应该具有可描绘性和可获得性,否则会形同虚设。同时应注意到,无论企业自己搜集资料,还是向咨询企业购买资料,都需要一定费用,各企业搜集信息的能力也是不同的。

三、客户档案的基本形式

企业在开始记录客户档案时,一般会采用客户档案卡的形式,随着客户档案工作的深入开展,企业会建立客户数据库。

（一）客户档案卡

1. 设计客户档案卡

企业在设计客户档案卡时,一般会根据企业自身的需求及客户的类型来设计具体的形式。不同的企业、不同类型的客户,在设计客户档案信息表的内容及格式上会有所不同。但就特定企业而言,客户信息表应具有相对稳定性,不能随意变更客户档案卡的格式和内容。客户档案卡如表 3-1 和表 3-2 所示。

2. 填写客户档案卡

企业一般通过多种渠道来源来搜集客户档案,搜集到的信息一般也非常多,但是这些信息一般不太完整和及时;同时考虑到搜集人员在搜集过程中存在着各种各样的误差,所以,企业在正式填写客户档案卡时,要对搜集到的信息进行整理核实。

3. 更新、完善客户档案卡

客户档案信息按照客户档案卡的形式填写完之后,客户档案建立工作并没有因此完成。因为客户档案信息管理工作是一个长期、动态的过程,需要建立一种有效机制以保证客户档案的时效性。企业应该随着时间和经营环境的变化,不断完善和更新客户档案。

表 3-1　××公司客户基本资料卡

客户名称			地址				
电话			传真			邮编	
负责人			住所			电话	
创业日期			开始交易日期				
经营方式	○个体　○合伙　○国有　○公司　○其他						
经营地点	○市场　○住宅　○郊外　○其他						
经营品种							
辐射区域							
负责人	性格	○温柔　○兴奋　○开朗 ○古怪　○自大		气质	○稳重　○寡言　○急躁　○饶舌		
	兴趣			名誉			
	学历			出身			
	经历			口才	○能说　○口拙　○普通		
	思想	○稳健　○保守　○创新 ○激进		嗜好	○酒　○香烟　○其他		
	长处			特长			
	短处			技术	○中　○高　○低		
	事业心	○积极　○普通　○消极		专职程度	○高　○中　○低		
	策划能力	○强　　○中　　○弱		健康状况	○好　○中　○差		
接班人	○优秀　○普通　○差						
从业人员	○热情　○普通　○不满						
使用店铺	资产	汽车　辆　房产		自有		租用	
	场所	离马路近、不远、很远、偏僻		面积		面积	
	店内	装饰 好、中、差		层数		层数	
	保险	火险、财险、其他		市价		月租	
会计方面	银行往来	银行　账号		银行信用	很好、好、普通、差、很差		
	账簿	完备 不完备		同行评价	很好、好、普通、差、很差		
	资本额			领导评价	很好、好、普通、差、很差		
	流动资金			付款态度	爽快、普通、尚可、迟延、为难		
营业执照登记号：			备注				

经营品种	品牌	公司	月销售额	所占比重

销售人员对其评价及建议				
信用核定额度		客户等级		A.　　B.　　C.
核准人	办事处主任	销售经理	营销副总	总经理
签　名				
日期				

表 3-2 ××公司客户基本资料卡

单位				建卡日期：年 月 日		
销售区				交接日期：年 月 日		
客户编号				交接日期：年 月 日		
客户姓名（负责人）	职务		性别	出生年月		
户籍地				单位所在地		
电话	电挂		邮编	身份证号		
经营方式	□个体 □承包 □国营 □集体 □合资 □独资 □三产			单位名称		
其他						
本行经历	_____ 年			单位经营状况		
本地排行	□上 □中 □下			开户行		
资金	_____ 万元			账号		
营业面积	□自有 □租用_____ 平方米			税号		
门店形象	□豪华 □一般 □差			债权保证		
有无分店	□有 □无			信誉程度	□好 □一般 □差		
销售渠道				结算方式	□汇票 □现金 □支票 □其他		
售后服务	□好 □一般			运送方式	□自提 □送货 □铁路运输		
交通条件	□好 □一般			理财能力	□良好 □普通 □差		
销售情形	□全部销售癖 □部分销售			发展潜力	□大 □中 □小		
客户所在地简图				备注		

（二）客户数据库

近些年来，国外大型企业开始建立客户数据库来记录客户档案。客户数据库主要是指运用现代计算机技术来建立客户档案，搜集的资料有助于企业今后实现利润、资格认证、产品和服务销售、客户关系维持等营销目标，客户数据库是一个有组织的搜集关于个人或预期顾客的综合性信息集合。

客户数据库中收录及索引了企事业机构的基本信息、供求内容、E-mail、经理人联系电话等详细信息，是中文在线最大的经自主加工、核实、具备完整数据格式、提供每月动态更新的客户名录数据库。用户可以通过单位名称、地址、营业额、人员规模、企业性质、经济类别、经营范围、信誉度等各种识别要素进行独立或组合查询。

客户数据库及关联商业服务平台上，每月都有数百家企业客户在互动、交叉、频繁地查询使用客户数据库中的每条数据，他们通过库内企业资料从事大批量直邮广告、批量的呼出电话、群发短消息,进行各类主动型营销、网络推广、会议邀请工作等,因有了他们在利用精确客户数据库中信息从事数据库营销活动,精确客户数据库月均有大量的数据获得回馈、验证、核实,使数据平台时时保持动态更新,即时、高效地为中小型企业提供领先的数据库营销服务。

客户数据库录入企业信息内容包含如下字段:机构名称、地址、电话、邮编、传真、法人代表、手机号码、E-mail、主要产品、服务、行业分类、年营业额、企业性质、员工人数、投资国别、注册资金,以供客户进行目标客户的筛选查询。

当然,客户数据库的建立难度也比较大。客户数据库的建立要求所有进入企业在品牌管理、客户信息上提供信息支持。客户数据库的建立需要各公司在共享企业客户信息卡信息的基础上,还需要有客户档案管理的科学方法和经验。我国企业大多刚开始建立客户档案管理制度,大多数采取客户数据卡的形式。客户数据库在我国的发展还需要一定的时间。

1. 客户数据的类型

（1）客户描述性数据

客户描述性数据是描述客户或消费者的数据类型,它通常是表格形式的摘要数据,用数据库的术语来说,就是一个客户数据中的不同列。客户的基本信息变动不是很快,所以这部分数据可以在较长一段时间内使用。

（2）客户交易数据

客户交易数据是描述企业和客户相互作用的数据类型,这类数据会随着时间迅速变化。因此,通常把它们存放在特殊的数据结构中,客户交易数据是一个动态的数据。

（3）市场促销性数据

市场促销性数据是描述企业对每个客户进行了哪些促销活动,此类数据最简单的形式就是列表,列出对客户进行的促销活动,它和交易数据一样是一个动态数据。

2. 建立客户数据库应遵循的原则

（1）尽可能地将客户的初始资料完整保存下来。尽管现在的数据库具有非常强大的处理能力,但是客户最初始数据还是最有价值的。在客户数据库建立的过程中,要始终保持客户原始数据的完整性。

（2）保证客户数据的安全性。客户信息数据库一旦建立,企业就要确保客户信息在计算机系统中运行的安全性。因为这些信息一旦丢失或是外泄,将会给企业带来巨大的损失。因此,对企业客户信息数据库的管理,企业应该建立起严格的管理和使用制度,实行专人管理和维护及限权使用。

（3）应该按照客户资料获得途径的不同进行区分。企业获取客户档案信息的途径主要有两个方面:企业内部渠道和企业外部渠道。企业内部渠道获得的信息主要指企业内部已经登记的客户信息、客户销售记录、与客户服务接触过程中搜集的信息。这些资料的真实性比较强,价值较高。企业外部渠道获得的客户信息主要指通过网络、电视、报纸、杂志等媒介、与客户有关系的其他个人或企业、行业协会、政府这些渠道获得的信息,这些数据往往真实性不强、时效性差,在使用的过程中应注意不断修正和更改。企业在建立数据的过程中,应该注意将这两类信息加以区分。

（4）客户数据的动态维护。客户数据库建立之后，其中有很大一部分客户资料会随着时间的变化而发生变化。因此，客户数据库应及时将最新的信息录入数据库中，以保证客户数据库的真实性和时效性。

四、客户档案信息资料的搜集要求和途径

（一）客户档案信息资料的搜集要求

每个企业由于自身条件和客户特征等方面的不同，搜集客户档案信息的途径和方法各有不同。但是，为了保证客户档案的质量，企业在搜集客户档案资料时应该做到以下几点。

1. 适用性

企业建立客户档案的目的是为了帮助企业制定正确的营销决策和策略，所以在搜集客户档案信息内容时，必须使其适应管理决策和制定策略的实际需要。

2. 及时性

搜集客户档案信息必须有时间意识，以适应市场竞争和客户情况的不断变化，随时反映客户的动态信息，有利于企业及时采取对策，取得竞争优势。

3. 计划性

客户信息的产生和存在均有分散性，为了有效、全面地搜集这些信息，企业必须有计划性，使搜集人员有明确的负责人、工作内容和时间进度安排。

4. 完整性

为了全面反映企业各类客户情况，就要使客户档案在种类、内容方面完整，使之成为有机整体，系统反映企业客户类别层次以及每一个层次的信息内容结构。

5. 主动性

每个企业都有着大量分散的客户信息，客户的每一个行为都在传递着某种信息，这需要企业相关人员主动地搜集这些信息，而不是客户有需求了才去记录。

6. 价值优化性

企业建立客户档案信息时，应充分利用各种渠道搜集有价值的客户信息，但也要注意保证客户档案的质量。在客户信息价值分析的基础上，根据企业发展目标、市场形势变化进行信息的优化。

7. 档案保密和法律保护

客户档案是企业的宝贵资源，在建立客户档案过程中，应时刻注意客户档案的保密工作。一旦发现非法披露、使用本企业客户名单，可以到相关部门投诉，以争取法律保护。

（二）客户档案信息资料的搜集途径

企业一般通过企业内部渠道和外部渠道搜集客户档案信息资料。

1. 企业内部渠道

企业内部渠道是指企业在经营过程中在与客户的接触交易中搜集各种信息。企业获取客户信息的来源主要来自企业内部已经登记的客户信息、客户销售记录、与客户服务接触过程中搜集的信息。很多企业也有意识地组织一些活动来采集客户信息，比如经常采

用的有奖登记活动,以各种方式对自愿登记的客户进行奖励,要求参加者填写他们的姓名、电话和地址等信息,这样的一些活动能够在短时间内搜集到大量的客户信息。这些类搜集客户资料的方法还包括:有奖登记卡和折扣券、会员俱乐部、赠送礼品、利用电子邮件或网站来搜集等。

企业一般会从下面几个方面获得客户的档案信息资料。

(1) 从会计部门获取有关客户成本、销售收入、价格、利润等信息。

(2) 从销售部门找客户名单及变动、销售记录、中间商经销情况、客户反馈意见、促销方式运用情况等。

(3) 公司其他部门的市场调研报告也是内部信息的重要来源。

2. 企业外部渠道

外部渠道是指独立于本企业及客户之外的第三方搜集客户的信息。

(1) 网络。客户个人网页或企业网站是对外了解客户信息的重要渠道。

(2) 与客户相关的其他个人或企业。可以通过同行业或相关行业内的朋友介绍获取客户的信息,这样可以比较直接地获得客户的资信情况。

(3) 电视、报纸、杂志等媒介。随着信息、传媒技术的发展,企业也可以从一些专业性的电视节目(如人物访谈、对话、企业展播等节目)、报纸或杂志上获得大量的关于客户个人或企业发展过程等相关的信息资料。

(4) 行业协会。每个行业都有自己的行业协会,行业协会中搜集了大量的行业协会会员的信息资料,因此,通过走访行业协会,也能获得行业中许多客户及个人的相关信息。

(5) 政府公布的各种统计资料,如普查资料、统计年鉴、统计资料汇编、统计月报等。可以从这些资料中获得客户的部分信息。

第二节　客户档案的分析与利用

一、客户档案的分类

建立客户档案、搜集客户资料的目的是为了利用这些信息,使其在实现企业的客户导向中真正发挥作用,实现信息的价值。企业通过对客户信息的分析来指导企业制定正确的管理决策和策略。客户档案分析的内容取决于企业管理决策的需要。企业在不同的发展阶段,需要的客户信息也是不一样的,所以需要对客户档案进行分类。

(一) 客户档案分类的要求

(1) 分类方法应具有逻辑性。分类作为一种基本的认识方法和管理方法,必须具有逻辑性、符合基本的逻辑规则。否则,具体的分类行为就会因操作上的困难而无法正常进行,使客户档案管理出现混乱。

(2) 分类应从实际情况出发。客户分类是企业认识和管理客户的基本方法。因此应从顾客的实际状况出发,决定是否需要分类、怎样分类、分多少类别以及分类的层次等。

(3) 分类应便于管理的需要。采用何种方法进行顾客档案分类,还必须考虑顾客档案搜集、查询和利用的实际需要,不能盲目照搬某种模式。

（4）具体分类标准应具有客观性。可以选择的顾客档案分类标准很多，不同方法产生的分类结果也就不同。为了使档案尽可能地反映顾客的实际情况和基本特征，应当使具体的分类标准具有客观性。

（二）客户档案分类的方法

（1）按产品线分类。按产品线分类是根据企业的主要产品线对顾客进行分类，这种方法适用于企业的产品线关联程度低，在生产、销售、服务等方面差异大，顾客的性质和需求等特征也主要因产品线不同而有明显差异的情况。

（2）按贸易关系分类。主要是根据交易过程和关系稳定程度对客户分类。这包括：一是关系稳定的长期客户，又称为老客户，与企业关系良好，定期重复购买企业的产品；二是新客户，开始购买和使用本企业产品的时间不长，是否能赢得他们的重复购买还是未知数；三是问题客户，双方关系不太融洽，交易中发生摩擦，或对方提出修正再购买的条件苛刻，潜伏着转向其他供应商的危险；四是过去的客户，即曾经有过交易业务的客户，但已经停止购买；五是潜在客户，即正在开发中的客户，还没有正式开展交易业务。

（3）按顾客性质分类。这是一种最为常用的顾客分类方法，分类的层次和标准也比较多。首先可以将顾客分为个人消费者、中间商客户、制造商客户、政府和社会团体客户。其中每类顾客又可以进一步分类，如图 3-1 所示。

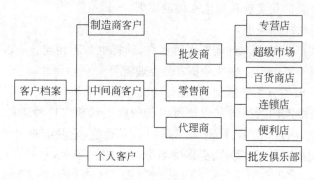

图 3-1　按顾客性质分类图

（4）按客户性质分类。包括政府机构（以国家采购为主）、特殊公司（如与本公司有特殊业务等）、普通公司、顾客（个人）和交易伙伴等。这类客户因其性质、需求特点、需求方式、需求量等不同，对其实施的档案管理的特点也不尽相同。

二、客户档案的分析和利用

客户档案分析的内容取决于客户服务决策的需要，由于在不同企业、不同的时期这种需要是不同的，所以进行客户档案分析利用的内容也是不同的。一般来说，常用的客户档案分析的内容有需求和购买行为分析、客户与本公司交易情况分析、信用分析和对企业的利润贡献分析等方面。下一节将会对企业信用分析详细阐述，这里重点介绍客户需求和购买行为分析、客户构成分析和客户对企业的利润贡献分析。

（一）客户需求和购买行为分析

客户的购买是指为了满足本企业的某一需要购买商品的决策或行动。客户的行为是受动机支配的,因此研究客户的购买行为,应先分析消费者的购买动机和需求类型。

1. 客户的购买动机

动机源于需要,当人产生某种需要而又未能得到满足时,人体内便出现某种紧张状态,形成一种内在动力,促使人去采取满足需要的行动,这就是购买动机。研究动机要和研究需要结合起来,马斯洛的需要层次论具有重要的参考价值。

(1) 需要层次论的基本论点

第一,人是有需要和欲望的,随时有待于满足;只有未满足的需要才会形成动机。

第二,人的需要是从低级到高级具有不同层次的,只有当低一级的需要得到相对满足时,高一级的需要才会起主导作用,成为支配人的行为的动机。

(2) 需要的层次

马斯洛依需要强度的顺序,把人的需要分为五个层次:生理需要、安全需要、社会需要、尊重需要、自我实现需要。

生理需要:衣食住行等方面的需要。

安全需要:保护人身和财产安全的需要。

社会需要:被社会团体接受的归属感。

尊重需要:名誉、地位等方面的需要。

自我实现需要:自我实现和追求成就的需要。

(3) 客户购买动机的类型

动机是由需要产生的。人的需要多种多样,动机也各不相同。一般来说,客户的需要分为两类:①生理需要——生理性动机;②心理需要——心理性动机。

心理性动机一般可分为感情动机、理智动机和惠顾动机(信任动机)三种。

感情动机:是由人们的情绪和感情所引起的购买动机。这种动机可分为两种类型:一是由于人们喜欢、满意、快乐、好奇而引起的购买动机,它具有冲动性、不稳定的特点。另一种是由于人们的道德感、美感、群体感而引起的购买动机,它具有稳定性和深刻性的特点。

理智动机:理智动机具有客观性、周密性和控制性的特点。这种购买动机是消费者在反复比较各商家的商品后才产生的。因此,这种购买动机比较理智、客观而很少受外界气氛的影响。这种购买动机的产生主要用于耐用消费品或价值较高的高档商品的购买。

惠顾动机:指由于对特定的商店、厂牌或商品产生特殊的信任和偏好,使消费者重复地、习惯地前往购买。

2. 客户购买决策群体

当我们在接待客户时,发现客户的需求往往不是个人的。例如,一位丈夫为其妻子买护肤品时,他对所购买护肤品的品牌、价格、功能等要求既来自他本人的意愿,有时也来自他的妻子或朋友的建议。如果是一位制造商客户,他的需求会更复杂,可能来自经理、设计师、技术工程师、一线工人等。这说明客户优势不是一个明确的人,在大多数情况下是一个购买"决策群体"。这个群体中主要有购买者、影响者、决策者和使用者。

(1) 购买者

购买者是指实际购买和签订合同的人,他们在何时、何地、以何种方式购买或要求服务方面有较大发言权。他们通常会提出价格、付款方式、供货人信誉、商店的名气、供货时间和方式等方面的要求。

（2）影响者

影响者是指对购买决策提出建议并有一定影响的人。他们通常根据自己的消费经验和业务专长提出各种建议，包括对购买产品的品牌、功能、质量和供货选择等方面的要求。

（3）决策者

决策者是指作出买与不买、买什么品牌的决定的人，是形成客户需求的主体。他们比较重视投资价值、产品实体特征与利益、符合身份与潮流等方面的要求。

（4）使用者

使用者是指实际消费或使用所购商品或服务的人。他们往往会提出产品的可靠性、方便性、舒适性、时尚、新功能、新款式和新品牌等方面的要求。

3．客户需求结构

20世纪70年代，营销专家们提出了"需求结构理论"，根据这一理论，客户需求结构主要由功能需求、形式需求、外延需求和价格需求四个方面组成，如图3-2所示。

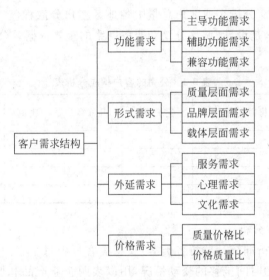

图3-2　需求结构理论

（1）功能需求

功能需求是指客户对产品最基本的要求，主要分为三个方面：产品的主导功能又称为产品的核心功能，决定产品最基本的功能和效用；产品的辅助功能，是指实现或展现产品主导功能的支持功能；产品的兼容功能，是指产品主导和辅助功能以外的功能。

（2）形式需求

形式需求是指客户对产品实现功能的技术支持、物质载体及表现形式的要求，主要有三个方面：质量层面要求，包括产品的性能、可靠性、安全性和功能的实现程度；品质层面要求，指客户在同类产品的众多品牌中对其"名牌"的需求；载体层面要求，指客户对物质结构、表现形式和外观的要求。

（3）外延需求

外延需求指客户对产品功能需求和形式需求以外的附加需求的要求。主要有三个方面：服务需求，指客户在整个购买决策过程中对服务的要求；心理需求，指客户在整个购买决策过程中对满足心理的要求；文化需求，指客户对产品文化和企业文化的要求。

（4）价格需求

价格需求指客户将产品的价值和质量进行比较后对价格的要求。在分析客户的价格需求时，需要从质量和价格两方面进行。

（二）客户与本公司交易情况分析

利用客户档案分析客户与本公司交易情况是一种最为普遍、简单的档案分析方法，其中又主要包括客户构成分析、客户销售构成分析、客户地区构成分析和商品销售分析。

1. 客户构成分析

利用客户档案分析客户构成是一种最为普遍、简单的档案分析方法，其中又主要包括销售构成分析和地区构成分析。进行客户构成分析能使企业销售部门及时了解每个客户在企业总销售中所占比例，以及客户的分布情况，并从中发现客户服务中的问题，针对不同客户情况采取对策。分析企业客户总量中各地区客户分散程度、分布地区和各地区市场对企业的重要程度，是设计、调整分销和服务网络的重要依据。公司的客户构成分析表如表 3-3 所示。

表 3-3　公司的客户构成分析表

分析要素 / 客户类型	销售额范围定义	客户数	占总客户数的比例	平均销售额
大客户				
中型客户				
小客户				
总计				

2. 客户销售构成分析

客户销售构成分析即统计分析各类客户、各类客户中每个客户在企业总销额中所占比重，以及这一比重随时间推移的变动情况，用以表明企业产品和服务的主要销售对象、划分不同规模的客户。这对于明确促销重点、掌握渠道变动情况是十分重要的。公司的客户销售构成分析表如表 3-4 所示。

表 3-4　公司的客户销售构成分析表

百货公司				专卖店				超级市场			
数量	销售	比例	增减	数量	销售	比例	增减	数量	销售	比例	增减

3. 客户地区构成分析

客户地区构成分析即分析企业客户总销售额中不同地区所占的比重、各地区客户分散程度、分布地区,从而总结出各地区市场对企业的重要程度。客户地区构成分析是设计、调整分销和服务网络的重要依据。公司的客户地区构成分析如表 3-5 所示。

表 3-5　公司的客户地区构成分析表

地区	客户情况			销售情况		
	数量	比上期增减	占客户总量的百分比/%	金额	比上期增减	占总销售量的百分比/%
地区 1						
地区 2						
总计						

4. 商品销售分析

商品销售分析即通过分析企业商品总销售量中各类商品所占比重,来确定对不同客户的商品销售重点和对策。

(三)客户对企业的利润贡献分析

客户对企业的利润贡献分析是分析企业从客户获利多少的有效方法之一。该方法仅从每个客户的毛利中减去直接客户成本,包括销售费用、服务费用和送货费用等,而不考虑企业的研究开发、设备投资等费用,求出一个客户资产回报率,而不是通常计算的销售利润率。客户对企业的利润贡献分析主要从客户的服务成本和企业的客户利润两个方面考虑。

1. 客户服务成本分析

企业对客户的服务成本主要包括售前成本、制造成本、物流成本和售后服务成本。

(1)售前成本分析

企业对不同顾客的售前成本主要受地理环境因素的影响。一般而言,客户所在位置离企业越远,与其进行售前联系的成本越高,反之越低。

(2)制造成本分析

制造成本主要跟客户的购买数量密切相关,一般情况下,购买量越大,制造成本越低。同时,订货时间与交货期限的时间段也会影响制造成本,如果交货期货很短,往往会增加制造成本。

(3)物流成本分析

物流成本同样受到地理环境因素的影响,不仅地理距离长短引起不同顾客运输费用大小的不同,即使是同样的距离,采用铁路、航空、公路还是水运等不同的运输方式,物流成本也不同。

(4)售后服务成本分析

售后服务一般包括产品安装、调试费、顾客的培训费和介绍费,产品售后一定时期的维修费和损失费等。产品售后服务成本按照其成本性态分,可分固定费用和变动费用,培训费和介绍费基本上不随业务量的变动,属于固定范畴,产品安装、调试费和维修损失费,基本上属于变动成本,它是随着企业的业务量的增大而增大,随着业务量的减少而减少。

2. 客户对企业的利润贡献的主要因素

（1）客户经济状况分析

除了利用客户档案记录内容详细、动态地反映客户行为及状况的特点，还要进行客户经济状况分析，用于确定针对不同客户的付款条件、信用限度和价格优惠等。信用分析也是客户档案分析的重要内容之一，利用档案中客户经济情况资料、付款方式、付款记录等，可以对客户的信用进行定期的评判和分类。相反，对于信用分析中信用等级高的客户，则应作为业务发展的重点，并给予一定鼓励或优惠，如优先供货、特殊服务、优惠价格和信用条件等。这对于加速企业资金周转和利用，防止出现呆账、坏账十分有效。

（2）客户购买实力分析

客户购买实力分析主要是分析客户对企业购买的讨价还价能力，这主要与客户的组织规模和购买规模相关。一般情况下，大客户往往在购买决策中有更大的主动权，主要是因为他们的购买数量大、付款能力强、信誉好。

（3）客户购买决策群体分析

客户购买决策群体中一般有采购人员群体和工程技术人员群体。采购人员通常对价格比较敏感，而工程技术人员则比较关心产品的功能和质量以及售后服务。

除以上档案分析内容外，在实践中一些企业还利用客户档案进行客户关系追踪与评价、客户与竞争者关系分析、客户占有率分析、开发新客户与损失客户分析、企业营销努力效果分析、合同履行分析等。

第三节　评估客户信用

一、建立客户信用档案

随着现代经济的发展，特别是商品市场发展到现在的买方市场，企业间的竞争越来越激烈，为了获得更多的客户和更高的市场占有率，大量的企业采取信用销售的方式。

1. 信用销售

信用销售也叫赊销，是指商家在与购货客户签订购销协议之后，让客户将企业生产的成品或所拥有的商品先拿走，购货客户则按照购货协议规定的付款日期付款或以分期付款形式逐步付清货款，即卖家不能立即收回货款，客户短期占用卖家资金的一种销售形式。

（1）赊销的功能和目的

对于买方来讲，赊销的好处不言而喻。

首先，赊销购买能够缓解其资金周转的压力。如果买方目前资金紧张，而又急需购进一批原材料或设备，赊销正好能解决其资金周转的困难，避免其因资金紧张而错失良机。

其次，赊销能够给买方发现产品质量问题的时间，在付款问题上占据主动地位。假如产品质量确实存在问题，买方就有理由拒绝或部分拒绝付款或延期付款，避免损失。

最后，从某种意义上讲，买方是通过赊销的方式，利用他人的钱来赚钱，先将卖方的货赊过来，卖出后再付钱，自己不投资或少投资，从而减少银行贷款，降低利息成本，何乐而不为呢？

但是，相比之下，赊销对卖方来讲就显得有些迫不得已。任何一家卖方都希望现金交易，即一手交钱，一手交货，既无风险，又可尽快回笼资金。然而，面对竞争日趋激烈的市场，企业又不得不接受对它来说看似苛刻的条件——赊销。其实仔细分析，赊销对卖方来说并非全都是弊，正像所有的事物都有正反两方面一样，赊销对卖方也存在有利的一面。

首先，赊销能够刺激购买力。对于那些资金暂时有困难的买方，赊销无疑具有强大的诱惑力。例如，北京百盛大厦推出"大型家电分期付款"，一周以来咨询者数万，电器销售数量明显增加，就充分说明了这一点。

其次，赊销能够提高卖方的竞争力。一家有能力赊销的企业显然比没有能力赊销的企业具有更强的市场竞争力。如果企业有雄厚的资金作后盾，那么它就有条件对客户进行赊销，经受得起由赊销带来的资金周转的负担。

再次，赊销能够起到稳定客户的作用。对信誉好、实力强的客户提供赊销作为优惠条件，为保持长期稳定的客户关系提供了保障。对相互了解而又暂时没钱的老客户进行赊销，帮助其缓解资金周转困难，客户会因此加深与供应商的"感情"，今后将更倾向于其从事交易。

最后，赊销能够减少企业的库存。目前，很多企业的产品积压严重，资金大量占用，无法变现，在很大程度上阻碍了企业的发展，有些企业甚至面临破产倒闭的危险。赊销虽然不能使企业的资金马上回笼，但是起码使其成为可能。

（2）信用销售风险防范

企业赊销行为的发生包含了两方面必备条件：一是对所期望的未来付款的信任，也就是说，企业之所以愿意在未付款的情况下将货物提前交付购买者，是企业期望并认为可以在约定的未来获得这笔钱，否则企业是不会采取这种方式销售的；二是对客户的信任，企业对客户有一定的认识，认为客户有意愿和能力支付这笔货款，不会给企业带来违约损失。

企业要进行赊销，就必须调查所有客户的信用状况，从而对不同的客户采取不同的信用制度。

2. 调查客户的信用状况

客户信用调查是通过对客户信用状况进行调查分析，从而判断应收款项成为坏账的可能性，为防范坏账提供决策依据。几乎所有成功的企业，都非常重视客户信用调查。

客户信用调查的方法主要有以下几种。

（1）通过金融机构或银行对客户进行信用调查。这种方式可信度高，所需费用少。不足之处是很难掌握客户全部资产情况和具体细节，因可能涉及多家银行，所以调查时间会较长。

（2）利用专业资信调查机构进行调查。这种方法能够在短期内完成调查，费用支出较大，能满足公司的要求。同时调查人员的素质和能力对调查结果影响很大，所以应选择声誉高、能力强的资信调查机构。

（3）通过行业组织进行调查。这种方式可以进行深入具体的调查，但往往受到区域限制，难以把握整体信息。

（4）内部调查。这种方式可以通过询问同事或委托同事了解客户的信用状况，或从新闻报道中获取客户的有关信用情况。

3. 建立客户信用档案

（1）客户信用档案的基本内容

① 反映客户基本情况的资料。包括客户营业执照复印件、税务登记证复印件、各种资质证书复印件、各种用于证书复印件以及主要高层管理人员个人资料等。

② 反映客户信用申请和相关调查的资料。包括信用申请表、现场调查表、客户相关方调查表、资信调查报告以及信用分析结论等。

③ 财务报告。包括资产负债表、利润表、现金流量表以及附注资料等。

④ 批准资料。包括每次授予信用额度后的授信额度表及通知函等。

⑤ 赊销后的管理资料。包括与客户的通话记录、催账电话记录簿、对账单以及付款承诺等。

⑥ 客户其他相关资料。包括企业宣传资料、网页资料、名片等公开资料。

（2）客户信用档案的授权管理

① 按照帕累托法则划分。区分普通客户与核心客户的决定性因素是与客户的年平均交易额度，该方法认同"80％的销售来自20％的客户"的理念。

② 按照客户信用风险的大小划分。按照这种方法来划分，一般可以划分为两种类型：一是老客户；二是非交易类客户。

③ 供应商。企业应该尽量使用那些信守合同时间、产品质量稳定、供货价格合理的供应商，特别是处于垄断地位的大型供应商。对于那些与企业采购人员或高层经理有密切私人关系的供应商，信用管理部门尤其不能掉以轻心。

二、评估客户信用状况

客户信用管理的可能风险包含信用管理政策过紧导致客户流失风险、信用管理政策过松导致的坏账风险、信用评价的授信失误导致的坏账风险等。这些风险都与客户信用状况的评估密切相关。

客户信用评价是指授信者利用各种评价方法，分析客户在信用关系中的履约可能、偿债能力、信用状况等，以筛选出有资格享受产品赊销优待的客户。客户信用评价的方法有很多，我们只介绍一种比较权威的"6C 信用评估法"。

1. 6C 信用评估法

6C 信用评估法是被普遍采用的一种信用评估方法，它从品格（character）、能力（capacity）、资本（capital）、担保品（collateral）、环境状况（conditions）和保险（coverage insurance）六个方面评估客户信用状况。

品格是指企业经营者在经营活动中的品德、行为、作风、素质、能力，它通过企业的经营管理行为表现出来。

品格包括经营者和企业两个方面，一个有实力的企业也可能由于经营者的品格欠佳而对企业信用产生不良影响。一个资本实力不很强，效益不很高的企业，如果经营者品格良好，也能克服困难、兑现承诺。

经营者的品格可以从经营者的文化素质、专业素质、学历、业绩、获得的荣誉、社会反应等方面考察出来。企业的品格是指企业的经营理念、经营方式和管理水平，就像一个家庭在社会中的形象一样，企业管理状况，经营管理的特色、特点、模式也是对外信用形象的主要标志。

能力的含义较广，既包含经营者的经营能力、管理能力、组织能力、指挥调度能力，也包括企业的条件设施能力、资金能力、偿债能力、运营能力、员工的素质能力等。

经营者能力和企业能力相辅相成、缺一不可。有时，虽然经营者才能卓越，但由于企业自身条件能力有限，在维护企业信用方面仍可能力不从心、捉襟见肘。有时，经营者能力平庸，虽然权掌实力很强的大企业，仍然可能把企业运作得千疮百孔，信用形象一塌糊涂。所以，信用的能力要素应从企业和经营者两方面入手，舍其一就会失之偏颇。

资本是指客户的财务实力和财务状况，表明客户可能偿还债务的背景。资本的具体内容包含企业的资本结构、偿债能力、运营能力和获利能力以及资本的安全性、增值趋势等。

考察企业资本要素也就是考察企业的总体财务状况，提出这个要素的美国人波士特说：如果授信者能够提供足以偿还授予信用价值的担保品，那么即使品格、能力、资本三个要素都不好，授信者又有何担心呢？

担保品是客户在拒付或无力支付时被用作抵押的资产。这对于不知底细或信用状况有争议的客户尤其重要。一旦收不到这些客户的款项，债权方就可以通过处理抵押品获得补偿。担保品只是有分散风险、促进信用交易的作用，而不是授信的理想条件。

环境状况要素是指一切可能影响企业经营活动的外部因素，诸如政治、经济形势、地理、自然环境变化、市场变化、行业态势等。

保险是指客户为了规避风险或减轻损失而采取的投保行为。

2. 客户信用评估的内容

客户信用评估的内容很多，主要分为客户财务信息和客户非财务信息。由于信息众多，为了提高信用评估的效率，在实际工作中，客户信用评估的内容主要包括五个方面：企业素质、资金实力、资金信用、盈利能力和发展前景。

（1）企业素质。主要考察企业的技术装备水平、竞争能力和拥有的无形资产以及企业有关领导的素质、职工素质和管理能力。

（2）资金实力。反映企业资金实力的指标有：注册资金、投资总额和企业资金自有率等。资金实力强弱在一定程度上反映企业的规模大小和资信程度的高低。

（3）资金信用。是指企业在省城经营结算中延期收、付款的行为形成资金的借贷关系，是影响企业资信度的重要因素之一。

（4）盈利能力。盈利能力是指企业获取利润的能力，也称为企业的资金或资本增值能力，通常表现为一定时期内企业收益数额的多少及其水平的高低。盈利能力指标主要包括营业利润率、成本费用利润率、盈余现金保障倍数、总资产报酬率、净资产收益率和资本收益率六项。

（5）发展前景。主要通过市场分析，判断企业在市场中的地位、企业的竞争能力和应变能力，评估企业的发展规划、管理手段及制定的措施是否切实可行等方面的情况。

当然,不同的企业由于客户的不同,企业在具体的客户信用评估时采用的指标评价体系不尽相同。企业可根据自己的实际情况选取指标作为考核评估的依据。

三、确定客户信用等级

1. 客户信用等级评定程序

目前,客户信用等级的确定,一般按以下程序进行。

(1) 搜集、整理影响客户风险的主要因素。

(2) 确定主要评分指标。

(3) 建立科学的评级指标体系。

(4) 测算客户的分值。

(5) 分析测算的分值,确定信用等级。

(6) 确定合理的信用赊销额度。

2. 客户信用评定等级

企业无论运用何种评级方法,最终都要根据评估结果对客户的信用评定等级。企业客户信用等级一般情况下设为 A、B、C、D 级。

A 级:表明该类企业盈利水平很高;短期和长期债务的偿还能力很强;企业经营处于良性循环状态,不确定因素对企业经营与发展的影响很小。

B 级:表明该类企业盈利水平处于中等水平;具有足够的短期和长期债务偿还能力;企业经营处于良性循环状态;不确定因素对企业经营与发展的影响较大,对企业的盈利能力和偿债能力产生较大的影响。

C 级:表明该类企业盈利水平处于中偏下的水平,甚至是亏损;短期和长期债务的偿还能力较弱;企业经营状况不好。

D 级:表明该类企业处于严重亏损甚至是资不抵债的状态;短期和长期债务的偿还能力非常差;企业经营状况处在恶性循环中,处于破产状态。

在这些级别下还可以继续分等级,如 A 级中有 AAA 级、AA 级和 A 级,B 级中有 BBB 级、BB 级和 B 级,以此类推,C 级和 D 级下面也一样,不同的信用等级代表不同的内涵。

四、建立合理的客户信用政策

信用政策又称应收账款政策,是指企业为对应收账款进行规划与控制而确立的基本原则性行为规范,是企业财务政策的一个重要组成部分。信用政策主要包括信用标准、信用条件和收账政策三部分内容,主要作用是调节企业应收账款的水平和质量。在实际操作中,给予客户的信用政策中主要体现在信用期限和信用额度两个方面上。

1. 信用期限

信用期限是企业为顾客规定的最长付款时间。信用期限确定客户在赊购货物后多少天之内支付货款,是企业为客户规定的最长的付款时间界限,并在赊销合同中取得了客户的正式承诺。确定适宜的信用期限是企业制定信用管理政策时首先要解决的问题。较长的信用期限,会刺激客户的购货热情,吸引更多的客户,给企业带来扩大市场份额和增加销售额的好处,但同时也会给企业带来风险。相反,较短的信用期限,虽然减少了持有应收账款相关的成本,但是直接影响到企业的赊销规模,增加了库存压力,同时降低了企业在市场中的竞争力。所以,合理的信用期限应当着眼于使企业的总收益达到最大,理论上最低限度是损益平衡。

通常影响信用期限长短的因素主要有两个,一个是买方拥有货物的时间。信用期限不应该超过赊销客户自己消耗货物的时间,也不会允许延长信用期限到货物再销售之后。二是市场竞争激烈程度。通常赊销企业所在行业竞争越激烈,给予客户的信用期限越长。

一般来说,企业的信用条件是遵循本行业的惯例给出的,它是基于一定的外部经济环境,在充分考虑到本企业自身资金实力的情况下,本着提高最终效益和增强竞争力思想确定的。

2. 信用额度

信用额度是指企业根据其经营情况和每一个客户的偿付能力规定允许给予客户的最大赊销金额。其额度过低将影响到企业的销售规模,额度过高将会增加企业的信用销售成本和坏账风险。

信用额度包括企业发放给所有客户的总体信用额度和发放给某一具体客户的信用额度两个方面。

总体信用额度是指企业基于自身的资金实力、销售政策、最佳生产规模、库存量以及受到来自外部竞争压力等因素而确定的可对所有客户群发放的信用额度的总规模。

具体客户的信用额度则是企业依据客户的具体情况而给予特定对象的信用限额。信用额度在一定程度上代表着企业的实力,反映其资金能力,以及对客户承担的可容忍的赊销和坏账风险。其额度过低将影响到企业的销售规模,并相应增加同客户的交易次数和交易费用;而额度过高会加大企业的收账费用和坏账风险。因此,企业及销售人员应根据自身的情况和市场环境合理地确定信用额度。

确定客户的信用额度,可选择使用以下方法。

(1) 根据收益与风险对等的原则确定

根据收益与风险对等的原则确定给予某一客户的信用额度,也就是根据这一客户的预计全年购货量和该产品的边际贡献率测算企业从该客户处可获取的收益额。以该收益额作为每次给该客户的赊购限额,代理商前账不清,后账不赊。

(2) 根据客户营运资本净额的一定比例确定

客户在一定的生产经营规模下,其流动资产减去流动负债后的营运资本额也是大致稳定的。由于营运资本净额可看作新兴债务的偿付来源,因此,企业可以根据客户的营运资金规模,考虑客户从本企业购货的比重,确定以客户营运资本净额的一定比例作为本企业对该客户的信用额度。

该方法自 1981 年起在国外开始应用,在计算客户的信用限额方面具有非常实用的价值。它的基本假设是考察客户的基本偿债能力,与国外另外几类企业预测模型不同,营运资产分析属于一种管理模型,它不是用来预测客户破产的可能性,而是用来评估客户的资金和信用实力。

目前国内企业采用这种方法计算信用限额的比较少。按照国外的经验,用这种方法计算的信用额度还是比较准确的,其准确率达到95%,尤其是对于一些传统行业的企业来讲,其准确率更高。但是,这种方法也有一定的局限性,首先,其分析所依赖的数据全部来源于会计报表,最后结果的准确性则完全要看数据来源的可靠性,而恰恰现在许多国内企业很难取得客户的真实会计数据。其次,该模型对于一些新兴行业的企业分析有一定局限性。

（3）根据客户清算价值的一定比例确定

清算价值是客户因无力偿债或其他原因进行破产清算时的资产变现价值。清算价值体现了客户偿债的最后保证。如果客户的清算价值减去现有负债后尚有剩余,企业可以向该客户提供信用,信用的额度可按照清算价值的一定比例确定。

第四节　客户信用风险监控与调整

一、赊销风险管理

赊销一方面扩大了企业的销售,另一方面也增加了企业的风险。为了企业自身的发展,企业必须对赊销进行管理。赊销管理的内容包括赊销合同和赊销风险预警。

1．赊销合同

对赊销业务实行合同化管理,用合同来规范赊销行为。合作双方就重要事项协商一致后,一律签订销售合同,明确双方的权利义务。为此,应当注意以下问题。

（1）合同的条款应当严密、完整。必须明确标的物的名称、品种、规格、型号、单价和金额,明确还款期限和计算期限的起点,明确标的物应达到的质量标准,明确损害赔偿办法和违约责任等内容。

（2）合同的手续必须完备。合同的签字、盖章以及签署时间等必须正确、齐全、完整。

（3）对签订的合同进行登记,及时检查和监督履行情况,记录出现的问题。要把购货方的履约情况及时反馈给有关负责人,以便掌握情况,制定对策。下面的小案例是某公司的赊销合同。

小案例

商品赊销合同

甲方（买方）：

地址：

电话：

传真：

乙方（卖方）：

地址：

电话：

传真：

甲乙双方根据中华人民共和国法律法规等的规定,在平等、自愿的基础上,经过友好协商,就甲方购买乙方商品事宜签订本合同,双方共同遵守和履行。

一、订货

甲方订货应当提前向乙方提交书面订货清单。订货清单包括:乙方商品描述(包括商品名称、品牌、规格、型号等)、数量、计量单位、单价、金额、总金额(大小写),详见本合同附件一。

二、退货

甲方向乙方退货应当提交书面退货清单。退货清单应包括:乙方商品描述(包括商品名称、品牌、规格、型号等)、退货数量、退货单价(即甲方购买商品单价)、退货总金额。乙方非因商品质量问题不接受甲方退货。

三、交货期限及交货地点(请用"√"选择相应内容)

□乙方不提供送货服务。

□乙方为甲方提供免费送货服务。乙方应自双方书面约定的送货日期内运送本合同商品至甲方指定地点。甲方指定乙方送货地点为:＿＿＿＿＿＿＿＿。

甲方收货应派代表签署乙方送货单。送货单一式贰份,甲乙双方各执壹份。

四、赊销总金额

甲方向乙方购买商品的赊销总金额最高为人民币￥＿＿＿＿＿＿＿元

(以下简称"赊销总金额")。甲方应在赊销总金额范围内向乙方赊销货款。乙方在此赊销总金额范围内为甲方提供货物。甲方赊销货款金额累计不得超过本合同的赊销总金额。如果甲方赊销货款的金额超过赊销总金额,乙方有权拒绝提供超过赊销总金额的货物。

五、赊销期限(请用"√"选择相应内容)

□赊销期限为＿＿＿＿＿＿＿＿日。

□赊销期限为＿＿＿＿＿＿＿＿星期(每星期指从星期一至星期日,以下同)。

六、付款日期及付款方式(请用"√"选择相应内容)

□甲方自收到乙方货物之日起 15 日内以支票、现金等方式向乙方支付货款。

□在甲方向乙方赊销货款的每星期一前,甲方应当向乙方一次性结清上两个星期的全部赊销款项。

如果甲方违反上述规定逾期向乙方结清赊销款项,每逾期一日,甲方应向乙方支付逾期未付款项金额的百分之三作为延期付款违约金。

七、发票开具方式(请用"√"选择相应内容)

□乙方自实际收到甲方货款之日起 14 个工作日内甲方开具发票。

□其他＿＿＿＿＿＿＿＿＿＿＿＿＿＿＿＿＿＿＿＿＿＿＿＿＿。

八、商品的验收及异议提出方法

甲方自收到乙方货物后应立即当场按照本合同的规定验收商品。甲方在验收中,如果发现商品的品种、型号、规格、数量等不符合本合同的规定,应当立即向乙方提出书面异议。甲方的书面异议应当包括不符合规定的产品情况及处理意见。如甲方自收到商品当时未向乙方提出书面异议,视为商品符合本合同规定。

九、不可抗力

由于甲乙双方订立本合同时不能预见且对其发生和后果不能避免并不能克服的不可抗力事件(包括战争、水灾、地震、风暴等自然灾害和政府有关法律或政策的变化),致使任何一方不能按约定的条件履行本合同项下的有关义务时,该方应立即将有关情况通知对方,双方经协商讨论决定是否终止本合同、免除本合同规定的部分义务或者延期履行本合同。双方不承担违约责任。

十、有效期

本合同的有效期为:_____年____月____日至_____年____月____日

甲乙双方任何一方可以提前30日以书面形式通知对方提前终止本合同。合同终止后,双方结清货款。

十一、其他规定

1. 本合同在执行过程中如发生纠纷,甲乙双方应当及时协商解决。若不能协商解决,任何一方均可向本合同签订地所在的人民法院起诉。

本合同签订地位于_____。

2. 合同如有未尽事宜,须经双方共同协商签订书面补充协议,补充规定与本合同具有同等效力。

3. 本合同的附件为本合同不可分割的组成部分,与本合同具有同等法律效力。

4. 本合同自甲乙双方签字盖章之日起生效。本合同一式两份,甲乙双方各执一份,具有同等法律效力。

甲方(盖章):　　　　　　　　　　　　乙方(盖章):

法定代表人或授权代表人(签字):　　　　法定代表人或授权代表人(签字):

签订时间:　　年　月　日　　　　　　　签订时间:　　年　月　日

2. 赊销风险预警

(1) 客户赊销风险预警的种类

客户作为企业交易的对象,其能够对交易结果产生不同影响的风险主要有:法人信用、财务信用、品牌信用和交易信用。

① 法人信用风险,是指从一个合法角度对客户进行的基本签约资格或履约能力的信息考查。在与客户建立正式的交易关系之前,应当了解该客户是否具有合法的经营资格及履约能力。

需要搜集的主要信息有:客户的名称与地址、客户的法律形式注册资本金、客户的所有权、客户的经营范围及所属行业、客户注册日期或经营年限和客户的内部组织机构及主要管理者。

② 客户的财务信用,是指反映客户的财务能力及财务结构的合理性方面的信息,它反映客户资信状况或偿债能力。客户的财务状况恶化往往成为其不能对外履行付款责任的最直接原因。密切地关注客户财务状况,是客户资信管理中的一项核心内容。

需要搜集的主要信息有:客户的资本状况与利润的增长情况、客户的资产负债状况、客户的资本结构和客户的资本总额。

③ 品牌信用是指客户在产品品质、市场表现、企业声誉及服务质量等方面所表现的

履约能力。

④ 交易信用是指客户的交易行为的记录所反映出的客户信誉程度。

（2）客户赊销风险预警信息的搜集

企业可以从以下四个方面获得客户失信预警信息。

① 直接来自于客户的信用信息。一般而言，企业在与客户的业务往来中，有机会直接从客户那里获得一些重要的信用信息。一般情况下，企业在正式签约之前，会要求客户提供法人的基本信用信息、企业的资信状况和财务信用材料；同时，企业一般在客户递交材料时审核其真实性。

② 来自于企业经营管理活动的信用信息。企业在与客户的交往中，搜集了大量的客户信息。

③ 专业信用信息搜集渠道。企业可以从专业的中介公司获得客户的信用信息。

④ 公共信息渠道。一些社会政府机构如工商行政管理部门、统计部门、行业协会组合和行政司法管理部门也会有一些可以披露的客户信用信息。

二、客户信用风险的动态监控与调整

现在企业经营的外部环境千变万化，客户本身的信用情况也会随之发生变化，这就要求企业对客户的信用风险进行动态监控。这主要包含了两部分内容：对客户信用风险的常规性监控和客户信用额度的调整。

1. 对客户信用风险的常规性监控

（1）定期的客户信用调查

企业对客户进行定期信用调查是全面控制客户信用风险的一个非常有效的方法。企业应由专门的信用管理人员定期对客户进行全面的信用信息调查，客户信用调查完毕，有关人员应编制客户信用调查报告，及时报告给销售经理。调查报告应按企业统一规定的格式和要求编写，切忌主观臆断，不能过多地罗列数字，要以资料和事实说话，调查项目应保证明确全面。定期报告的时间要求依不同类型的客户而有所区别，如：A 类客户每半年一次即可，B 类客户每三个月一次，C 类、D 类客户要求每月一次。

销售业务员平时还要进行口头的日常报告和紧急报告。销售业务员如果发现自己所负责的客户信用状况发生变化，应直接向上级主管报告，按"紧急报告"处理。采取对策必须有上级主管的明确指示，不得擅自处理。对于信用状况恶化的客户，应该马上采取措施。

（2）经常性的监督检查

企业还应该在信用管理制度中，规定业务部门和销售代表对其所负责的客户进行经常的监督检查，以获得最及时的客户信用信息。

2. 客户信用等级和信用额度的调整方法

企业在对客户的信用制定级别之后，在企业连续的经营过程中，也要定期进行更新和调整，客户信用调整主要是信用等级的调整和信用额度的调整。

（1）客户信用等级的调整

对于企业的 A 类客户，一般要半年重新审核一次；对于 B 类客户，一般每三个月审核一次；对于 C 类和 D 类客户，一般每月审核一次。对客户信用重新审核的结果必须通知有关部门，让企业及时对客户的信用变动情况进行调整。

（2）客户信用额度的调整

客户的信用额度一般在下面几种情况下需要调整。

① 当客户付款及时并且销量已经超过已有的信用额度时。无论从付款能力还是付款信誉上，这类客户已经证明了其良好的信用，此时应该适当提高其信用额度。

② 当客户付款能力及时并且订货量平稳时。这一类客户进一步扩大购买量的可能性比较小，说明现有的信用额度比较合适。因此，应该保持信用额度的相对平稳性，不需要调整。

③ 当客户订单增加并且付款不及时的时候，企业必须提高警惕，应该降低其信用额度。

④ 当客户订货量远远小于给定的信用额度时，由于这一类客户一般交易价值不大，并且交易具有偶然性，企业可以适当降低其信用额度。

⑤ 当客户逾期账款过多、客户财务状况明显恶化时，企业应该大幅度降低或是暂时取消信用额度。

本 章 小 结

本章首先介绍了如何建立客户档案数据库，包括客户档案数据库的重要性、客户档案的基本内容、客户档案的基本形式和客户档案信息资料的搜集要求和途径；然后介绍了客户档案的分析与利用，包括客户档案的分类、客户档案的分析和利用方法；其次介绍了客户信用的评估，包括建立客户信用档案、评估客户信用状况和确定客户信用等级；最后介绍了客户信用风险监控与调整，包括赊销风险管理和客户信用风险的动态监控与调整。

案 例 分 析

【案例 1】

A 酒店是苏州市一家三星级酒店，自酒店开始营业以来，酒店一直秉承"抓住回头客是酒店营销的黄金法则"。因此，为了抓住回头客，获得顾客的忠诚，帮助酒店取得更好的经营业绩，该酒店采取了一系列的策略：如给客户打很优惠的折扣；给客人发放 VIP 卡；由总经理对顾客亲自致谢，等等，虽然如此，酒店的经营业绩还是表现平平，同时酒店的老客户改投他店的事例也很多。因此，为了改善酒店目前的经营现状，公司决定建立完善的客户信息库，以此来帮助酒店了解每位顾客的需求特点，开展针对性的营销活动，获得顾客的忠诚，提升酒店的业绩。

思考：面对这一局面，假如你是酒店经理，如何从建立和利用客户档案的角度去解决问题？

【案例 2】

某耐腐阀门制造有限公司是一个专业生产耐腐阀门和耐腐设备的企业，产品广泛应用于石油、化工、化肥、电力、制药、造纸、食品、冶炼、采矿、环保、管道输送、楼宇建筑、防腐工程等行业。阀门是一个用途广、需求量大的开关装置。凡有管道的地方,必须由阀门来控制。目前,全国大大小小的阀门生产厂家有 5000 多家,市场竞争十分激烈。公司由于产品质量较好,每年的销售量在整个行业中还算不错,但由于这些销售额中很大一部分都属于应收账款,其中一部分最终产生了坏账。所以尽管公司每年的销售量较大,企业的最终利润和效益并不高。公司发现,要想在激烈的市场竞争中站稳脚跟,求得更好的生存和发展,必须做好企业的信用管理工作,减少企业的坏账损失。

思考:应如何做好公司的信用管理工作?

思考与训练

一、选择题

1. 建立顾客档案,应充分利用各种顾客信息来源(顾客、政府和商业机构),搜集有价值的顾客信息,但要注意保证档案信息的质量。这说明客户档案建立需要坚持(　　)。

　　A. 价值性和优化性　　　　　　　　B. 适用性和及时性

　　C. 主动性和计划性　　　　　　　　D. 完整性和一致性

2. 将顾客分为个人消费者、中间商客户、制造商客户、政府和社会团体客户,这是(　　)的客户档案分类方法。

　　A. 按产品线分类　　　　　　　　　B. 按顾客性质分类

　　C. 按贸易关系分类　　　　　　　　D. 按客户购买规模分类

3. 下列各项中属于客户交易数据的是(　　)。

　　A. 客户描述性数据　　　　　　　　B. 描述促销活动的数据

　　C. 购买商品类数据　　　　　　　　D. 成本信息数据

4. 调查公司治理结构(包括投资者、经营管理者);关联企业、对外投资、企业经营等情况,目的是为了获取信用客户的(　　)。

　　A. 客户基本信息　　　　　　　　　B. 经营管理信息

　　C. 财务信息　　　　　　　　　　　D. 行业与经营环境信息

5. 在"6C 信用要素"理论中,可能对客户的履约偿付能力产生影响的所有内、外部因素称为(　　)。

　　A. 客户品德　　　B. 客户能力　　　C. 环境状态　　　D. 客户资本

6. 下列各项中不属于不同商品的销售构成分析的是(　　)。

　　A. 不同商品毛利率的分析　　　　　B. 商品周转率的分析

　　C. 交叉比率的分析　　　　　　　　D. 广告效率分析

7. 企业根据其经营情况和每一个客户的偿付能力规定允许给予客户的最大赊购金额,称为(　　)。

　　A. 信用期限　　　B. 客户授信　　　C. 信用额度　　　D. 信用政策

8. 不同的信用等级代表着不同的内涵,信用状况最好的是(　　)。

　　A. A 级　　　　B. B 级　　　　C. C 级　　　　D. D 级

9. 下列各项中属于从外部渠道搜集客户的信息是(　　)。

    A. 财务部门　　　　　　　　　　　　B. 销售部门

    C. 客户服务部门　　　　　　　　　　D. 网络

10. 将客户分为主力客户、一般客户、零散客户的客户分类依据的是(　　)。

    A. 客户性质　　　　　　　　　　　　B. 时间序列

    C. 交易数量和市场地位　　　　　　　D. 交易过程

二、简答题

1. 客户档案主要包含哪些信息?

2. 简述客户档案的分类方法。

3. 客户信用调查的基本方法有哪些?

4. 如何利用客户档案分析客户与本公司的交易情况?

5. 如何进行客户服务成本分析?

6. "6C信用要素"的主要内容是什么?

第四章

客户服务质量的提高

学习目标：

1. 理解客户服务的含义。

2. 掌握客户服务的方法与技巧。

3. 掌握客户投诉的处理。

案例导入

"晨光酸牛奶中有苍蝇"的顾客投诉处理案例

某日,在某购物广场,顾客服务中心接到一起顾客投诉,顾客说,从超市购买的"晨光"酸牛奶中喝出了苍蝇。投诉的内容大致是:顾客李小姐从该购物广场的超市购买了晨光酸牛奶后,马上去一家餐馆吃饭,吃完饭李小姐随手拿出酸牛奶给自己的孩子喝,自己则在一边跟朋友聊天,突然听见孩子大叫:"妈妈,这里有苍蝇。"李小姐循声望去,看见孩子喝的酸牛奶盒里(当时酸奶盒已被孩子用手撕开)有只苍蝇。李小姐当时火冒三丈,带着小孩来超市投诉。值班经理对李小姐说:"你既然说有问题,那就带孩子去医院,有问题我们负责!"李小姐听到后,更是火上浇油,大声喊:"你负责? 好,现在我让你去吃 10 只苍蝇,我带你去医院检查,我来负责好不好?"边说边在超市里大喊大叫,并口口声声说要去"消协"投诉,引起了许多顾客围观。

该购物广场顾客服务中心负责人听到后马上前来处理,赶快让那位值班经理离开,又把顾客请到办公室交谈,一边道歉一边耐心地询问了事情的经过。询问重点:

(1) 发现苍蝇的地点(确定餐厅卫生情况);

(2) 确认当时酸牛奶的盒子是撕开状态而不是只插了吸管的封闭状态;

(3) 确认当时发现苍蝇是孩子先发现的,大人不在场;

(4) 询问在以前购买"晨光"牛奶有无类似情况。

在了解了情况后,超市方提出了处理建议,但由于顾客对值班经理"有问题去医院检查,我们负责"的话一直耿耿于怀,不愿接受超市的道歉与建议,使交谈僵持了两个多小时之久,依然没有结果,最后超市负责人只好让顾客留下联系电话,提出换个时间与其再进行协商。

第二天,超市负责人给顾客打了电话,告诉顾客:我超市已与"晨光"牛奶公司取得联系,希望能邀请顾客去"晨光"牛奶厂家参观了解(晨光牛奶的流水生产线:生产—包装—检验全过程全是在无菌封闭的操作间进行的),并提出,本着超市对顾客负责的态度,如果顾客要求,我们可以联系相关检验部门对苍蝇的死亡时间进行鉴定与确认。由于此时顾客的情绪已经平复,而且也感觉超市负责人对此事的处理方法很认真严谨,态度一下缓和了许多。这时超市又对值班经理的讲话做了道歉,并对当时顾客发现苍蝇的地点——(并非是环境很干净的小饭店),时间——大人不在现场、酸奶盒没封闭,已被孩子撕开等情况做了分析,让顾客知道这一系列情况都不排除是苍蝇落入(而非酸奶本身带有)酸奶的因素。

通过超市负责人的不断沟通,李小姐终于不再生气了,最后告诉超市负责人:他们其实最生气的是那位值班经理说的话,既然超市对这件事这么重视并认真负责处理,所以她也不会再追究了。顾客说:"既然你们这么认真地处理这件事,我也不会再计较,现在就可以把购物小票撕掉,你们放心,我们不会对这件小事再纠缠了!"

资料来源:学知网——营销管理

思考:在这起顾客投诉处理事件中,哪些方面是值得你反思与借鉴的?

第一节　客户服务

服务经济时代,客户管理十分重要。而客户服务管理是客户管理中的重要组成部分,其作用在服务经济时代不可小觑。尽管客户服务管理目前还没有十分统一的定义,顾名思义,它指的是企业与其客户的交流方式,它实施于企业的市场营销、销售、服务与技术支持等与客户有关的领域。

客户服务管理首先是一种管理理念,其核心思想是将企业的客户(包括最终客户、分销商和合作伙伴)作为最重要的企业资源,通过完善的客户服务和深入的客户分析来满足客户的需求,保证实现客户的终生价值。客户服务管理又是一种旨在改善企业与客户之间关系的新型管理机制,它实施于企业的市场营销、销售、服务与技术支持等与客户相关的领域,要求企业从"以产品为中心"的模式向"以客户为中心"的模式转移,也就是说,企业关注的焦点应从内部运作转移到客户关系上来。

美国陆军第八师在修建水利工程时,客户服务人员给工地附近居民打电话,这段电话的录音是这样的:您好,夫人,请原谅打扰您。我们在炸掉这座水坝让河改道的过程中,不可避免地会产生一点尘土和噪声,敬请谅解。我们准备在我们施工区的外围栽种一些花草树木,您不反对吧?很高兴为您服务。如果您能顺便填写这份市民满意度调查,我们会非常感激。我们非常希望成为您在做决定时的帮手,祝您快乐。

这段录音是美国工兵第八师在修建水坝之前,给施工区辐射周边居民每家打的一个电话。从这个电话你会发现一个有趣的现象,难道做工兵的、搞建筑的也需要做客户服务?他们专门有一个客户服务部门,而且是经过专业培训的客户服务部门,专门负责打电话。

　　以前,在国内经常见到这种现象:早晨起来出门,发现在修路,挺好的路刨了一条沟,有些指示牌写着"前方施工请绕行"。现在好像比原来好了一些,字也比原来多了一点:"前方施工请您绕行,由于施工给您带来不便,请您谅解"。

　　多了的这句话就是客户服务的语言,有了一点点客户服务意识。我们经常在新闻里听到某施工工地彻夜施工扰民,人们睡不着觉,到处投诉。采访施工单位,施工单位觉得他们所做的一切是理所应当的,周边的居民应理解他们才对,而不是他们去理解居民。这体现了中国的客户服务水平和世界先进客户服务水平的巨大差距。

一、客户服务的概念

　　当客户感到企业的存在就是为他们服务、满足他们的特殊要求时,企业就获得了竞争的优势,这种优势被称为服务个性。企业的客户服务水平越高,就会有越多的客户光顾,也会产生更多的忠实客户,企业会相应获取更多的利润。

　　那么客户服务究竟是什么呢? 客户服务是一种无形的产品,而不是普通意义上的产品。服务产品是无形的,服务是虚的,看不见摸不着。而普通意义上的产品是有形的,看得见摸得着。在卖服务产品的时候,只能通过语言描绘,告诉客户购买这个服务产品以后,客户能得到什么样的服务,但是没有办法让客户看得见摸得着。所以现在应研究如何把无形产品变为有形产品。怎么才能做到呢? 就是把一种无形的东西通过客户服务人员,通过服务的环境,通过各种方便服务的方式,来把它变成有形的产品。比如,卖服务卡的,如月卡、季卡、年度卡、贵宾卡等,这是一种服务,而这种服务原本是无形的。客户有了这张卡之后,消费可以打八折,这是一种承诺。但是有的企业会把这种承诺制作成一张很精美的卡片送给客户,这张卡就是把无形的服务变成有形服务的一种载体,让客户感觉到这个东西是有形的。

　　很多企业乃至客户服务人员并非都认识得很清楚,究竟什么是客户服务,什么不是客户服务。客户远不只是要购买东西的消费者。不应把客户仅仅看成消费者,而要把客户服务看成客户服务部门应尽的责任,理所当然要给客户提供更好的服务。

　　优质的客户服务不只是我能帮你做什么。实际上客户需要的是获得帮助,希望和熟悉业务的人打交道,与懂业务的人打交道,喜欢和能作决定的人打交道。客户希望以他需要的方式来对待他,希望他的身份地位得到尊重,希望企业公司能够了解他真正的需求,让他产生一种获得服务的满足感。

　　真正的客户服务是根据客户的喜好使其获得满足,而最终使客户感觉受到了重视,最终成为企业的忠实客户。其中最主要的一点就是根据客户的喜好使他获得满足。现在我们看到报纸媒体在谈"客户定制"。客户不要求千篇一律的产品,而是要求有个性的产品,所以很多公司提出可以为客户量身定制产品。因为每个客户的个性不一样,而真正的客户服务是依据客户不同的个性,为其提供满意的服务。

　　如果给客户服务下一个定义,那就是为了能够使企业与客户之间形成一种难忘的互动(愉悦亲密、很愉快的,自己经历的互动)企业所能做的一切工作。每一位客户从进入某公司,就开始享受公司的服务,到最终他带来新的客户,在这个过程中,全公司所做的一切工作都称为客户服务工作。

  以前有一家印刷公司,有一个牌子:"速度、质量、价格,请选择一个。"如果你选择价格,就需要价格便宜,就别跟我谈速度和质量。如果你选择质量,就别跟我谈价格,也不要跟我谈速度。如果你选择速度,别跟我提价格、提质量。你只能选择一个,这种观念过去人们是认可的。举一个例子:上学的时候都要照一寸免冠照片,以前只能去照相馆,照完有两种洗印的方法,一种慢,一种快。慢的很便宜,一元钱八张,等十天或一个星期。快的第二天取,价格为四五元钱。要快,就要多交钱。想便宜,那你就等着。这种观念在企业中也是根深蒂固的,很多企业都觉得这很正常。但现在的竞争逼迫企业要同时满足客户的三个要求:速度、质量、价格。即使这样,依然面临着激烈的竞争。如果说服务等于利润,就需要创造一种服务的个性。衡量企业发展的标准不仅是资产的回报,还有一个重要的标准是客户满意度的回报。所谓服务的个性,就是使客户感到企业服务能满足他们的特殊要求,这样企业就获得了竞争优势,这种竞争优势就是服务个性,也就是有别于其他企业的独特的客户服务手段。

  企业客户服务水平越高,就会有更多的客户光顾,也会吸引更多的忠实客户,而企业也能相应获取更多的利润。所以,把客户服务和销售分开谈是不对的。什么叫服务营销?它是一种整合。销售就是服务,服务就是销售。只有通过服务才能拉动销售,因为竞争越来越残酷,你好,就会有人比你更好。

二、客户服务体系

  未来的社会即将步入服务型社会,因此,当今服务业的产值在 GDP 中所占的比重已经成为评价一个国家、一个地区、一个社会是否发达的主要标志。

  大多数企业,包括制造业在内,也即将成为服务业当中的一员,服务已经成为它们获取利润的最好手段。正因为如此,很多企业都提出"打造优质服务,以顾客为上帝"的服务宗旨,但时至今日,大家看到的还是一个非常尴尬的局面,在服务业上升到有史以来最好的阶段时,客户却越来越不满意,客户的投诉也从来没有这么多。为什么会出现这种情况?其中当然有服务管理理念的研究落后于企业管理研究的原因。

  通过实践,我们发现了很多问题,主要包括以下六个方面:从理论以及实践上去感受什么才是真正的客户服务体系;应该怎样去开发好的客户服务体系;构建一个好的服务体系应该具备什么要素;怎么维护服务体系;怎样提升我们的服务体系使得和客户的需求同步;怎样让服务体系在公司内部形成文化。

导购小姐非常热情地引导顾客进了鞋店,从第一个排架开始介绍产品,一直到最后,顾客终于发现一双自己喜欢的鞋子,就想试试,导购小姐非常热情,跑到后台拿了一双鞋子出来。

结果顾客发现,自己平时穿 41 号的鞋,今天穿 41 号的有点紧。导购小姐就讲,紧点没有关系,鞋子会越穿越大。如果穿 41 号的鞋大了一点,导购小姐就会讲,松点没有关系,那才舒服。

点评:导购小姐非常热情,但是最后顾客不一定会买这双鞋子。也许顾客会觉得反感,她一直跟着的时候,可能觉得她是个累赘,甚至可能觉得她不是在服务,而是在防范偷东西。当她不停地赞美时,顾客可能觉得很不爽,觉得这是在欺骗,在想尽办法掏他的钱。而导购小姐更加失落,她对顾客这么热情,还被说成别有用心。这就是立场不同产生的不同结论,因为这位导购小姐不理解什么是服务。

同样是一家鞋店,门口的设计很费心思,让顾客走过这个门口,就会感到太有艺术感了,很想进去看看。店内环境舒适,温度宜人,还有柔美的音乐,让人自然放松。

当顾客正在张望的时候,导购小姐走到身边:"先生,有什么可以帮你吗?"顾客回答:"随便看一看。"当顾客在看的过程中有疑问时,导购小姐就恰好来到身边:"先生,有什么可以帮你的吗?""这鞋子为什么这么贵?""因为这是用非洲部落的一种犀牛皮,经过各种工序处理制成的,材质非常好,价格贵,因为它值。"然后导购小姐就悄悄退到一旁。

在这种舒适的环境中,顾客不由自主地想试一下这双鞋子,导购小姐又出现了:"先生,平时穿多大号的鞋?请稍等,马上来。"然后转身到后台去拿鞋子,拿出来的绝对不会是一双,至少有五双。

首先给顾客试穿的是他要求的 41 号的黑色鞋子,结果感觉很紧,导购小姐又说了:"先生,没关系,这还有一双 43 的。"如果发现那双鞋松了点,她又说,"先生,没关系,这还有一双 42 的。"

但顾客当天的打扮最不适合穿黑色的鞋子。但是导购小姐什么都没说,正当顾客对着镜子照的时候,发现鞋子穿上后没有自己想象的那么帅。导购小姐就说:"先生,这还有一双棕色系带的,您试一试吧。"结果,试完之后发现,果然不一样,效果非常令人满意。这位顾客以后经常光顾这家鞋店。

客户服务,不是简单的热情有礼貌,客户服务有自己的内核、自己的一套评价准则和服务规范。

客户服务,与其说是一项工作,不如说是一项人际交往,因为它包含了信息沟通、情感沟通,以及很重要的达成心愿。

什么是客户服务体系?客户服务是一种人际交往的艺术,客户服务体系不仅仅是简单的人际交往,还存在很多的非人际交往。

当我们乘坐一辆公共汽车时,虽然司机比较专业,但是车辆太旧了,在 36℃ 的城市里连空调都没有,客户当然不满意,这是硬件的问题。所以客户服务体系不单纯是软件问题,还有很重要的硬件问题,而且,客户在享受整个服务体系的时候,还不一定出现在现场。

比如在托运的时候,我们把行李交给一个航空物流公司,双方根本就没有见过面,但是它就在为我们服务。结果,行李到了预定地点却损坏了,虽然它的态度很好,很亲切,但你听起来刺耳,因为它把你的行李弄坏了。

所以,客户服务体系在发生接触的过程当中,既有人的交往,也有物的交往。而且服务业与制造业不一样,制造业可以申请专利,而服务业不能,没有太多的保护机制来保护服务产品。服务行业都知道,要想把客户长久留住,必须有自己的特色,要有自己的定位和特色,要了解顾客的需求,流程要确保每一个不同的员工提供服务的时候顾客都能满意。

而且,服务型企业还有一个特点,往往是用素质最差、能力最低的、工资最少的人去面对顾客。这些影响因素要系统地构建在一起,这也是提倡服务体系的最主要原因。因为有时候把人员培训做好了,服务还不一定做得到位。因为服务的硬件可能有问题,设备可能有问题、环境可能有问题、流程可能有问题,所以服务管理体系是一个系统研究的结果。

三、客户服务工作的定位

客户服务工作在当今的社会中越来越普遍,同时对从业者的要求也越来越高,从初级的热线接听到高级的服务管理,每一个行业都有自己对客户服务工作的不同诠释和要求。

在服务管理过程中,应该重新设定标准服务部门在企业中的定位,通过对部门职能的定位设定岗位的就职要求,只有这样才能找对人,才能降低服务成本中的人员成本、服务风险成本。那么,客户服务部该有什么样的定位?

(一)第一种角色:以客户为导向的全方位助理

很多企业中服务部门的职责就是热线的咨询、投诉、电话销售、业务开通服务/变更服务、市场调研等与客户的信息互动,也就是我们常见的呼叫中心的基本职责。

但是客户服务的工作在企业中所起的作用远远超出了这样的界定,比如在电信行业中客户服务的工作内容大致可以分为:呼叫中心、营业厅、售前/售后技术支持、大客户服务。这些工作内容的主要目标就是为市场拓展、产品服务销售做有效支撑,同时能在资源有限的情况下,利用服务手段扩大产品的附加值,让产品具有感性化的色彩,增加竞争优势。

有些企业认为客户服务就是保证呼叫中心的工作质量,其他的工作有很多的局限性和专业性,是客服人员无法承担的。实际上,企业中这些面向客户的互动性工作都统称为服务工作。现在有一种概念称为服务营销的概念,做销售的人同时也是做服务的人,以服务带动销售。作为销售人员也应把自己视为一名客户服务人员。那么,提高营销人员的销售技巧、专业知识、服务技巧，就变得非常重要。

那么在进行客户服务工作过程中，是一个面向客户的服务闭环，在业务流程设定的过程中，我们更应该按客户服务部所接到的指令进行流程运作，只有这样才能实现真正的"以客户为导向"的目标，才能让服务成本有效降低。

（二）第二种角色：市场活动的支持团队

目前社会中的客户服务中心，无论是自建型的呼叫中心还是外包型的呼叫中心，都在企业中有一定的市场活动支持的工作。

当新产品需要上市的时候，企业服务人员可以通过电话、传真、E-mail、网址信息互动、视频技术等多种渠道宣传产品信息，同时将客户对产品的反应记录下来。通过企业信息管理系统为企业做出有针对性的数据依据。在已经上市的产品服务过程中，服务人员同样可以根据企业对客户使用方面设定的调查要求，进行相关项目的市场调研活动，为企业获取最直接、最具针对性的一手资料。同时，可以根据客户在接受调研时候的反应、特殊要求、建议希望都进行详细统计分析，为以后的服务工作制订有效的信息知识库或作为新服务项目研发的依据，这些都可以直接有效地降低服务成本，同时增加企业与客户之间的互动，并且更有效地挖掘产品需要持续改进的方面。

（三）第三种角色：企业内部的质量监督

质量监督是产品质量、与客户有互动的岗位服务质量、内部的管理质量的总体控制。只有全面质量管理才能有效提高企业在客户心目中的信誉与品牌价值。摩托罗拉公司、通用公司和海尔集体引用的六西格玛质量管理法，不仅是一种质量控制的方法，同时是强调在各个岗位、各个环节中的持续改进，这更能说明应该挖掘、增强它背后的其他环节的质量管理，才能体现我们所强调的服务质量。所以，在这项工作中，客户服务部应该担任企业内部全面质量管理监督的角色。

（四）第四种角色：高科技信息管理中心

客户服务部门与客户间的互动沟通，日趋明显地依赖于科技手段。客户服务方式的革命也称为科技化升级。从国际化的趋势来看待客户服务工作，客户服务越来越需要高科技的手段。因此，客户服务部门与客户之间的互动沟通，现在都是采用科技手段进行的。

面对这些必然的趋势，我们更多考虑的是搜集到的信息和企业产品、服务策略如何结合，如何将这些信息进行利用的问题。从单一客户处搜集到的信息，根据企业设定的信息需求项目进行分类，再根据统计结果进行规律化分析，得出我们所需要的数据，就可以在很大程度上帮助企业进行决策。从服务管理角度来说，信息技术的利用有助于企业制定竞争战略，而利用信息技术进行客户服务工作将有助于企业竞争战略的执行。

同理，在看到信息技术为我们带来的帮助的同时，也要考虑信息技术本身的缺陷，还需要考虑到服务方式本身是没有版权的，一个好的服务方式随时都有被抄袭的可能，利用信息化服务管理方式也会遇到这些问题，所以在进行公司服务信息化管理的同时，应更多地考虑如何提高数据库的安全性、信息系统的个性化使用以及如果利用企业丰富的信息资源进行更多元化的服务项目开发，有效提高服务被抄袭的障碍，有效增加服务竞争优势。

（五）第五种角色：企业文化形象代言人

一个好的企业文化会直接通过内部员工传递给所有客户，包括企业中的你自己。

一个企业的文化是企业管理者的价值观的体现，管理者努力创造什么样的氛围，也必然在无形中给员工树立了榜样。

东京迪斯尼引客回头有魔法！

美国迪斯尼拥有 2 亿游客用了 25 年，而东京迪斯尼游客达到 2 亿只花了 14 年。看看它的生意，其实很简单——引客回头。我们看看它是怎么做的。迪斯尼里有个工作，是扫地，东京迪斯尼认为这种工作很重要，因为扫地的人通常跟顾客在一起。客人看不到迪斯尼的总经理，连主任都看不到，但是顾客能天天看到扫地的人。于是他们就把扫地的人找出来。扫地的人很多是工读生，干两个月就要回学校，但就是两个月也要培训。扫地的人要培训三天。第一天上午培训如何扫地。扫把有三种：一种扫灰，一种扫树叶，一种扫纸屑。什么时候不能扫：开门时不能扫，关门时不能扫，客人距离 15 米内的时候不能扫。把扫把拿起来，在客人脚底下扫东西是不礼貌的。光这个就要培训一个上午。第一天下午培训照相，学习全世界最新的数码相机是怎么拍照的，他们把世界名牌相机统统摆在那里 10 台。每个扫地的人都学照相。游客说，我们夫妇度蜜月，小姐替我们照个相吧！如果不会，就太扫兴了。

第二天上午学抱小孩，因为游客有时会请求你帮忙抱一下小孩，抱小孩的姿势是用右手托着他的屁股，左手扶着他的背，小孩是不能抱腰的，因为小孩一乱动，腰容易受伤。如果游客请求换尿布呢？

第二天下午学辨认方向。小女孩要买薯条，要马上就能回答出，右前方，前进 150 米，那个灰色的房子。整个迪斯尼的地图，统统要记在脑子里。

东京迪斯尼 14 年多来，丢过 2 万多个小孩，几乎每天都有小孩与父母走失，但都找到了。找到小孩不稀奇，最重要的是他们不广播。丢小孩怎么能广播呢？乐园是一个快乐的地方。如果广播讲全体妈妈们请注意，这里穿蓝背心的小孩哭得厉害，不知道怎么回家了，那么每个妈妈都会去看她的小孩。所以，只要迪斯尼的小孩一找不到家人，就立刻用最快的速度，送到他们的托儿所。然后开始问有没有哥哥姐姐？有没有弟弟妹妹，以此判断爸爸妈妈的年纪，妈妈穿什么样子？妈妈长什么样子？妈妈身上有什么特征？能问尽量问，讲不清楚就只好判断。然后大致的轮廓出来了，赶快去找，找到了就送到托儿所。东京迪斯尼就是用这种方法找的，不用广播，这一点是它厉害的地方。

最后，小孩是迪斯尼主要的客人，虽然买票的是爸爸妈妈。东京迪斯尼有个规定，当小孩拉着大人的裙子在讲话的时候，要立即蹲下，因为小孩是很矮的，不能站着跟他说话，这是未来的客户。今天是爸爸妈妈带来的，以后是自己来的，再以后是带着他的小宝宝来了。这就叫引客回头！

这样的服务会让客户感觉宾至如归，远比我们制定更多的手册更能让客户满意。所以,管理者需要从细节考虑你该提供什么样的服务项目,服务人员是不是具备提供这些服务的能力和意愿,他们是不是也非常认可和需要我们企业提供给客户的服务呢?

再有,我们的员工在现场为客户提供服务的时候,由于我们无法时时刻刻都和员工一起面对客户,所以员工的现场服务质量很难及时反映给企业管理者,也就是完全凭借员工平时在企业内部的经验积累和现场的发挥,如果企业在平时能够为员工提供更好更多、有针对性的学习机会,给予他们更多的技术支持而非监督,给予他们更多的激励而非惩罚,相信员工在面对客户的时候,一定会发自内心全力服务好客户,并且展示出承担责任以及帮助承担来自客户的压力的意愿。

四、企业客户服务的现状与困境

(一)服务的提供反应不敏感

服务不在乎你做了什么,更关心的是你怎么做。

到餐厅吃饭,点个雪里红炒肉末的菜,结果菜一上来就大吃一惊:为什么会有辣椒呢?然后就找服务员来问。服务员说:"先生,您说过不放辣椒吗?不好意思,我们店里的雪里红炒肉末就是要放辣椒的。"实在太有道理了,听完之后让人哑口无言,闷闷不乐。

有的服务员会说:"小姐,真不好意思,我看到您皮肤这么好,以为经常吃辣椒呢,所以就给您放了点辣椒,如果不喜欢,给您换一个。"其实人家店里的那盘菜从来都是放辣椒的,但是人家会说,不但认错了,还给客户洗脑了,还在教育客户辣椒可以美容。听完之后客户心想,原来辣椒可以美容,那就试一试吧。

所以,服务有时候就是"输了就是赢了,赢了就是输了",这称为服务的系统思维。

(二)服务理念的缺失

1. 服务细分理念

服务细分理念就是在服务的过程中,知道谁是自己的客户;谁的观点应该被重视;我们希望去吸引哪些客户;我们应该保持哪些客户;我们应该如何迎合他们的要求。

2. 服务接触理念

服务客户的过程不仅是人与人的接触,还有人与物的接触、物与物的接触、物与人的接触,如表 4-1 所示。

表 4-1 顾客接触的表现形式

类别	服务人员	服务设施
顾客	人与人	物与人
顾客财产	人与物	物与物

3. 服务价值理念

服务的保有时间,是决定服务价值的最重要因素,所以留住一个老客户,经常要比开发一个新客户重要得多。

4. 超值服务理念

仅仅感受满意还不行,最终要实现超值,之所以超值是因为顾客的所得比他付出的要多得多,所得当然既有物质所得,也有精神所得。付出除了简单的货币付出,还有很多的时间成本、机会成本,以及风险成本。

5. 不系统的理念

不系统的理念即对服务了解得不够系统,服务制度建设中没有想到细节的原因,在服务接触过程中,忽略了设备、环境所传递的服务意识。

6. 问题顾客理念

人员的素质发展不平衡,必然出现"问题顾客",这是短期内很难解决的问题,所有服务行业的人对此都深有体会。

五、客户服务设计与开发

所谓客户服务设计和开发,就是在以目标客户为导向的前提下,将客户的期望转变成员工能够理解并执行的服务说明书。

五星级酒店每晚的费用大约为 1000 元人民币,假如有人拿着 100 元钱到酒店里,说晚上想拿着小板凳在走廊坐上一晚,然后到处去和人炫耀,这种人就不是五星级酒店的目标顾客。如果收留了这样的人,让他拿着小板凳在走廊坐上一晚,估计酒店房间就没有人住了。所以目标顾客一定要清晰,这对服务业尤为重要,因为服务业是通过顾客的长期感受来做出定位的。

点评:既然要把某个人作为目标客户,那么他的期望值就非常重要,我们要予以充分的理解。理解包含通过调查、搜集、了解,并且能够自己去解释的一个过程。理解,还要转化成为员工能够理解,而且还能够执行到位的服务设计。也就是了解到顾客的期望值,员工就知道怎么做,以及根据顾客的现场反应该如何作出准确的判断。

(一)服务设计过程的要求

1. 做服务的定位,体现与众不同的特色

员工对顾客进行介绍的时候,先要承诺,因为服务源自承诺。然后是服务提供,让顾客通过承诺和服务记住"信任"两个字,所以要想让承诺被客户所掌握和理解,就要使员工能够对顾客表达这种承诺,能够用他的话转述出去。

在进行服务设计的时候,必须考虑到这一点,假如制定的一套理论非常深奥,谁也看不懂,就说明没有达到目的,所以必须能让员工理解。

2. 把服务变成一种说明书

系统性的管理要统一。在目前看来,大部分公司对服务的设计,只是停留在设计者理解的层面上,而不是达到操作层面的可执行的文字上。

服务说明书应该包括三套规范:服务规范、服务提供规范、服务验收规范。很多公司的服务规范只做成了简单的文字、几页纸,就称为服务说明书,这样在传递的过程中,会有以下几个缺点。

(1)过于简单,导致的结果是会在提供服务的过程中,无法抓住服务的细节。

(2)不全面,只注重了提供服务的过程,而忽略了相关的一些东西,比如说展示物和CIS的内容。

(3)主观性比较强,每个人的理解是不一样的。

(4)阐述具有偏见,理解不一样会产生很多服务差异。

(二)服务设计的基本做法

技术创新设计思路通常体现在以下五个方面。

(1)变革式的创新

在没有出现过的市场,提供新的服务,称为变革式的创新。阿里巴巴通过互联网实现了B2B服务,就是商家对商家服务,将以前不可想象的东西变成一个可以实现的东西;淘宝网让人们在网上开店,也是一种新型的服务,都属于重大的变革。

要想在服务中有所变革,关键词是联想。因此,服务变革的根源,大部分都是由联想造成的,联想是从事服务设计的人应该形成的一种思维。在制造业里,联想所带来的革命是深远的,比如流水线,流水线是福特公司老总发明的,或者说将制造业里的制造技术创新地用在了流水线上,就是联想思维的影响所致。

福特公司老总毕生的一个愿望,就是把他的汽车帝国做得非常强大。怎样能够让很多的人来购买汽车呢?富人的比例太小,市场就不大,想让市场做大,就要让每个普通老百姓都买得起车。

降低汽车的价格是一条出路,降价的前提就是降低成本,怎么办呢?

有一次他住医院做阑尾炎切除手术,躺在手术床上面,因为阑尾炎做手术是局部麻醉,头脑保持清醒,他就看着医生怎样开刀,怎样剪掉阑尾,怎样缝线的过程。别人会关心这个手术痛不痛,他却越做越兴奋,因为他发现了一个"秘密":医生在做手术的过程中,手一伸,刀来了,"咔嚓"一下划开了,手再一伸,钳子来了,一夹血管止住了,简直行云流水般地流畅。他躺在病床上,居然联想到:如果我的汽车生产能像这样,效率该多高。

手术还没好,他就急着回到公司进行改革——"手术式的生产汽车":老师傅站中间,徒弟站两旁,手一伸车门来了,再一伸,玻璃窗来了。看上去挺好,下面的员工,怨声载道,因为地方不够用,为了一部汽车,居然搞了足球场那么大的地方,还无法生产,只好放弃了。

有一次,他跟制造部经理到屠宰场参观屠宰的示范点,他一边看,一边不停地赞叹,太神奇了。他发现整个屠宰场屠宰过程没什么人,一个机器把牛固定在一个装置里面,这个装置就开始动了,动了几步就停下来,旁边有个水龙头,哗,喷水,牛就洗干净了,然后这个装置又走几步,停下来了,听到咔嚓一声,牛头不见了,再走两步,听到咣当一声,牛肚子就开了……到后面才发现,出来的是一个个的牛肉罐头。

他一边惊叹,一边在自言自语,真神奇,真厉害,旁边的制造部经理说:这有什么神奇,有本事让牛肉罐头进去,牛出来啊。说者无意,听者有心,一般的人听听就算了,只有平常善于联想的人会突然想到,是呀,如果我们公司像送罐头一样送进去每一个螺丝、一个轮胎,那边车开出去了——不就是一头牛吗?

于是汽车生产的流水线就出来了。

所以,服务业里重大的技术变革,往往源自外行业带来的新的思维。一个服务型行业的人,要想设计好新的服务思路,就要领会三句话,第一是多走;第二是多看;第三是多想。

(2)为现有的市场同类需求提供新的服务

淘宝网上卖东西,就是一种创新式的服务,不用有形的商店。这种创新式的服务,通常最简单的方法称为组合,不必有很强的思维,只要找到可组合的两个概念。这种创新型的组合式的服务成本最低、代价最小。

(3)服务的移植过程

其实,服务的移植和服务的创新有所不同,所谓创新业务,往往是将两个已有的思路进行组合,服务的移植是把机理转移、植入过来。

鲁班是木工业的祖师爷,鲁班之所以这么出名,就是因为他发明了锯,这是一次技术的移植典故——因为茅草把他的手割伤了,看到这个东西有齿那么厉害,他就想到把斧头搞了两个齿,再把它拉长了一点点,做扁了一点点,就有了锯,这叫移植。

什么叫内在的机理呢?很多顾客经常享受过程,反应速度相应很慢,在讲他的需求时,往往不耐烦,他会想我为什么花那么多时间跟你解释呢?所以,新的服务就出来了,就是应用移植原理。我们在玩游戏机的过程中,通常要扮演角色,首先,你要选定你是哪个角色,这个角色有什么样的功能,有什么样的作为,然后把自己置身其中,就像现在经常出现的体验式服务的概念。就是让顾客自己亲身去体会,这就称为服务的移植。

(4)服务的延伸

在一般的服务里,大家的思维都非常局限于已有的东西。比如做计算机的公司,一谈到服务,无非就想到设备维修、杀病毒、升级,其实靠这个赚钱很困难。如果能够进行服务的延伸,赚钱机会就多一些。服务的延伸,就是单独把这块业务独立出来,成为专业的服务公司,不管客户是什么牌子的计算机,都可以提供服务,而且不仅是给计算机做服务,计算机周边设备也可以做服务。

(5)服务改善

服务改善通常来讲比较简单,往往体现在服务的过程中,之所以有服务改善,是竞争的结果。所谓竞争的结果就是迫使很多做服务的人,并非出自本意而做出的行为。

早期农村方圆几十里,就一个小合作社,根本没有服务可言。顾客来买东西,要看店员高不高兴,如果他不高兴,就没有。态度非常恶劣。

改革开放以后,很多人开起了小卖部,进几样农民最需要的东西,因为没有社会基础,没有顾客群体,也不可能卖得很便宜,就只有一个办法:服务取胜。开始有了微笑服务,见面就是:张大爷,你好。张大爷本来不买东西,可能一高兴,就拎了一斤盐回家了,这就是微笑服务。

这对合作社冲击就大了,以前三五成群,现在门可罗雀,不仅也开始微笑服务,还真正从顾客的角度开始搞一些活动,比如促销服务、自选服务、送货下乡,还搞品牌战略,大店的商品正规,和小店也就不一样了。

服务都是一步步被逼出来的。所以,服务改善在技术开发中要被重视。做服务的企业,要时刻想着如何把服务改善得特别优秀,因为在服务理念当中,有一个理念很重要,称为顾客改善理念。因为顾客永远都不会满意,从来都是喜新厌旧、朝三暮四,这是人的本性,他有这个权利,所以要给他很好的服务,一旦有另外一个比你还好,他就走了。

因此,企业在做服务的时候,既然顾客有喜新厌旧的倾向,就要想办法,时不时地让顾客感受惊喜。技术改善的过程中,服务一定要有所保留,虽然要改善,但是要有所保留,就是明明可以做得很好,但是未必真的要做得很好,要关注竞争对手,而且是区域的竞争对手。只要把竞争对手压住了,服务改善,超出他一点点,而且不停地高一点点,以形成长久的刺激力,就可以成为赢家。

因为印象可以产生连锁效应、折扣效应。所谓连锁效应,就是当长期刺激给人留下一个好的印象之后,就算偶尔犯了一次毛病、错误、失误,也会获得原谅。反过来长期给人留下不好的印象,将会产生折扣效应,即便是做了些好事,别人也不认账。

同样的一件事情,不同的时候,不同的结论,根据这个原理,企业再做服务改善的时候,只要把目标锁定在竞争对手,巧妙地、逐步地提供改善就足够了。

小案例

在日本旅游的时候,你会看到奇怪的现象,比如去粤菜餐馆点菜,我们点了一个剁椒鱼头,他说不好意思,我们没有,隔壁湖南餐馆有。如果你真的想吃,他会想办法给你买回来,人家真正的是以顾客为中心,充分地站在顾客的角度考虑,大不了加一点手续费,他愿意,你也愿意。

(三)自我服务

自我服务,就是让顾客成为生产者的模式。按照马斯洛的需求理论,最基础的需求就是物质需求,最上层的需求是精神需求。在精神需求当中,最重要的是让顾客充分意识到他的价值,所以,在服务业应用的时候,经常就变成自我服务了。

自我服务也就是自助式的服务,让他自己去享受。现在很多机场的登机牌已经不必排队领了,在自己家里用计算机就可以打印出来。

让客户由被动到主动,他就会发自内心来想办法,对于服务的设备没有太多的把握,对服务的质量就会从自己的身上调节,所以,我们尽可能地在未来的服务过程中,设计成自我的服务方式。比如,现在戴尔卖计算机的方式就是一种真正的自我服务。

(四)直接服务

很多时候,在提供服务的过程中,不是一种直接服务,而是让顾客到一个地点接受服务。服务忠诚的概念认为,服务的感受取决于顾客自己所得跟他的期望值的比值,所以,让服务的客户感觉到满意,就要增加他的精神所得或者物质所得,或者是降低他的成本,成本包括物质成本、货币成本、时间成本。当时间成本降低的时候,顾客的满意度就高了。

直接服务还有一个好处,就是降低了顾客的风险。

$$顾客的感受 = \frac{物质所得 + 精神所得}{价值成本(货币成本) + 时间成本 + 风险成本 + 机会成本} - 期望值$$

顾客的感受如果大于零,就是没有达到期望值,等于零就是满意,小于零就是超值。

(五)提前式服务

提前式服务,就是往往在高峰期的时候顾客集中到来,问题比较集中。所以,设计一个让服务可以部分提前的服务方式,比如在高速公路上,经常有顾客排队等着交费,影响服务质量。此时的提前式服务就是有顾客提前花钱买卡,过路卡时不必排队交费,直接划卡就可以走了,这叫提前式服务,让顾客的成本大大地减小。

在这个过程中,提前式服务在顾客心目中最大的问题,就是他的信任度下降了。因为服务本来就是一个信息不对称的行业,还要提前服务,必然加大了客户的风险。所以,在做提前式服务的时候,一般来讲,必须要加大顾客的信任度,常用的有两种方式:企业有一个品牌,容易有号召力;提高客户服务人员的素质,通过细节体现出来。

(六)综合式服务

从顾客角度来看,系统地帮他解决问题,最经典的做法,就是把前面所有的服务组合在一起。

(七)实体式服务

实体式服务就是改变有形的物体或者环境,比如传统的嘉年华游戏娱乐场所经常是在游戏场里的,嘉年华则改变这个服务模式,把东西放到顾客的家门口,通过改变这种环境,形成一种新的服务。

第二节　客户服务方法及技巧

一家公司既要注重利润,也要注重提供良好的客户服务,因为可以通过客户服务从客户中得到更多的信息,以提供更好的服务,而从中获得更多的利润,占据更大的市场。最新的调查显示,在同样的产品中,客户愿意多花 10% 的价钱来购买服务好的产品,而不愿意购买价钱较便宜但服务较差的产品。由此可见,提高客户的满意度与提高公司的利润有着密切的关系。

一、客户服务的理念

（一）重视客户

拥有忠实的客户群，是一家公司成功的必要因素。在客户服务中就更需要重视任何一个客户。不管他是否已经成为企业的客户，都应该重视他，让客户感受到满意的服务。这样，不但可以留住原有的客户，也可以发展潜在的客户。

当有客户投诉时，企业客服先要认真地聆听用户反映的情况，安抚用户的情绪。如在电话中不能马上解决的问题，必须仔细记录，转交相关人员跟进解决。在整个过程中，包括接听用户投诉电话的客服人员和接收到用户投诉单的客服人员，都必须重视用户反映的任何问题，并及时地为用户解决并答复用户。服务不仅仅是为客户提供他们想要的商品，更包括优质的售后服务，以给予客户继续使用的信心，而不至在激烈的市场竞争中流失客户。

（二）对客户保持热情和友好的态度

良好的沟通和与客户建立互相信任的关系是提供良好的客户服务的关键。在与客户的沟通中，对客户保持热情和友好的态度是非常重要的。客户需要与客服人员交流，当客户致电投诉或反映问题时，希望得到重视，得到帮助。客服人员要设身处地为客户着想，体会客户的感受，重要的是在沟通当中要始终保持冷静和热情友好的服务态度。

如果在沟通中，客服人员给用户留下不好的印象，那么这个负面的印象可能会长久地影响用户对公司服务的看法及信心。

所以，当客户态度不好时，客服人员也要保持冷静、耐心、热情的服务态度为用户服务，务求令客户感到满意。

（三）端正服务态度，以服务为目的

客户服务人员工作的本质就是为客户服务。如果客服人员把这看成是客户干扰，或把客户看作是一个麻烦，那么对待客户的态度肯定不是友善的，从而，也不能提供优质的服务给客户。客户致电求助，客服人员必须为用户服务，为用户解决困难，而不是敷衍客户。

当客服人员无法满足客户的要求或需要的服务时，要注意服务技巧。客服人员可以委婉地建议客户选择其他方法解决，尽量不要直接拒绝客户，以免会流失一个潜在的客户。

在家电产品领域，以前企业为客户所提供的保修期是1年左右，而现在一般都延长到3～5年，有的零部件甚至是终身保修，例如，某豆浆机的有些零部件就是终身保修的；某种品牌热水器的内胆也是终身保修的。在激烈的市场竞争中，很多企业都以延长其产品的保修期作为赢得客户的重要手段。

客户在面对同样品质的产品时，售后服务就成为其决定购买何种产品的一个重要参考依据,而企业都在努力为客户提供更多的个性化、差异化的令客户十分满意的服务。

二、客户服务的方法和技巧

今天,客户最关心的就是服务的质量,实际上服务的过程就是一个服务接待的过程,这个接待过程被分为接待客户,理解客户,帮助客户,留住客户。这四个阶段是整个服务循环图中的四大步骤。

从图 4-1 中我们可以看出,做好客户服务应学习很多技巧:怎样去接待客户、理解客户的需求、降低客户的期望值、为客户提供帮助;客户满意了以后,怎样跟客户告别、建立起很好的客户关系,以能获得再次合作的机会,从客户那里获取一种"新增"的服务等。

图 4-1   客户服务循环图

(一) 接待客户的技巧

客户对服务的感知,就是觉得服务好或不好,在很大程度上取决于一开始接待服务的质量。回忆自己作为客户,不管是去商场买东西,还是去餐厅吃饭或去维修中心维修产品,你希望在需要服务时得到什么样的接待? 见图 4-2。

接受客服时的客户希望:
➤ 客服人员面带笑容的职业化形象
➤ 客服人员较好的亲和力
➤ 客服人员虚心地听取反馈信息、理解个人的需求
➤ 感觉到客服人员对你的尊重
➤ 能够及时地提出解决办法,有能力解决问题
➤ 宽松的环境

图 4-2   客户希望的服务

1. 接待客户的准备

客户在接受某项基本服务时,最基本的要求就是服务人员能关注他直接的需求,能受到热情的接待;在不需要接待时,客户就不希望服务人员去打扰他。服务人员要想在接待客户的过程中,呈现出良好的服务技巧,就必须事先做好充分的准备工作,具体来说,服务人员在接待客户前应做好以下两个方面的准备工作。

（1）预测客户的三种需求

服务人员在接待客户之前，应先预测一下客户可能有哪些方面的需求，再分别地一一做好准备。一般来说，客户有三个方面的需求，如图 4-3 所示。

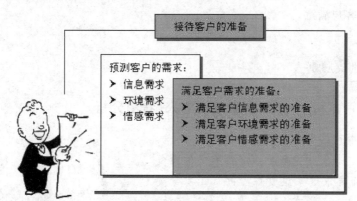

图 4-3　接待客户的准备

① 信息的需求。实际上是客户需要帮助。例如，你去餐厅吃饭，那么你会要求知道该餐厅都有什么菜，哪道菜是招牌菜，哪道菜的口味最好，多长时间能够端上来，价格是多少，等等，这些都称为信息需求。

为了满足客户的这种信息需求，就要求服务人员不断地充实自己的专业知识。因为只有服务人员很专业，才可能为客户提供令人满意的服务。

② 环境的要求。例如，在天气很热时，客户希望房间里很凉爽；如果这次服务需要等候很长时间，客户一定会需要一些书刊、杂志来消磨时间，这些称为客户对环境的需求。

很多大商场都有托管儿童的区域，对于家长来说，有了儿童托管，他们就可以自由地去选购商品了，而把孩子交给商场的员工管理，那里设置了一些玩具，儿童们可以在里面尽情地玩。

在麦当劳、肯德基里也设有专门的儿童乐园，以满足有小孩家长的需要。

③ 情感的需求。客户都有被赞赏、同情、尊重等各方面的情感需求，服务人员需要理解客户的这些情感。例如，客户可能会跟你讲，你看我这么一大把年纪了，跑到你这儿来，来回坐车就得倒三趟，如果你能把这件事情在电话里帮客户解决就好了；如果客户说，你看，这么大热的天，到你们这儿来，我骑车已骑了半个小时，浑身都湿透了，如果你能跟客户说，今天天气很热，我给您倒一杯水吧，那么客户听了就会感到很舒服。这些就是客户的情感需求。

满足客户的这种需求的难度是相当大的，要做好这方面的准备工作也是相当不容易的。这就需要服务人员有敏锐的洞察力，能够观察到客户的这些需求并加以满足。

（2）做好满足客户需求的准备

服务人员在认识到客户的三种需求以后，就应该根据客户的这些需求做好相应的准备工作。如果服务人员能根据本行业的特点做好这三方面的准备工作，在真正面对客户时就有可能令客户满意。

正在康复的老人（看图分析）

从图 4-4 中可以得到如下信息。

信息需求：老人首先需要一套最有效的康复治疗方法，因而要求这家康复中心的员工本身要有很强的专业知识，能充分地指导老人最有效、最安全地使用这种方法进行治疗。

环境需求：环境应该安静和舒适，房间的温度应该适宜，老年人的腰可能不是很好，那么如果给她垫一个枕头，她会感到舒服一些。在康复器械的摇把上包一些柔软的绒布，老人会感觉更舒服。如果能加上一些轻松的背景音乐，会更好。

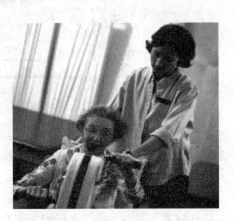

图 4-4　正在康复的老人

情感需求：这位服务人员既能提供很好的专业知识，又能提供很好的环境，然后在伴随老人进行康复治疗的过程中，能尽量地陪她聊聊天，让她心情变得好起来，说一些安慰和鼓励的话，老人的心情就会变得更加舒畅，就是满足老人情感需求的体现。

2. 迎接你的客户

服务人员在做好充分的准备工作后，下一步的工作就是迎接客户。服务人员在迎接客户时要做好以下几个方面的工作。

（1）职业化的第一印象

对客户来讲，他会非常关注对方带给他的第一印象。对服务人员来讲就是你穿着怎么样，给别人感觉你是不是很专业，最好让客户一看到你就能很快地判断出你的职业，甚至你的职业水准。例如，你去医院看病，一进医生的办公室，你通常就能看出来，这个人是教授，是实习医生，还是护士。因此，服务人员在欢迎客户时一定要呈现出职业化的第一印象。

（2）欢迎的态度

态度是非常重要的，因为它决定着客户对于整个服务的一种感知。在一开始时以怎样的态度去接待你的客户，将决定整个服务的成败。所以，对于服务人员来说，在欢迎客户时，一定要时常发自内心地展现微笑，要以一种欢迎的态度对待你的客户。比如，主动同客户打招呼，以表示对客户的欢迎，如"您好"、"欢迎光临"、"您想看点什么"。它所传达的信息是：欢迎顾客的到来，关心顾客的购买，愿意为顾客提供良好的服务。也可用目光迎接顾客，让顾客在轻松自由的氛围下接受服务。无论用什么方法来迎接客户，请记住一点，以欢迎的态度主动迎接顾客，欢迎是最主要的。

（3）关注客户需求

关注客户需求，就是要关注客户的信息需求、环境需求、情感需求。

有一次某客户去某宾馆时，拿着两个包，一个大包，一个小包，因为小包里面装的都是书，很沉。进入宾馆的时候，门童帮他把门打开之后，伸出手接过他的小包，对他说："先生，我可以帮您吗？"因为门童看到他提小包的那只手看起来很吃力。这说明门童对客户的需求很关注，他会很细心地发现这些东西，然后去满足客户的需求。

（4）以客户为中心

服务人员应该以客户为中心，时刻围绕着客户，那么就意味着当你为这个客户提供服务时，即使旁边有人正在叫你，你也必须先跟客户说，"非常抱歉，请您稍等"，然后才能去跟别人说话，一说完话马上就接着为客户服务。让客户觉得你比较关注他，以他为中心。

金星汽车客户满意度回访

李宇是金星汽车特约维修中心的客户经理，在最近一段时间，他通过电话回访进行客户满意度的调查。今天早上他一到公司，就开始了电话拜访。

场景1：

"是王刚吗？"

"我是，哪位？"

"我是金星汽车特约维修中心的。"

"有事吗？"

"是这样，我们在做一个客户满意的调查，想听听您的意见？"

"我现在不太方便。"

"没有关系，用不了您多长时间。"

"我现在还在睡觉，你晚点打过来好吗？"

"我待会儿也要出去啊，再说这都几点了，您还睡觉啊，这个习惯可不好啊，我得提醒您。"

"我用得着你提醒吗？你两小时后再打过来。"

"您还是现在听我说吧，这对您很重要，要不然您可别怪我。"

客户挂断电话。

场景2：

"您好,请问是王刚先生吗?"

"我是,哪位?"

"您好,我是金星汽车特约维修中心的客户经理,我叫李宇。"

"有事吗?"

"是这样,您是我们公司的老客户,为了能为您提供更好的服务,我们现在在做一个客户满意度的调查,想听取一下您的意见,您现在方便吗?"

"我现在不太方便"。

"噢,对不起,影响您工作了。"

"没有关系。"

"那您看您什么时候方便呢,我到时候再给您打过来。"

"你中午再打吧。"

"那不会影响您吃饭吗?"

"你十二点半打过来就可以了。"

"好的,那我就十二点半打给您,谢谢您,再见!"

点评:第一个回访是比较差的,在这里李宇在提问语气的使用上就有问题,更何况他没有考虑客户的当时情况,没有站在客户的角度上思考问题,从而导致回访没能达到预期的效果,也给客户留下了十分不好的印象。

第二个回访是比较成功的,在这里,李宇运用了一些技巧,先站在客户的角度思考问题,给客户留下了比较好的印象,在下次回访时则能得到预期的效果。

(二) 理解客户的技巧

当服务人员接待了客户以后,接下来要做的就是了解客户有什么样的需求,客户希望服务人员为他做什么,这是服务人员成功地帮助客户的一个前提。具体来说,理解客户需要具备三大技巧,那就是听、问和复述。

听。服务人员应微笑着并用眼睛看着对方听。对对方所说的话给予恰当的及时回应,或点头,或微笑。必要时还要对客户在谈话过程中提到的问题做记录。

问。服务人员应善于运用提问的技巧,准确地提出问题,迅速发现客户的需求。

复述。服务人员还应抓住整个谈话过程,对客户谈到的问题做个复述,以确认是否明白了客户的需求,以便提供更优质的服务。

 小 案 例

"技术难题"的情感理解

在办公室里,赵军正在给自己的威力计算机的售后服务中心打电话:"听着,你们上次来修计算机时,是修好了,可是你们一走,系统就不行了。"

"怎么会这样呢? 对不起,您先别着急,我马上帮您解决。"

"我不能整天没事干,光是陪着你们修这台破计算机,你知道吗,我现在办公桌上的文件都快有半米高了,就因为你们卖给我的这台破计算机,害得我丢了所有的文件,你知道这些被删掉的文件对我有多重要吗?我至少也需要用3个月的时间才能恢复。这个损失谁来赔我?!"

"我能够想象那些文件对您有多重要,我也非常想帮助您,我想,现在对于您来说最重要的就是马上解决问题。"

"我现在就是想不明白,我当时是不是脑袋进了水,我怎么就买了你们的破计算机呢?"

"我知道您现在很生气,请您相信我们的售后服务承诺是有保证的。"

"你们的售后服务,对,你们是有8小时的服务承诺,你们也按时来修了,可是你们已修了多少次,最后修好了吗?8小时服务承诺,你就是1小时的服务承诺对我来说又有什么意义呢?"

"您说的情况是个事实,我也很抱歉,我们会尽力地解决这个问题,请相信我。"

"现在我们同事都笑话我买的这台害人的破计算机,有人还说我是不是吃了回扣了,你知道吗?就那台计算机,比你们公司卖得便宜的满街都是!你拍拍良心,我拿了你们一分钱回扣吗?"

"这一点您尽可放心,谁不知道您是位很正直的人,如果有需要,我和我们公司都可以为您证明。"

"这事如果被我们经理知道了,还不知道会有怎样的后果呢,闹不好我连饭碗都得砸在你的手里。"

"我理解您的处境,您不要太担心,我会尽快地帮助您解决这个问题,请您放心,好吗?"

"那好吧,我等你的消息。"

点评:在案例中,威力计算机的服务人员做得比较成功,他成功地站在客户的角度上思考问题,一步接一步地去平息赵军的怒火,将客户拉到了妥善解决问题的轨道上来。

1. 倾听的技巧

（1）倾听的定义

倾听是一种情感的活动,它不仅仅是耳朵能听到相应的声音。倾听还需要通过面部表情、肢体的语言,还有用语言来回应对方,传递给对方一种你很想听他说话的感觉,因此倾听是一种情感活动,在倾听时应该给客户充分的尊重、情感的关注和积极的回应。

小知识

"听"字的中文繁体(聽)里有一个"耳"字,说明听是表示用耳朵去听的;听字的下面还有一个"心"字,说明倾听时要用"心"去听;听字里还有一个"目"字,说明你听时应看着别人的眼睛;在"耳"的旁边还有一个"王"字,"王"字代表把说话的人当成帝王来对待。

从听字的繁体结构中可以看出,倾听时不仅要用"耳朵",还要用"心",用"眼睛",更重要的是要充分地尊重对方。

（2）听事实和情感

倾听不但要听清楚别人在讲什么，而且要给予别人好的感觉。因此，服务人员需要听两点：

第一，听事实。倾听事实意味着需要能听清楚对方说什么。要做到这一点，就要求服务人员必须有良好的听力。

第二，听情感。与听事实相比，更重要的是听情感。服务人员在听对方说事实时，还应该考虑客户的感受是什么，需不需要给予回应。

 小案例

A 对 B 说："我昨天看中一套房子，决定把它买下来。"B 说："哦，是吗？在哪儿呢？恭喜你呀。"A 看中了房子，想买下来，这是一个事实，B 问房子在哪儿，这是对事实的关注，"恭喜你"就是对 A 的情感关注。

点评：A 把事实告诉 B，是因为他渴望 B 与他共同分享他的喜悦和欢乐，而作为 B，应对这种情感加以肯定。对于服务人员而言，就是运用倾听的技巧，通过你的面部表情，肢体语言，给予客户恰当的及时回应。例如，客服人员对客户说："现在你就是这方面的专家，你真的是很内行。"这就是对客户的一种情感的关注。而在这种关注之前，服务人员在听到客户谈话时应该分辨出哪些是情感的部分，哪些是事实的部分。

（3）提升倾听能力的技巧

第一，永远都不要打断客户的谈话。

一般情况下，人们并非喜欢或习惯打断别人的谈话，很多时候是因为一些人的倾听能力很差，而有意识地打断对方的谈话。

无意识地打断客户的谈话是可以理解的，但也应该尽量避免；有意识地打断别人的谈话，对于客户来讲是非常不礼貌的。当你有意识地打断一个人说话以后，你会发现，你就好像挑起来了一场战争，对方会以同样的方式来回应你，最后你们两个人的谈话就可能变成了争吵。因此有意识地打断是绝对不允许的。

第二，听清对方的谈话重点。

当你与对方谈话时，如果对方正确地理解了你谈话的意思，你一定会很高兴。

能听清楚对方的谈话重点，也是一种能力。因为并不是所有人都能清楚地表达自己的想法，特别是在不满、受情绪影响的时候，经常会出现"语无伦次"的情况。而且，除了排除外界的干扰，专心致志地倾听以外，你还要排除对方的说话方式给你造成的干扰，不要把注意力放在说话人的口吃、地方口音、语法错误或"嗯"、"啊"等习惯用语上面。

第三，适时地表达自己的意见。

谈话必须有来有往，所以要在不打断对方谈话的原则下，适时地表达自己的意见，这是正确的谈话方式。这样做还可以让对方感受到，你始终都在注意倾听，而且听明白了。

第四，肯定对方的谈话价值。

在谈话时，即使是一个小小的价值，如果能得到肯定，讲话者的内心也会很高兴，同时

对你产生好感。因此,在谈话中,一定要用心地去找对方的价值,并加以积极的肯定和赞美,这是获得对方好感的一大绝招。比如对方说:"我们现在确实比较忙",你可以回答:"您坐在这样的领导位子上,肯定很辛苦。"

第五,配合表情和恰当的肢体语言。

当你与人交谈时,对对方活动的关心与否直接反映在你的脸上,所以必须配合恰当的表情和肢体语言。但要牢记切不可过度地卖弄,如过于丰富的面部表情、手舞足蹈、拍大腿、拍桌子等。

第六,避免虚假的反应。

在对方没有表达完自己的意见和观点之前,不要做出比如"好,我知道了"、"我明白了"、"我清楚了"等反应。这样空洞的答复只会阻止你去认真倾听客户的讲话或阻止客户的进一步解释。

在客户看来,这种反应等于在说"行了,别再啰唆了"。如果你恰好在他要表达关键意思前打断了他,客户可能会大声反抗:"你知道什么?"那就很不愉快了。

2. 提问的技巧

在理解客户的过程中,只善于倾听是远远不够的,还必须适当地向客户提出问题,以真正了解客户的需求。

(1) 提问的目的

现在的服务行业面临着一个同样的困扰,就是每一名服务人员在一线的服务岗位上都承担着超负荷的工作,工作压力非常大。

像中国移动和中国联通这样的大型企业,它们客户服务中心的服务人员每天接听电话的数量都会超过260个。每天去接大量的电话,员工势必会非常疲惫,这样就会导致服务质量的下降。这些企业的客户服务部门对员工都有一个接通率的要求。如果服务人员只是让客户讲,自己听,而且还表现出很有兴趣听的样子,那么一碰到滔滔不绝的人,把他所有的遭遇没完没了讲给你听,这名服务人员就很难完成接通率的任务了,而且别的客户的电话必然打不进来,同样会导致整个企业服务质量的下降。

因此,在服务过程中,服务人员只善于倾听是远远不够的,也很难给客户提供满意的服务,还应学会怎样去结束客户的谈话等服务技巧。

服务人员在倾听的过程中,应该迅速找出客户的需求。如果客户的需求不明确,服务人员必须帮助客户找到一种需求,通常情况下就是通过提问来达到这种目的,所以说提问的目的就是能迅速而有效地帮助客户找到正确的需求。

当然,服务人员提出的问题都应该是有针对性的,然后帮助客户来作出相应的判断:他的需求是什么。一些优秀的服务人员往往通过几个问题就能迅速找到客户的核心需求究竟在哪里。

(2) 开放式问题的使用技巧

开放式问题就是让客户比较自由地把自己的观点尽量都讲出来。这种提问的方式可以帮助服务人员去了解一些情况和事实。比如,当你去医院看病时,医生问你哪里不舒服,这就是一个开放式的问题。开放式的问题可以帮助服务人员了解客户的需求,问题出在哪里。

一般来说,在服务一开始时,服务人员使用的都是开放式的提问。但由于开放式的问题,客户的回答也可能是开放的,很多时候根本起不到有效缩短服务时间的作用,因此,在很多时候服务人员还需要使用封闭式的问题进行提问。

(3) 封闭式问题的使用技巧

封闭式问题的使用是完全帮助客户来进行判断,客户面对你的问题时只需要回答是或者不是。封闭式的提问需要服务人员拥有很丰富的专业知识。大量地使用封闭式问题还有一个前提就是所有的回答都必须是肯定的。

如果所有的回答都是肯定的,那么你的客户就会觉得你很职业,因为你有非常准确的判断能力。服务人员能正确地、大量地使用封闭式的提问,能充分地体现这名服务人员的职业素质。

小王自己不懂车,他感觉到车的发动机在怠速时,会"当当当"响,觉得响得很讨厌。然后就把车开到了修理厂。一个小伙子接待了他,问车怎么了。小王就说发动机有问题了,响声很大;接着又问,哪儿响? 小王说不清具体是哪儿响,反正就这一块儿;是吗,什么时候开始的? 小王说大概有一星期了。

小伙子在车上东看看西看看,也找不到问题究竟出在哪里。过一会儿他把师傅找过来了,他师傅过来以后,提问的方式就马上转变了,第一个问题是发动机的机油换没换,小王说好像是一个月之前换的。接着师傅又问,你这两天车是不是经常发动后不走,小王回答说是有这种情况。然后师傅又问化油器清洗过吗,小王说前段时间洗的。这时师傅说可能毛病出在化油器上,一看果然如此,化油器堵住了。

小伙子提出的一些开放式问题没有起到作用,他的师傅一用封闭式的问题提问,就马上找到了发动机有响声的原因。这就说明小伙子的师傅有很丰富的专业知识和非常准确的判断能力。

(4) 如何使用提问技巧来妥善地解决客户的需求

在提问技巧中开放式和封闭式两种问题都有必要,一般情况下如何使用呢? 通常都是先提一个开放式的问题:"有什么需要我帮忙的吗?"然后马上转入封闭式的问题,两种提问的技巧交互使用,迅速地判断出客户的问题所在。当然如果服务人员能够很成功地运用封闭式问题,马上就能把客户的问题找出来,说明他的经验非常丰富,因为多数服务人员在提封闭式问题时都是运用个人的经验来做出判断,这是提问的技巧。

3. 复述的技巧

复述技巧包括两个方面:一方面是复述事实,另一方面是复述情感,这与倾听的内容是相同的,因为复述也就是把你所听到的内容重新叙述出来。

（1）复述事实

复述事实的目的是为了分清责任、提醒客户和体现职业化素质。

① 分清责任。服务人员通过复述，向客户进行确认，印证所听到的内容，如果客户没有提出异议，那么再有问题，责任就不在服务人员身上了。

② 提醒作用。复述事实还可以提醒客户是否还有遗忘的内容，是否还有其他问题需要一起解决。这是针对那些客户自己也搞不明白自己究竟需要什么东西时采取的，当你重复完，可以问问客户还有没有什么要补充的，如果客户说没有了，就可以进入解决问题的阶段了。

③ 体现职业化素质。复述事实还可以体现服务人员的职业化素质。对事实的复述不仅能体现出服务人员的专业水准，更重要的是让客户感觉到对方是在为自己服务，自己是被服务的客户，这种感觉很重要。这在一定意义上满足了客户情感的需求。

（2）复述情感

复述情感就是对客户的观点不断地给予认同，比如：您说得有道理；我理解您的心情；我知道您很着急；您说得很对，等等，这些都称为情感的复述。在复述的过程中，复述情感的技巧是最为重要的，使用时也非常复杂。

在复述客户说过的话时，应逐字逐句地重复，做到不辩解、不证明和不解释，不马上得出结论。当客户表示他说完了之后，再敞开思路，寻找最好的解决方法，注意时刻照顾客户的情感。通过复述情感可起到如下作用：

① 建立和谐的关系；

② 确保能理解客户的叙述；

③ 争取时间考虑下面要说的话；

④ 重组客户的讲话，借此改变客户的体验。

（三）帮助客户的技巧

1．提供信息和选择

（1）客户需要更多的信息和选择

如果服务人员能有 4～5 套方案供客户从中自由选择，就算最后这 5 个方案客户都不喜欢，他也会体谅你，觉得你确实已经竭尽全力了，就会从中选择一个比较适合自己要求的方案。所以更多的信息和选择是客户需要的。

（2）更多的信息和选择等于增值服务

当客户已经认识到他的期望值本身就不够合理时，服务人员为客户提供更多的信息和选择就等于增值服务。

 小案例

你在餐厅吃完饭后，把服务员叫过来结账，你问能不能打折。服务员告诉你，对不起，我们这里不能打折。你可能会说我老在你们这里吃饭，怎么不能打折呢？你去帮我问一下。服务员去了一会儿回来跟你说，真对不起，不能打折。没办法，你可能把账付了，但是心里会觉得很不舒服。如果服务员跟你说，我去问问我们的主管，然后转一圈他回来告诉

你,他帮你问过了,确实不能打折,但他可以送你一张优惠卡,你下次再来的时候给你一个优惠,这时你会很高兴地付账离开。在这里,你已经明白不能打折,给你优惠卡就是增值服务。

2. 设定客户期望值

服务人员要了解客户的期望值,了解客户期望值的产生和它的变化,了解客户的不同期望值有什么样的排序后,就应该去学习另外一个重要技巧,即如何有效地去设定客户最有可能实现的比较现实的期望值。

(1)设定期望值的目的

设定客户期望值就是要告诉客户,哪些是他可以得到的,哪些是他根本无法得到的。最终目的就是为了能够跟客户达成协议,这个协议应该建立在双赢的基础上。

如果你为客户设定的期望值和客户所要求的期望值之间差距太大,就算运用再多的技巧,恐怕客户也不会接受,因为客户的期望值对客户自身来说是最重要的。因此,如果服务人员能有效地设定对客户来说最为重要的期望值,告诉客户什么是他可以得到的,什么是他根本不可能得到的,那么最终协议的达成就要容易得多了。

(2)降低期望值的方法

当服务人员无法满足客户的期望值时,就只能想办法去降低客户的期望值。

① 通过提问了解客户的期望值。通过提问可以了解大量的客户信息,帮助服务人员准确地掌握客户的期望值中最为重要的期望值。

假如一位客户去买油漆,我们的服务人员向他推荐"立邦漆",并向他介绍这种油漆的质量非常好,5年或10年都不会退色。可价钱相对来说贵了一些,是普通油漆的2倍。如果这位客户是个开饭店的客户,他就会说,这个油漆是不错,就是太贵了点儿,能不能便宜些。服务人员告诉他不行,因为这种油漆刷在墙上5年都不退色。但是在这时对客户来说5年不退色对他不重要,因为一家饭店不可能5年才装修一次。

假如这位客户买油漆是家用的,服务人员告诉他这油漆比较贵,他也可能不认同你的价格,但是如果你告诉这油漆5年不退色,品质是很有保障的,如果服务人员能使客户认识到品质对于他来讲是最重要的,可能他就会接受这种观点。

对饭店老板来说,油漆5年不退色是一种无用价值,他就不会接受服务人员的观点;而对家庭个人来说,5年不退色就是一种有用的价值,他就会接受服务人员的观点。

② 对客户的期望值进行有效排序。服务人员应该帮助客户认清哪些是最重要的。当然人与人之间的期望值是不一样的,这对服务人员也是一个挑战。

张先生要到广州出差,他去买飞机票。售票员在卖给他飞机票时,发现张先生的期望值包括4点:

- 晚上 6 点钟之前到达广州——因为在广州有很多朋友等着他,晚上要给他接风吃饭;
- 希望机票打 6 折——因为他的公司只能够报销 6 折;
- 机型是大飞机——因为大的飞机会比较安全和舒适;
- 是南方航空公司的飞机——因为他觉得南航的飞机比较安全。

他的期望值列出来了,售票员就帮他查了一下,发现没有哪一次航班是能完全满足他的期望值的,最后就提供了 4 个方案供他选择:

方案一,南航的大飞机,晚上 6 点钟之前到,价格是原价;

方案二,国航的小飞机,价格是 6 折,当天晚上 6 点之前到;

方案三,南航的大飞机,价格 6 折,时间是晚上 11 点到;

方案四,国航的大飞机,价格是 7 折,能在晚上 6 点之前到。

假如张先生是一位非常注重信誉的人,跟朋友约好了晚上吃饭,就不能让朋友等着。那么他就不可能选择南航的晚班 11 点到的飞机。他知道那架南航晚班飞机是最好的,飞机是大机型,又有 6 折的票,唯一不能满足的就是时间晚一点,如果你推荐给他这个方案,他就不能接受,因为他认为朋友的聚会是第一位的。这时候他会去选择其他三种方案之一,这还要看他的第二个期望值是什么。

如果他认为价格是第二重要的,那么南航的原价就被排除掉了,国航的 7 折的票价也被排除掉了。剩下的选择就只能选择国航的小飞机,这班飞机既是 6 折,又能够在晚上 6 点到,不过这班不是大飞机,同时也不是南航的,但是如果他个人认为价格是排第二位的,他就会选择这种方式。

如果他是把时间排在第一位,安全和舒适排在第二位和第三位,价格无所谓,那么他最有可能接受的是南航的原价的机票。

如果这位客户是把价格排第一位的,把朋友排在第四位的,那么最佳的方案就是南航的晚班飞机,既是大飞机,又便宜,就晚点到,让朋友等着吧,晚餐改消夜就可以了。

不同的人会有不同的期望值,在推荐的过程中,你必须要知道哪些是客户能够接受的,哪些是客户不能够接受的,这样你的推荐才会有效,你才能够说服客户。

③ 当客户的某些期望值无法满足时。当你发现客户的某些要求是你完全无法满足时,你只能去告诉客户,就是我能给你提供的使你比较满足的期望值对你而言实际上是真正重要的,而我不能够满足的那些期望值对你而言实质上是不重要的,这样客户才会有可能放弃其他的期望值。

但是作为服务人员必须牢牢记住的是,当你不能满足客户的期望值时,一定要说明理由,并对客户的期望值表示理解。

④ 客户只有一个期望值却无法得到满足时。当客户只有一个要求却无法得到满足时,如图 4-5 有以下几种应对技巧。

总之,满足不了客户期望值时,只能首先承认客户期望值的合理性,然后告诉客户为什么现在不能满足他。

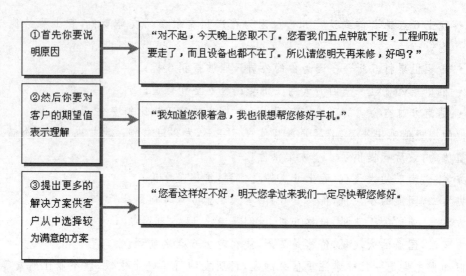

图 4-5　当客户要求无法满足时的应对技巧

被取消的酒店预订

孙雁是某家酒店预订中心的电话服务人员,负责帮助客户预订青岛市的各家酒店,现在正处在旅游的高峰期,她感到了很大的工作压力。由于旅游人数的急剧上升,所有酒店的生意都很好,平时,预订的客户来得晚一点儿,酒店都会保留房间,而现在只要一超过预订保留时间,就马上卖给了其他客人,并且由于交通繁忙,经常出现预订客户晚到的情况,由此引发的投诉也急剧增多。这时,她接到了一位客户的投诉电话。

原来高亮偕同家人去青岛旅游,临行前,他通过某家酒店预订中心预订了当地的一家酒店,谁知高亮下午 4 点到了酒店,被告知因为高亮来晚了一个小时,被取消了预订,现在酒店已经没有房间了,可是高亮明明在预订酒店时告诉了预订中心 4 点钟之前到,可是酒店前台说预订中心打电话来订房时,说是保留到下午 3 点,所以没有继续保留;看着一家老小和满地的行李,高亮终于愤怒了,高亮拨通了那个酒店预订中心的服务热线,一定要找他们评评理。

"您好!这里是青岛酒店预订中心,32 号为您服务,请问有什么可以帮助您的?"

"我就找你们!你们是怎么搞的啊,我明明订好了酒店,你们也说没问题,结果现在酒店却又告诉我没房,我现在一家老小就待在大堂,你说怎么办吧,我要投诉你们!"

"先生,对不起!我知道您很着急,我一定会尽力地帮您解决。请别担心!请问您怎么称呼?"

"我叫高亮,你们那里都有登记!"

"好的,高先生,请稍等,我马上帮您查一下。"

"查到了,您预订的是青岛大酒店的大床房一间,时间是 7 月 8 号到 11 号,共 4 天,对吗?"

"没错。"

"请问您今天是几点钟到的酒店前台?"

"大概4点钟,酒店告诉我因为我来晚了一个小时,他们就取消了预订,现在酒店已经没有房间了,我明明在预订酒店时告诉了你们4点钟之前到,可是酒店前台说你们打电话来订房时,说的是保留到下午3点,所以没有继续保留;这完全是你们工作的失误,你说现在究竟怎么办吧?"

"对不起! 高先生,我知道您很着急,我会帮您解决的,您当时确定是告诉了我们的服务人员您到达的时间是下午4点钟吗?"

"当然是,不信你可以去问!"

"我相信您说的,您现在的问题是需要青岛大酒店的大床房一间,并且希望马上入住,对吗?"

"没错,你赶快帮我解决!"

"好的,高先生,您看这样好吗? 我马上和青岛大酒店联系,10分钟后给您打电话,您看好吗?"

"好吧,你可得尽量快一点儿,我这一家老小都在这儿等着呢!"

"您放心吧,我知道您很着急,我一会儿打电话到总台,她们会请您听电话的,好吗?"

"好吧。"

"再见,高先生"

"再见!"

10分钟后,总台小姐请高先生听电话,"请问是高先生吗?"

"我是。"

"高先生,你好,我是酒店预订中心的孙雁,刚才和您通过电话的。"

"我知道了,事情办得怎么样了?"

"很抱歉,让您久等了,我刚才查询了您的资料,也和前台联系过了,现在青岛大酒店的大床房确实已经没有了,因为您是登记时说过下午4点到,但是青岛大酒店的订房规定是房间只保留到下午3点,而现在又是旅游高峰,所以请您谅解。"

"我为什么要谅解? 当时订房的时候干吗不告诉我?"

"您先别着急,是这样的,当时我们和酒店联系时,酒店答应在没有客人的情况下,可以保留到下午4点,可是不巧正好当时有客人要入住,所以就没有给您保留,不过您放心,我一定帮您解决好。您看这样行吗? 我和前台交涉过,现在可以先给您安排一个标准间,再给您的孩子加一张床,这样价格还比您预订的房间便宜80元,您看这样可以吗?"

"钱我不在乎,我就是想要大床房。"

"我知道您肯定不在乎钱,高先生,那您看这样好吗? 我们中心还有另外的签约酒店,那里有大床房,离您那里也不远,如果您愿意,我马上帮您联系那边,您看行吗?"

"这么热的天,我还有这么多行李,你又让我折腾一次啊?"

"我觉得也是,高先生,您看我再提一个建议好不好,天气太热,您旅游的时间又很宝贵,再折腾是很麻烦,我建议您先住下来,然后我会和前台联系,让她们一有退房的马上给您调到大床房,这样既满足了您的要求,又不会耽误您的宝贵时间,您看好吗?"

"那也只能这样了,好吧,我就是不想再折腾了。"

"我觉得也是,高先生,那您一会儿就直接在前台办理吧,我会和她们打好招呼,您看好吗?"

"好吧,谢谢你!"

"您别客气,这是我应该做的,我们为发生这样的事情再次向您表示歉意,感谢您对我们中心的信任和支持,如果再有什么问题您可以随时打电话给我们,我们会尽力帮助您,好吗?"

"好吧。"

"那好,我祝您全家在青岛度过愉快的假期! 再见,高先生!"

"再见!"

点评:从本案例可以看到,在一开始时,必须知道这个客户的期望值是什么,这个客户的期望值是非常高的,后来,这个服务人员运用了一些降低期望值的方法,并提供更多的信息和选择,最终跟客户达成了协议。

3. 达成协议

(1) 确定客户接受的解决方案

达成协议就意味着你要确定客户来接受解决方案,服务人员会把一种方案提出来,问客户,您看这样可以吗,这就称为确定客户接受你的解决方案。

(2) 达成协议并不意味着一定是最终方案

有的时候,达成协议并不意味着就是最终的方案。在很多时候,服务人员所做的是一些搁置问题的工作,即问题很难解决,只能先放在一边搁置。例如,有时你确实无法满足客户的要求或者说在你的能力范围之内无法解决这个问题,这时你只能向客户表示:我很愿意帮助您,但是我的权力有限,我会把您的信息传达到相关的部门,然后他们会尽快地给您一个答复,您看行吗? 这个服务就结束了。因此当时达成协议并不意味着就是最终方案。

(3) 达成协议的方法

首先,你需要建议一个承诺,就是您看这样可以吗? 您能接受吗? 建议一个承诺出来,如果同意就可以;如果不同意,就搁置一个需求,搁置一个问题,把这个问题放到下边去做,但最终的目的还是要获得客户一个承诺,就是他同意按照你们所商定的方式去进行。如果是这样,你才能觉得帮助客户的阶段基本上可以结束了。

 小案例

自动关机的手机

"对不起,让您久等了,告诉您一个好消息,您的手机没有问题。"

"不可能,没有问题怎么会自动关机呢?"

"您别着急,是这样的,这款手机的开关键比较突出,很可能是您放在包里或者口袋里碰到了按键,造成了关机。"

"那这个手机更不能要了！难道我天天要把手机挂脖子上啊？算了，你还是给我退了吧！省得我操这份心！"

"这个您不用担心，这款手机有键盘锁，您只要开启键盘锁的功能，就应该没有问题了。"

"那太麻烦了，我还要每次接电话的时候先开锁，累不累啊，你还是给我退了吧！"

"我很理解您的心情，我也真的想帮您解决这个问题，可是按照公司规定退货由经销商在包退期内负责，维修中心不能给予退货，而您的手机已经超出包退期了，同时您的手机也检查了没有问题，再说，您刚才也说了，您是看了这款手机的广告才买的这个手机，这说明您一定也很喜欢这款机型，我觉得它也很适合您，退了实在太可惜了，您说呢？"

"您看这样好不好，这个手机您先拿回去用，按照我跟您说的方法，如果再出现这种问题，您再拿过来，我帮您解决，您看可以吗？"

"我就是嫌开锁关锁太麻烦了。"

"这我能理解您，不过除了折叠式和翻盖式手机，键盘都有可能存在这样的问题，您平时只要多注意，手机放在兜里或包里时，尽可能别挤压，就不会有什么大问题，您看呢？"

"那如果还有问题怎么办？"

"您放心，如果还有问题，您可以及时联系我们，我们一定会尽力帮您解决的。"

"那好吧，有问题我再来找你！"

"没问题，您有事尽管找我，也可以先打店里的电话，我叫赵霞，您还有什么需要我做的吗？"

"现在没有了，谢谢你！"

"别客气，很抱歉，让您跑这么远，谢谢您对我们公司的信任，您走好，再见！"

点评：从案例可以看到，服务人员通过设定期望值，然后降低客户期望值，给客户提供更多的信息和选择，最终和客户达成协议。

服务人员应该自始至终保持一种态度，就是你一直以来都非常想帮助客户，你也认同客户的想法的合理性，但你还是无法满足客户的期望，这种态度对客户的感受是很重要的。然后解释你为什么不能退货，并为客户提供更多的信息和选择，帮助客户设定期望值，并最终达成协议。

（四）留住客户的技巧

在整个服务过程中，如图4-6所示，服务代表先后经历了接待、理解、帮助客户的三个阶段，剩下最后一个阶段就是如何留住客户。怎样才能留住客户？对此，服务人员必须做的五件事是：

（1）检查客户对我们提供的服务是否满意；

（2）对客户接受我们的服务表示感谢；

（3）对客户的投诉表示抱歉；

（4）与客户建立联系；

（5）与客户保持联系。

在服务工作中，留住客户对企业的发展是非常重要的，因此在这个阶段就需要服务代

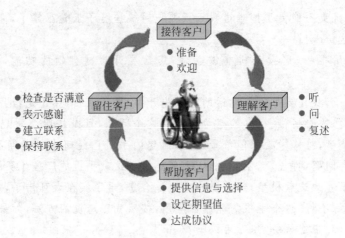

图 4-6   留住客户的循环图

表运用一定的服务技巧以达到留住客户的目的。留住客户的步骤如图 4-7 所示。

1. 检查满意度的技巧

对服务代表来讲,在结束服务以后,留住客户这个阶段,检查客户对他工作的满意程度是很有必要的。而满意度的检查有标准的服务用语。

什么是标准的服务用语?就是服务代表在结束服务之前经常会说的"您看还有什么需要我为您做的吗?"而不应该很直白地提出:"您对我这次服务满意吗?"因为直白式的提问,客户会顾及你的面子,因而达不到预期的目的。

因此,一名真正职业化的服务代表,他在结束一次服务之后都会使用标准的服务用语。

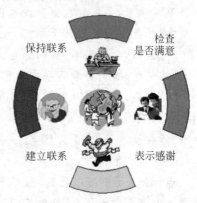

图 4-7   留住客户的步骤

2. 向客户表示感谢

作为服务代表,你要为客户给你带来一笔生意表示感谢。可以说:"感谢您对我们企业的信任","感谢您对我们企业长期的支持","谢谢您的光临",等等;也可以说:"感谢您在整个项目中对我个人的支持"等。这一点对服务代表来讲,必须做到,因为这也是客户所需要的。如果面对的是客户的投诉,就要先表示抱歉。

3. 对客户的投诉表示抱歉

为了使顾客的情绪更加平静,即使顾客是错的,也要致歉,因为这是为顾客情绪上所受的伤害表示歉意。道歉要有诚意,要发自内心不能口是心非,否则就会让顾客觉得是心不在焉的敷衍,会更加不满。即使是问题的对与错还不是很明确,需要进一步认定责任承担者时,也要首先向顾客表示歉意。但要注意,不要让顾客误以为公司已完全承认是自己的错误,我们只是为情况而致歉。例如可以用这样的对白:"让你感到不方便,不好意思"或"给你添了麻烦,非常抱歉"。这样有助平息顾客的愤怒,又没有承担可导致顾客误解的具体责任。如果是顾客出了错,我们也不能去责备。要记住,当顾客做错时他们也是正确的,他们也许不对,但他们仍是顾客。

我们可能无法保证顾客在使用产品的过程中百分之百满意,但必须保证当顾客因不满而找上门时,在态度上总是能够百分百的满意。

4. 与客户建立联系的技巧

在留住客户这个阶段,与客户建立联系是非常关键的。

在整个服务过程中,不管是通过电话服务,还是面对面地服务;或主动的电话拜访客户也好,或是客户打电话过来投诉也好,作为服务代表的你都应该把它当作一次改善服务的机会,这时一定要跟客户建立一种联系。

如何与客户建立联系呢?你可以对客户说:"如果下一次您再遇到相同的问题,您可以直接打电话找我。如果我不在,您也可以找其他的同事,我会把您的一些资料和情况告诉我的同事,如果您有问题,他们都可以帮助您。"

5. 与客户保持联系的技巧

与客户保持联系被称为客户关系管理。如果长时间地跟客户保持良好的关系,可以让客户感受到更好的服务,可以避免竞争对手把你的客户抢走。如果一家企业长时间不与客户保持任何关系,就不会知道客户究竟对企业的满意程度如何,也就没法针对客户的不同需求去改进企业的服务,也就不可能在竞争中取得优势。

如果服务代表能对公司所有的客户提供非常完善的后续服务,能够根据客户的不同期望值进行定期回访、定期地进行新产品的推介,那么通过公司对这些客户的回访,就能够创造出新的利润和价值,因为这些新产品、新服务最终的买家是原有的老客户群体。由此可见,与客户保持联系是非常重要的。

在保险公司,人寿保险是通过员工来进行销售的,而保险行业的员工流失率非常高。那么保险行业就经常会出现一些孤儿保单。业务员离职了,保险办了,可是保险提倡的是一对一的服务,每一位保险的客户都有一位专门的业务员来负责。如果现在业务员离职了,这位客户没人理了,该交费时没有人收,打电话也不知道去找谁。如果保险公司认识到这一点,就会进行孤儿单的托管工作,这种托管工作就是当任何一位业务员离职以后,这张订单就会被转到客户服务中心,而客户服务中心会打电话告诉他:对不起,先生,以前负责您保单的那位业务人员现在离职了,现在您的保单由我来管理,希望您以后有任何问题时打电话给我,我很乐意为您提供服务。并告诉客户自己的姓名和电话。面对这一情况,就应该跟客户保持联系,接续上关系。这样才能留住客户,为客户提供满意的服务。

第三节 客户投诉及处理

对客户服务工作来讲,投诉的处理是一项非常具有挑战性的工作,而对服务代表来讲,如何有效地处理客户投诉,也是一个亟待解决的问题。

一、有效地处理客户投诉的意义

(一)投诉能体现客户的忠诚度

客户去投诉,很重要的一点是需要得到问题的解决,此外客户还希望得到企业的关注和重视。有时客户不投诉,是因为他不相信问题可以得到解决,或者说他觉得他的投入和产出会不成比例;而投诉的客户往往是忠诚度很高的客户。总之,有效地处理客户投诉,能为企业赢得客户的高度忠诚。

从图4-8可以看出,那些向企业提出中肯意见的人,都是对企业依然寄寓期望的人,他是希望企业的服务能够加以改善,他们会无偿地向你提供很多信息。因此,投诉的客户对企业而言是非常重要的。

美国白宫全国消费者调查统计

即使不满意,但还会在你那儿购买商品的客户*有多少?		
不投诉的客户:	9%	(91%不会再回来)
投诉没有得到解决的客户	19%	(81%不会再回来)
投诉过但得到解决的客户	54%	(46%不会再回来)
投诉被迅速得到解决的客户	82%	(18%不会再回来)

*指投诉确有原因(损失超过100美元)但还会在你那儿购买商品的客户

4%的不满意客户会向你投诉
96%的不满意客户不会向你投诉,
但是会将他的不满意告诉16~20个人

图4-8　美国白宫全国消费者调查统计

对服务不满意的客户的投诉比例是:4%的不满意客户会投诉,而96%的不满意客户通常不会投诉,但是会把这种不满意告诉给他周围的其他人。在这96%的人背后会有10倍的人对你的企业不满,但是只有4%的人会向你投诉。因此,有效处理客户的投诉,你的企业会赢得客户的高度忠诚。

(二)满意度的检测指标

客户满意度的检测指标是客户的期望值和服务感知之间的差距。客户满意度的另外一个检测指标是服务质量的五大要素:有形度、同理度、专业度、反映度、信赖度。而客户投诉在很多时候是基于服务质量的五大要素进行的,因此,对客户投诉进行分类,很多投诉都可以归入这"五度"中,即对有形度、同理度、专业度、反映度、信赖度的投诉。

(三)投诉对企业的好处

1. 有效地维护企业的形象

从美国白宫全国消费者调查统计发现:不投诉的客户有9%会回来,投诉没有解决的客户有 19％会回来，投诉没有得到解决但还会回来，是什么原因呢？客户有受尊重的需求，投诉尽管没有得到解决，但他受到了企业的重视。

例如，你对餐馆菜的质量不满意，什么也没说结完账就走了，以后再也不会来了，而有些客人则会提出菜炒得太咸或环境太差，服务员则会解释："可能您的口味比较淡，我下次给您推荐一些口味比较清淡的菜；环境以后也会改变，很快要进行装修。谢谢您提出的宝贵意见。"实际上这位客人的问题没有得到解决，但是他可能还会再来吃饭，因为他受到了重视，所以，投诉没有得到解决的人比不投诉的人回来的比率会高出 10 个百分点。

投诉得到解决的有 54％的客户会回来，继续在这家企业里消费，有 46％的人不会再回来，而投诉被迅速得到解决的，有 82％的客户愿意继续在这家企业消费，有 18％的人不会再回来。这个调查统计分析说明，企业需要客户投诉。客户投诉的意义就在于有效地处理客户的投诉，把投诉所带来的不良影响降到最低点，从而维护企业自身的高大形象。

2. 挽回客户对企业的信任

也许企业的产品有问题，会有投诉，但如果有很好的处理方法，最终会挽回客户对企业的信任。

 小 案 例

前些年，海尔集团推出一款"小小神童"洗衣机，推出时，它的设计存在着一些问题，当时这款洗衣机的返修率是相当高的。海尔调集了大量的员工，承诺客户"接到投诉电话以后，24 小时之内上门维修"，很多客户的洗衣机都是经过海尔连续三四次甚至五次的上门维修才解决问题的，如此高的返修率，客户是否会非常不满呢？很多客户反映说："任何新的产品都会存在这样或那样的问题，但对海尔的服务，我们是满意的。"因为他们看到了一家企业对客户的尊重和重视。

海尔正是重视客户的投诉，才使得消费者继续保持了对海尔品牌的信任，这也是海尔在今天能成为一家国际性大企业的重要原因。

如果一家企业不能有效地处理投诉问题，他们就不可能把投诉所带来的不良影响降低到最低点，反而会扩大。

3. 及时发现问题并留住客户

有一些客户投诉，实际上并不是抱怨产品或者服务的缺点，而只是向你讲述对你的产品和服务的一种期望，或是提出他们真正需要的是一种什么样的产品，这样的投诉，会给企业提供一个发展的机遇。像美国的"戴尔"，在笔记本电脑市场竞争这么激烈的情况下，依然能做得那么出色，正是因为它提供给客户一个更好的营销手段——客户定制。

二、客户投诉的原因分析

（一）客户离开的原因

如图 4-9 所示，统计客户离开的原因是：一部分客户觉得产品太贵所以离开；一部分客户觉得产品质量太差而离开；而最多的投诉原因是服务太差。

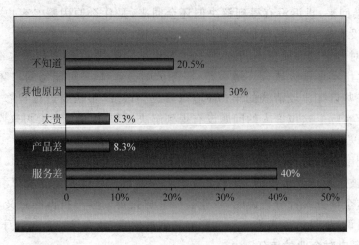

图 4-9　客户为什么离开

目前,我国某些企业存在的最大问题依然是服务态度问题,而且很多客户投诉也都源于这个问题。因此,企业需要重点解决的依然是服务技巧问题。

(二)客户投诉产生的过程

如图 4-10 所示,客户找上门来只是最终投诉的结果,实际上投诉之前就已经产生了潜在的抱怨,即产品或者服务存在某种缺陷。潜在的抱怨随着时间推移就会逐渐地变成显在化抱怨,而显在化抱怨将转化为投诉。比如,客户购买了一部手机,老掉线,这时还没有想到去投诉,但随着手机问题所带来的麻烦越来越多,就变成显在化抱怨,显在化抱怨变成了潜在投诉,最终转变为投诉。

图 4-10　客户投诉产生的过程

(三)客户投诉产生的原因

客户投诉产生的原因很多,具体来说有以下几种:商品质量问题;售后服务维修质量不高;寻呼网络缺陷;客户服务人员工作的失误;店员及其他工作人员的服务质量问题;顾客对企业经营方式及策略的不认同;顾客对企业的要求或许超出企业对自身的要求;顾客对企业服务的衡量尺度与企业自身的衡量尺度不同;顾客由于自身素质修养或个性原因,提出对企业的过高要求而无法得到满足。

三、正确地处理客户投诉的原则

(一)先处理情感,后处理事件

美国有一家汽车修理厂,他们有一条服务宗旨很有意思,叫作"先修理人,后修理车"。因为一个人的车坏了,他的心情会非常不好,这个时候你应该先关注客户的心情,然后再关注汽车的维修,"先修理人,后修理车"讲的就是这个道理。可是这个道理很多服务代表都忽略了,往往是只修理车,而不顾人的感受。因此正确处理客户投诉的原则,首要的就是"先处理情感，后处理事件"。

（二）耐心地倾听顾客的抱怨

只有认真听取顾客的抱怨，才能发现其实质性的原因。一般的客户投诉多数是发泄性的，情绪都不稳定，一旦发生争论，只会火上浇油，适得其反。真正处理客户投诉的原则是：开始时必须耐心地倾听客户的抱怨，避免与其发生争辩。

（三）想方设法平息顾客的抱怨

由于顾客的投诉多数属于发泄性质，只要得到店方的同情和理解，消除了怨气，心理平衡后事情就容易解决了。因此，作为一名服务代表，在面对顾客投诉时，一定要设法搞清楚客户的怨气从何而来，以便对症下药，有效地平息顾客的抱怨。

（四）要站在顾客的立场上将心比心

漠视客户的痛苦是处理客户投诉的大忌。非常忌讳客户服务人员不能站在客户的立场上去思考问题。服务人员必须站在顾客的立场上将心比心，诚心诚意地去表示理解和同情，承认过失。因此，对所有的客户投诉的处理，无论已经被证实还是没有被证实的，都不是先分清责任，而是先表示道歉，这才是最重要的。

（五）迅速采取行动

体谅客户的痛苦而不采取行动是一个空礼盒。比如："对不起，这是我们的过失"，不如说"我能理解给您带来的麻烦与不便，您看我们能为您做些什么呢？"客户投诉的处理必须付诸行动，不能单纯地表示同情和理解，要迅速地给出解决的方案。

漏水的房子

场景：张强是盛家房地产开发公司客户服务中心的客户经理，负责业主投诉的接待和处理。今天，张强刚上班就接待了一位投诉房子漏水的客户。

"经理呢？经理呢？经理呢？"

"请问先生有什么事，有什么需要我帮忙的吗？"

"帮忙？我家的房子都快变成游泳池了，你说怎么办？"

"对不起，您先别着急，我帮您解决，您先请坐下来慢慢说。"

"我不坐，又不是你们家，你当然是不着急！"

张强起身转过来，"我知道您很着急，可是您要跟我说清楚我才知道怎么帮您啊，"张强倒杯水，"来，您先消消气，喝杯水，坐下来，您慢慢说。"客户很不情愿地坐了下来，喝了口水。

"请问您贵姓？""我姓王！""噢，王先生，来，您跟我说说您的房子出了什么问题。"

"什么问题，就是你们开发商欺骗消费者，我花了100多万元买你们的房子，当初买房的时候你们跟孙子似的，屁股后面跟着我，把我们家的电话都快打爆了，花言巧语地把你们这座破楼的质量吹得跟皇宫似的，我就上了你们的当，出了事儿再找你们，我才知道我成孙子了！"

"对不起,王先生,您的心情我很理解,您请放心,我会竭尽全力地帮您解决的,您能不能先告诉我您的房子怎么了?"

"上个月我才搬进去,住了还没到3个星期,上礼拜下雨,我就发现墙壁渗水,我新贴的壁纸洇了一大片,我就打电话给你们物业,你们也不知道是谁告诉我,说当时没工人,第二天来,结果又说没人。第三天才派了两个人上我家,查完说是房子的外墙有问题,帮我又做了一遍防水,说没事了,谁知道他真修了还是假修了,结果前天下雨后又漏了,我气得又打电话,然后他们告诉我,那是施工质量的事,他们管不了,让我找开发商,我就说你们收我的物业费,凭什么让我去找,他们就说因为这和他们没关系,我都快被他们给气疯了,你说这怎么办? 我要退房!"

"对不起,王先生,您别生气,真照您这么说,物业公司他们就有问题,我首先代表公司向您赔礼道歉,您放心,我一定想办法帮您解决!"

点评:在本案例中,我们可以看到服务代表在接到这位客户投诉时,一开始关注的不是问题的解决,而是客户愤怒的心情,当他通过道歉、耐心地说服、理解,然后去复述客户的情感,客户的情绪也逐渐变得平和下来,这时再来解决问题。这是一种正确的处理客户投诉的技巧。

四、有效地处理投诉的技巧

了解客户投诉的原因和正确处理投诉的原则后,服务代表需要做的就是运用一些技巧去处理好客户的投诉,让客户满意。有效处理客户投诉的技巧有哪些呢? 如图 4-11 所示。

图 4-11　有效地处理投诉的技巧

（一）预测客户的情感需求

客户不管是登门投诉,还是打电话投诉,或者服务代表到客户那里提供上门服务,服务代表都应认识到客户可能有以下三个方面的需求:信息需求、环境需求和情感需求。

1. 预测客户的信息需求

通常客户的投诉都是由于企业服务失误导致的,服务代表就应该知道产品可能会出现哪些问题,需要迅速地帮助客户判断问题产生的原因,这就是人们所说的信息需求。服务代表要告诉客户,这个问题是由于什么原因而导致的。

2．预测客户的环境需求

客户投诉时一般情绪都比较激动,服务代表必须提供一个特定的环境来帮助客户解决这些问题。如果服务代表没有这方面的经验,很有可能在大庭广众之下,在很多人的面前与客户发生激烈的争执,引起很多人的围观,造成秩序的混乱,进而造成服务质量的严重下降,更大的恶果是严重地损害了企业形象。

因此,服务代表应该目光敏锐,通过客户的一句话,甚至走路的姿势,就能马上判断出客户的素质,有没有可能大吵大闹,会不会有什么过激的行为,一旦发现有这样的苗头,就应该马上提供一个特定的环境,坐下来,倒一杯水,然后心平气和地和客户进行交流,这是预测客户的环境需求。

3．预测客户的情感需求

客户在投诉时需要得到一种发泄,而服务代表在接待客户时,必须能够预测到客户的情感需求,去加以理解,可以使用这样的一些话语,"我非常理解您现在的心情,我会尽我自己最大的努力来帮您解决这个问题,来,您先坐下来,我们慢慢来谈",这就是关注客户的情感需求。

（二）满足客户的心理需求

服务代表满足客户的心理需求的主要方式就是"道歉"。客户在投诉时,首先需要有一个人站出来承担这件事情的责任。如果在处理投诉的时候,服务代表能够在一开始时先去真诚地致歉,那么客户的这种心理需求就能得到满足。而在很多时候,服务代表都在努力推卸自己的责任,这样只能更加激怒客户。如果一开始就承担责任,就表示道歉,客户的态度会很快地变得缓和,就会有一个比较好的谈话氛围。因此,服务代表要满足客户的心理需求。

（三）用开放式问题让投诉的客户发泄情感

处理投诉的原则是先处理情感,后处理事件。因此,服务代表应该一开始就稳定客户的情绪,然后再提出一个开放式的问题,把客户的精力集中到具体的事情上。服务代表在倾听的过程中,客户的情感也得到了一种发泄。

因此应该用一些开放式的问题,给予客户一个发泄情感的渠道,让他去发泄愤怒和不满。在投诉处理时,应该避免大量使用封闭式问题,因为封闭式问题会更加激怒客户,他会觉得,你是在推卸责任。

（四）用复述情感表示理解

客户在发泄情感的过程中,服务代表应该认真地倾听,再表示同情,还应该复述情感以表示理解,这样客户的心情就会逐渐地好起来。相互之间的谈话就可以转移到解决问题上来。

（五）提供信息来帮助客户

等客户的情绪稳定下来后,服务代表就要提供更多的信息来帮助客户解决,也就是说服务代表应该运用自己的专业知识有效地帮助客户分析问题的原因,如果不知道或解决不了,就应该告诉客户,"我会尽快帮您查证一下,我会跟相关部门打招呼",等等。

(六)设定期望值以便提供方案选择

通过前面几步的工作,这时候你已经知道客户的期望值是什么了,那么对你来讲,可能会告诉客户:我非常理解您现在的心情,不过是这样的,负责这件事的人下班了或暂时不在,但是我本人非常想帮助您解决这个问题,您看这样好不好,我把您的情况记录下来,我交给××,然后我去查证一下,然后及时打电话给您。这叫设定期望值,就是告诉客户目前我能够做的事情是什么。

这一点的关键在于你是不是能够很灵活地选择,有没有不同的选择提供给客户,提供更多的方案供他选择。

(七)达成协议

提供了方案供客户选择之后,就要达成协议,也就是建议一个承诺。

假如小李是某电视机厂的一位售后服务代表,客户就电视机问题向小李投诉,经过检查,发现是零件的问题,小李就告诉他的客户,电视机可能是两个零件有问题,需要更换,价格大概是400元钱。如果更换的话,电视机今天可能拿不走,要客户明天来取。"明天上午10点之前应该就可以完成,您看这样好吗?"

如果客户说,不行,明天等不及。如果小李能提前,他就会告诉客户,那您看能不能稍微等一下,我们这边加加班,帮您赶一下,您可能需要多等两个小时;客户如果依然不接受或者说根本无法在这儿等两个小时,我到点得下班,这时候小李就会说,是这样的,我们的工人检查出您的电视机问题是在不同的部位,而且更换这个零件确实需要一定的时间,电视机也是家里的一个大件,如果我们马马虎虎给您装上,对您也不负责任,我想您也希望能够一次性地彻底修好,如果您明天取,我们可能会耽误您一个晚上,但是会给您一个完好如初的合格产品,对您来讲,我觉得维修以后的质量是非常重要的,而且我们也需要为您负责任。通过这样层层的分析,客户就会选择一种方案,跟服务代表达成一个协议。

(八)检查满意度后再次道歉

当你把产品维修好交给客户后,你应该跟客户说:您看还有什么需要我为您做的吗?看看客户对你的服务是否满意。客户如果说,先这样了,有什么毛病我再找你,你就应该再一次为发生这样的事情向客户表示歉意。

(九)挽留客户以建立联系

在处理完客户的投诉后,服务代表应该跟客户说,让您大老远跑了一趟,我代表公司向您表示道歉,感谢您对我们企业的信任,感谢您使用我们的产品,如果您回去之后发现任何问题,您都可以直接打电话找我,我非常乐意为您再次提供服务。并告诉客户你的联系方式,然后定期给他打电话,进行跟踪服务。

因此,投诉处理结束以后,后期的回访是非常重要的,你要跟客户建立一个很好的联系,这样客户才有可能觉得,这个企业真的是以我为核心,真的是站在我的角度去思考问题的。这样客户的忠诚度就会极大地回升。

五、投诉处理结束后的工作

(一)自我控制

有位名人说过:"如果你周围的人都丧失了理智来指责你,而你还能够保持理智——那你的理智就是大地和万物。"

有些客户投诉时情绪可能很激动甚至出言不逊,这种情况在服务行业是非常普遍的。如果不能控制自己的情绪,那么与客户之间就有可能发生"战争",不仅解决不了问题,还会对企业的形象产生不好的影响,进而也会影响服务代表在公司的未来发展。

因此,一名职业化的服务代表,要有良好的心理素质,要能有效地控制自己的情绪。你要不断地告诉自己,客户并不是针对你,因为你只是一名服务人员,客户只不过是对产品有意见,是对公司的服务有意见,而不要把客户的过激态度理解成对你个人的人身攻击,而应站在客户的立场上为客户着想,体谅客户的心情,从而保持一种平和的心态。

(二)自我对话

在激烈的争吵中,仍然能保持冷静而不激动,这对一名客户服务人员来讲,是非常重要的心理素质。当接待很多客户以后,就会出现疲劳、烦躁、沮丧的心理状况,这时需要调整自己的情绪,解决方案是自我对话,就是当你的情绪很激动时,需要进行一些自我对话,如图 4-12 所示。

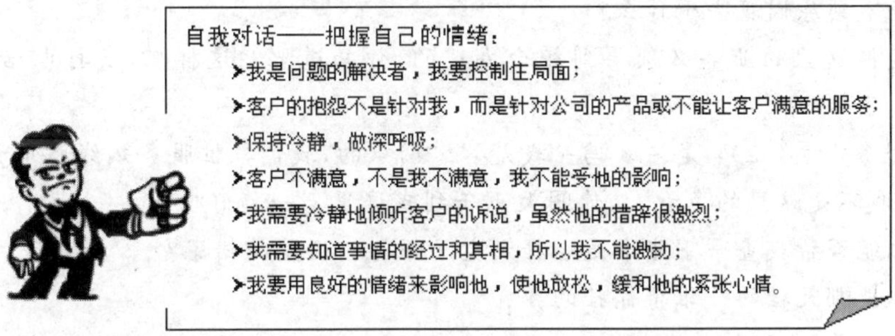

自我对话——把握自己的情绪:
➤我是问题的解决者,我要控制住局面;
➤客户的抱怨不是针对我,而是针对公司的产品或不能让客户满意的服务;
➤保持冷静,做深呼吸;
➤客户不满意,不是我不满意,我不能受他的影响;
➤我需要冷静地倾听客户的诉说,虽然他的措辞很激烈;
➤我需要知道事情的经过和真相,所以我不能激动;
➤我要用良好的情绪来影响他,使他放松,缓和他的紧张心情。

图 4-12 客户服务人员自我对话

(三)自我检讨

在处理完客户的投诉后,还要进行一个自我检讨的工作。回忆在当时处理的过程中说了哪些不该说的话,哪些该说的却没有说,争取在下一次遇到这种情况时加以改进。

本 章 小 结

优质满意的客户服务对企业的生存和发展具有重要意义:是企业本身最好的品牌,能给企业带来巨大的经济效益,是企业防止客户流失的最佳屏障和企业发展壮大的重要保障。客户服务的核心就是为客户创造价值。客户服务的目标是企业通过对客户的关怀,为客户提供满意的产品和服务,满足客户的个性化需求,在与客户的双向互动中取得客户的信任。

客户服务的含义是为了能够使企业与客户之间形成一种难忘的互动(愉悦亲密、很愉快的,自己经历的互动)企业所能做的一切工作。总结概括了客户服务的方法和技巧,包括怎样去接待客户、理解客户的需求、降低客户的期望值、为客户提供帮助;客户满意了以后,怎样跟客户告别、建立起很好的客户关系,以能获得再次合作的机会,从客户那里获取一种"新增"的服务等。最后阐述了处理客户投诉的原则和技巧。

案 例 分 析

客户到底想要我做什么?

客户(客):我想查一下我的××卡在不在电话银行上。

热线服务人员(热):××号,没有。

客:那你帮我查一下,是不是登记到别的卡号上了。

热:查不到。肯定是没注册上,你在哪儿办的?

客:××柜台

热:那你要到柜台去一下,重办一次。

客:你能否帮我查一下,是挂错了还是没挂上。

热:一定是××支行做错了,他们经常错,我这里查不到,你到柜台去。

客:查不到原因我去干什么?

热:我们这里的业务必须要到柜台办理的,你知道吧?这样吧,我打电话叫他们来找你。

柜台服务人员(柜):是××吗?我是××网点的,我们单位服务热线打电话来,正好我接电话,我不是这里的负责人,你明天下午到我这里来一趟好吗?

客:你能否帮我查一下账卡是否挂到电子银行?还是挂错了?

柜:你是哪天挂的?谁帮你挂的?

客:一周前,左边第一个柜台。

柜:你一定记错了,我问过了,左边第一个没帮你办过。

客:我就想问一下你能否帮我查一下账卡是否挂到电子银行?还是挂错了?

柜:那我查不了,他们都说没办过,我要到楼上帮你翻,很麻烦的,我也不是这里的负责人,只是正好接到这个电话。

客:那你给我打这个电话是什么意思?

柜:我也不是这里的负责人,只是正好接到这个电话。我找我们经理给你打电话好了。

客:我就问个简单的问题,你们搞了这一大圈,什么也没解决,你们怎么回事?

请分析案例中客户服务行为不成功的原因。并提出正确处理的方法。

思考与训练

一、选择题

1. 接听电话时，以下不正确的做法是（   ）。

    A. 如是传言，只要记录留言人是谁即可

    B. 等对方放下电话后再轻轻放回电话机上

    C. 最好能告知对方自己的姓名

    D. 接电话时，不使用"喂"回答

2. 当客户有失误时，应该（   ）。

    A. 直接对客户说"你搞错了"

    B. 用"我觉得这里存在误解"来间接地说明客户的错误

    C. 直接对客户说"这不是我的错"

    D. 对客户说："怎么搞的，重新填"

3. 来电找的人正在通话时，以下做法正确的是（   ）。

    A. 告诉对方他所找的人正在接电话，并主动询问对方是留言还是等待

    B. 对方需要留言时，记录对方的留言、单位、姓名和联系方式

    C. 对方愿意等待时，应将话筒轻轻放下，通知被找的人接电话

    D. 以上做法都正确

4. 理智型问题客户具有很强的推理能力和判断能力，在深思熟虑后才做决定，善于控制自己的情感，所以在处理理智型客户的投诉时应（   ）。

    A. 以专业、权威的形象出现，并提供有理有据的解决方案

    B. 有理有据，以理服人

    C. 应耐心引导，使其说出真实想法

    D. 态度要热情，多花一点时间倾听

5. 顺从型问题客户很容易听信别人的话，主意变得很快，也较容易听从接待人员的意见，对权威的信任度高，容易接受暗示。所以在处理顺从型客户的投诉时应（   ）。

    A. 以专业、权威的形象出现，并提供有理有据的解决方案

    B. 有理有据，以理服人

    C. 应耐心引导，使其说出真实想法

    D. 态度要热情，多花一点时间倾听

6. 外向型问题客户比较喜欢表达自己，喜怒哀乐溢于言表，能较快适应环境，对外界的刺激反应比较敏感。所以在处理外向型客户的投诉时应（   ）。

    A. 以专业、权威的形象出现，并提供有理有据的解决方案

    B. 有理有据，以理服人

    C. 应耐心引导，使其说出真实想法

    D. 态度要热情，多花一点时间倾听

7. 幼稚型客户的言语和行为显得与实际年龄不符,显得过分幼稚,意识不到自己应该承担的社会责任和义务。所以在处理幼稚型客户的投诉时应(　　)。

    A. 既不能说得太多,也不能说得太少,应问有所答,且保持中立态度,以免引起客户的疑心和反感

    B. 建立起类似"成人—儿童"的关系,在沟通中掌握主动权

    C. 保持冷静、冷静、再冷静,沉着、沉着、再沉着,必要时可暂时离开 2～3 分钟

    D. 应把信息向客户解释清楚,让客户自己作判断

8. 暴躁型问题客户脾气暴躁,态度强硬,有时甚至傲慢,说话时带命令口吻,容易引起争吵。所以在处理暴躁型客户的投诉时应(　　)。

    A. 既不能说得太多,也不能说得太少,应问有所答,且保持中立态度,以免引起客户的疑心和反感

    B. 建立起类似"成人—儿童"的关系,在沟通中掌握主动权

    C. 保持冷静、冷静、再冷静,沉着、沉着、再沉着,必要时可暂时离开 2～3 分钟

    D. 应把信息向客户解释清楚,让客户自己作判断

二、简答题

1. 什么是客户服务?企业应如何构建客户服务体系?

2. 简述客户服务的方法和技巧。

3. 客户为什么会投诉?客户投诉后应如何处理?

第五章

渠道客户关系管理

学习目标：

1. 了解渠道成员的定义，掌握渠道成员选择的标准。

2. 了解终端客户管理的含义，理解终端客户管理的主要内容，掌握终端客户管理的常见方法。

3. 了解和理解渠道冲突的定义和类型，了解常见的冲突表现形式，掌握解决渠道冲突的方法。

4. 了解窜货的定义和表现形式，掌握控制窜货的常见方法。

案例导入

渠道冲突：更换省总代理

2010 年年初，刘江一直觉得有块大石头压在心上，W 省的新总代理商工作毫无起色，下面的经销商人心涣散，整个市场仿佛陷入了疲惫的、无政府的状态。刘江也曾向大区经理 H 反映多次，奇怪的是总是胸有成竹的 H 支支吾吾，没有实质性的意见，这越发让刘江心里发毛。

前年年末，W 省原总代理商在完成任务的情况下又接了另一品牌，被公司以做同类产品的理由换掉了，而他去年窜货走的量，远远高于新总代；新总代做了一年，销量掉了一大截，现在只能勉强维持。

其实，原总代理商在市场里可以说是最早做品牌产品的经销商之一，队伍能力强，管理也较规范。几年前，W 省不是公司重点市场，原总代在公司很少支持的情况下，从最后一名开始"拓荒"，做了三年，跃升至全国第三名，并且销售曲线一直稳步上升。更重要的是，原总代的思路与公司很合拍，抓销量的同时，管理渠道颇有手段，市场上产品的品牌也声名鹊起，这样的成绩一时成为业内佳话，其省会市场也成为公司的样板市场。

后来，由于竞争激烈，全国市场情况越来越不容乐观，许多区域的销量下滑严重，W 省的销售也出现了这种迹象。公司销售总监、市场总监等高管考察市场后，给了一些区域一定的支持，其中包括 W 省。最终，获得支持的区域只有 W 省超额完成了当年的销售任务。让人意想不到的是，当年年末，他们又接了别的牌子（其实这个牌子与我们是不同细类）。

　　听别人说，原总代理商接另一个牌子的主要原因是大区压货压得他几乎无法周转。而刘江后来了解到，原总代理商做品牌比较注重自己的产品组合，对风险和利润的考虑有自己的一套。甚至在他们做培训时，不仅培训二三级市场的店长，而且将下面的经销商集中起来，灌输这种经销商的盈利思路。

　　这种情况让大区经理 H 十分忧虑。刘江知道 H 的压力：下辖的 5 个省，除了刘江所在的 S 省勉勉强强完成任务，W 省超额完成任务，其他三省的销量都直线下滑，H 的"宝"自然要多压给 W 省了。

　　当时，H 让 W 省原总代从接手的品牌退出，并大量压货，最终未能谈成，公司收回了信用，撤了 W 省的总代理权。

　　之前 H 也曾在 W 省物色人选，但由于 W 省原总代的能力大家有目共睹，同行中没人愿意接。甚至有人说：人家栽树你摘果，谁知道下一个会不会轮到我！其他行业的谈了一个，由于不敢贸然"下水"，犹豫之后便没了下文。

　　H 不动声色，动员刘江所在的 S 省总代与别人合作，成立一个新公司，到 W 省接管市场。等刘江知道消息时，H 已将刘江与 W 省区域经理做了对调，希望他熟门熟路，能与新总代配合默契。

　　结果，事与愿违，一年做下来，刘江可以说是焦头烂额。刚开始跑二级市场时，几个大户还跟刘江反映原总代这样那样的问题，一段时间后，刘江发现新总代与大户沟通不畅，管理不到位，大户们私下里还跟原总代"藕断丝连"；其他市场的经销商有些是原总代将自己的员工培养后派回去当小老板的，根本不吃刘江那一套；一级市场大店多是原总代自己的店。更重要的是，原总代的店大、位置好，服务一如既往，口碑一直不错。

　　让刘江感到棘手的是，下面的经销商除了从新经销商那儿拿货，也从原总代那儿拿货，有的甚至只从原总代那儿走货。明摆着原总代是从别的省倒回的货，H 也打报告要求公司查处，但查来查去，最后还是不了了之。

　　其间，H 也曾支持新总代跟原总代谈判，把市场"盘"下来，但原总代要价太高，双方无法谈拢。年终盘点，新总代想打退堂鼓了。赔钱是一方面，更重要的是他们对市场失去了信心。不过让刘江弄不明白的是，不知 H 对新总代做了什么工作，年初，他们又往库里压了许多货。

　　前段时间，由于家中有事，刘江赶回家处理。期间，有同事打电话说 H 突然辞职了。刘江一下子懵了，忙给 H 打过去核实，H 说："手续刚办完，我想先休息休息再说。等你事完了，有机会我们聊聊。"刘江回到 W 市场时，却听到另一种小道消息：新总代被 H 害惨了，压了满满的货，拿到的返利刚分了 H 一半，H 就跑了。这几天，刘江的头越来越大：新总代主动跟原总代联系，要求帮忙走货；自己走也不是留也不是，因为跟公司签了两年的合同；新大区经理已经发话，让他拿出 W 省的市场报告。

　　刘江忽然想起过年遇到前任（已跳到另一家公司）时了解到的情况。据前任介绍，原总代的业务主要放在两条线上：店面和渠道。尤其在店面管理、围绕店面由各业务组拓展业务、为二三级经销商出谋划策、培训他们的店长等方面有自己的一套，而且统一价格和售后服务都做得不错。与他合作的厂家也比较看重他，有的甚至让他参与公司管理人员的电话会议。这是因为原总代能根据市场情况提出运作方案，有较强的品牌推广能力，能对厂家的广告、促销策略提出建设性意见。他做的知名品牌运作良好,不知名的小牌子也被他操作成功过。

原总代的老板观念新,思路多,更难得的是,无论是同行还是跟他合作的厂家,都相当肯定他的人品和能力。刘江曾跟H一起,与原总代老板见过两三次,感觉人很宽容,话说得中肯在理。相比之下,平常颇自负的H倒显得有些尴尬。

思虑良久,刘江产生两个思路:一是继续扶持新总代,促使新老总代联手销货。二是建议以原总代替换新总代,重整市场。究竟选择哪个,拿起笔,刘江又陷入了犹豫中……

从更换省代事件的结果来看,最终是厂家和商家两败俱伤,厂家丢了一个原本好端端的市场,而商家将好不容易打下的江山拱手让给别人。若你是刘江,你将怎样去解决问题?

客户关系管理主要是企业利用各种技术和方法,向客户提供创新式的个性化的客户交互和服务,最终目的是为了吸引新客户、保留老客户及将已有客户转为忠实客户。很多企业并不是直接面对客户,向他们销售自己的产品和服务,而是通过批发商、零售商等这样的渠道成员来面对消费者,那么企业做好客户关系管理的前提是要建立好和渠道成员之间的关系。

资料来源:www.xzbu.com,2012-04-16

思考:企业与批发商、零售商等渠道成员所追求的利益核心是什么?本案中针对刘江面对的难题,请你思考如何解决,并提出自己的见解。

第一节　渠道成员的选择

对于招聘雇员,许多公司都非常谨慎。它们会详列岗位需求,广罗人才,进行认真、充分的考核和面试,才能让合格者加入。这些公司之所以不厌其烦,是因为它们明白公司业绩与优秀雇员间的关系是密不可分的。至于选择渠道成员,道理是一样的。市场上的成功需要强有力的渠道成员——那些能有效履行分销职责、实现渠道设计思路的成员。所以,挑选渠道成员是一项很重要的任务,应避免随意性和偶然性。

Millstone 咖啡公司的咖啡豆选择

Millstone 公司掌握了挑选某些咖啡豆的诀窍,生产出顾客逐渐熟悉的口感和香味的优质咖啡。但这家公司之所以能在 20 世纪 90 年代咖啡品牌战中脱颖而出,靠的不仅仅是咖啡的质量,还通过周密设计、严格把关的渠道成员选择策略。它不像同规模的其他厂家那样,按常规方法把咖啡通过食品中间商分销到各个超市网点,而是决定自己送货到超市。这个决定成本昂贵,因为单是一个司机加一辆车的开支就是 75000 美元。Millstone咖啡公司认为,只有直接送货到那些谨慎选定的超市才是能保证顾客购买的产品质量的唯一方法。其他厂商都是把磨好的咖啡包装好排放在超市货架上,而 Millstone 咖啡公司则把桶装天然咖啡豆连同样品、研磨咖啡机、包装袋一起提供给它选定的每一家超市,这样顾客就可以根据所需数量研磨、包装。公司的货运司机负责定期送货。最终,把那种高档商品专卖店里才有的以满足顾客需求为宗旨的经营理念带到了超市中。只有那些大都市高尚地段较有档次的超市才可能被该公司选作咖啡销售的渠道成员。即使要求这样严格,这家公司仍然能找到足够的合作者——这些超市遍布美国42个州,公司销售额达1亿美元!

Millstone咖啡公司没有像众多同行那样通过中间商分销产品。然而,正是因为采用了这种谨慎的渠道成员筛选策略,它才得以崭露头角,赢得一席之地。

资料来源:李俊杰,蔡涛涛. 销售管理:知识、方法、工具与案例大全[M]. 北京:企业管理出版社,2011

一、寻找合适的渠道成员

要想找到合适的渠道成员,主管经理可以借助多种渠道,按主次分类如下。

(一)地区销售组织

有些公司有自己的销售代表。他们在批发、零售过程中与中间商有业务往来。这些渠道人员是寻找新的渠道成员的有利资源。

通常情况下,这些销售员比公司的任何人都更清楚在其所在区域谁最有可能成为渠道成员。销售代表一般对同一区域其他公司主要中间商的管理、人员情况都了如指掌。在联络前,他们往往已积累相关信息。事实上,当公司决定替换、增补现有渠道成员时,销售员心中早有一张候选名单。

由此,当需要替换或增加新的渠道成员时,部门经理要最大限度地发挥本公司销售代表的优势。销售代表能提供绝大部分可供选择的信息。

(二)商业渠道

商业渠道包括商业组织、出版物、电话簿、其他出售相关或相似产品的公司、商业展览会等。

(三)中间商咨询

许多公司是通过那些对经营该产品感兴趣的中间商咨询找到未来渠道成员的。对于某些厂商来说,这是寻找新成员的主要途径。

(四)消费者

有些公司依靠消费者提供信息。厂商们反映,许多消费者是愿意向与其打交道的中间商坦言自己的看法的。

厂商从消费者那里获得有关中间商信息的最好办法之一是进行市场调查,通过正式或非正式的调查,了解在他们所处的市场区域内不同中间商的看法。终端用户能很好地从顾客角度提供未来渠道成员的优缺点,这是作为供货厂家所无法看到的。

(五)广告

在媒体上刊登诚招代理商广告也是寻找潜在渠道成员的一种途径。

（六）商业展现

商业展览或年会是发现潜在渠道成员的契机。许多批发或零售领域的协会每年举行年会,届时大量该领域的批发、零售机构纷纷亮相。通过参展(会),厂商有机会接触到大量可能成为渠道成员的机构。

（七）其他

同时,一些公司还会发现下列渠道也能提供帮助,如商会、黄页、商业统计数据、互联网等。

二、选择标准的应用

在罗列了一长串可以发展的渠道成员名单之后,下一步就是根据要求来审核这些"未来"成员。

如果公司在这方面还没有现成标准,需要尽快起草一份。下面是专家们拟好的一般性条款。实际上,无论多么完善,都没有什么准则能适用于公司的一切状况。变化着的外部环境在一定程度上要求公司改变侧重点。因此,有关负责人在借鉴这些准则时需灵活把握,随机应变。

（一）通用准则细则

早在 20 世纪 50 年代初,就曾有人尝试制定一套渠道成员评选标准。布伦德尔设计出 20 个主要问题,用于工业企业考察判断谁最适合做渠道成员。其中很多内容对生产消费产品的公司也适用。布伦德尔标准成为市场渠道方面的经典内容,直至今天仍有现实意义。这 20 个问题如下。

- 中间商是真的对我们的产品感兴趣,还是仅仅是权宜之计?
- 它的实力如何?
- 它在其顾客群体中声誉如何?
- 它在其供应商中信誉怎样?
- 它是否富有闯劲?
- 它同时经销哪些其他的产品?
- 它的财务状况如何?
- 它有能力进行降价销售吗?
- 它的机构规模如何?
- 它主张货品清单应该准确清晰吗?
- 它的商品的消费群体有哪些?
- 哪些人群对他的商品从不问津?
- 它认为价格需保持不变吗?
- 它是否提供了过去五年的销售业绩数据?
- 它的销售代表销售区域有多大?
- 它的销售代表经过培训吗?
- 它的外勤人员有多少?

- 它的内勤人员有多少?
- 它认为高昂的团队精神、销售培训及促销活动重要吗?
- 它能为组织以上活动提供什么有利条件?

另一套标准是由 Hlavacek 及 McCuistion 在布伦德尔标准的基础上发展而来的。他们认为,如果厂商出售的是工业技术产品,就应选择经销品种较少的中间商。原因是经销产品的种类越少,中间商就越能集中精力销售某一种产品。他们还以为,渠道成员对市场的占有率不仅指市场的覆盖率,而且指所占市场的份额。另外,他们认为中间商的实力尽管重要,但不宜过分强调。因为优势经济实力不那么强的中间商会更加"饥渴"和富有闯劲。最后,他们强调,中间商"有闯劲,不怕阻力"是一个关键因素。

(二) Pegram 标准

最全面、最明确的标准是由 Pegram 在 30 年前提出的。Pegram 将该标准分为几大项,这里简要介绍公认比较重要的一些内容。

(1) 信用及财务状况:Pegram 在调查中发现,几乎所有厂商都认为审查中间商的信用及财务状况是一个必要环节。这项准则使用频率极高,最终是否将其纳入渠道成员行列往往取决于此。

(2) 销售实力:大多数公司还认为中间商的销售实力非常重要。判断其实力的方法很多,就批发商而言,看的是其销售代表素质,特别是有实力的销售代表的数量。随着产品技术含量的增加,销售代表的专业技术水准也越来越被厂家看中。

(3) 产品线:生产商通常从四个方面考虑中间商经销的系列商品:竞争对手的产品、兼容性产品、互补性产品和产品质量。

制造商通常避免选取直接经营竞争对手产品的中间商。关于这一点,许多厂商,尤其是那些认为中间商应对现有供货商"专一"的厂商很重视。当然,"同行是冤家"这一法则亦有诸多例外。通常,批发商、零售商同时经营不同厂家的同类产品。

厂商特别青睐经营兼容性产品的中间商,因为其从根本上不对自身产品构成竞争威胁。经营互补性产品的中间商一般也被看好,因为通过这类产品,可为顾客提供更好、更全面的服务。最后需要说明的是,厂商通常选取经营产品质量比自己好,至少不低于自己的中间商。厂商最不希望自己的产品与"劣质"、"没名气"等沾边。

(4) 声誉:如果中间商在群体中声誉不佳,大多数厂商会断然拒绝与之合作。

对于零售中间商来说,店面形象是关乎总体声誉的一个关键性因素。因此,如果零售店形象水准达不到厂商期望值,它将被拒之门外。因为如果不慎选错分销商,厂商自身形象也会大打折扣。因此,从渠道策略的角度出发,分销商和零售商的声誉是生产厂家选其代理自身产品时需要考虑的关键问题。

(5) 市场占有率:中间商是否有生产商期望拥有的那部分市场或称市场占有率;该中间商的市场范围是否太大,以致有可能与旗下其他渠道成员重叠。通常来说,厂商倾向于最大占有、最小重合这个原则。

(6) 销售状况:对此最基本的考虑是,中间商是否最大地占有厂商期望拥有的那部分市场份额。通常,厂商搜集有关中间商销售情况的详细资料,以便直接了解其销售能力。如果这种方法不能奏效,可通过其他渠道,如信用记录、该区其他竞争或非竞争对手、本产品的顾客群体、中间商的顾客人数、其他供货商,以及从当地其他商界人士那里获得的信息。来自这些渠道的信息通常会显示该中间商市场运作历史的点滴,而这正是有些厂商需要的,由此可对"未来"渠道成员的销售情况有所认识。

(7)管理权的延续:代理机构多由其所有人或发起者掌管。其中许多,尤其是批发商,都是独立经营的小公司。因此,一旦老一辈故去,管理就难以接替。

(8)管理能力:许多生产商认为,对于管理水平落后的中间商根本就不该予以考虑,因此在选择渠道成员时,管理是一个关键因素。但谨记一点:管理水平受诸多不确定因素的影响,因而很难下定论。到底管理水平如何,其中关键的一点就是其进行组织、培训和稳定销售代表的能力。总之,一支精良的销售队伍通常反映出良好的管理水平。

(9)态度:这个准则主要指中间商是否具有闯劲、激情和进取心。以上素质被认为是获得持久成功的重要条件。判断渠道成员是否"态度端正"因人而异。

(10)规模:有时中间商的规模是判断的唯一标准。一般认为,机构规模和销售额越大,厂商的产品销售量会越大。同时,大家都相信大中间商,认为它们更能成功,利润会更高,底子好,销售的产品质量更可靠。

(三)标准的应用

以上谈到的各种标准并非适用于所有公司的所有情况,但指明了选取渠道成员时需要考虑的主要方面,因而仍然具有参考价值。每个公司都必须根据自己的目的、方针制定一系列相应的具体标准。图 5-1 是选择渠道成员需要考虑的主要准则一览图。

图 5-1 选择渠道成员需要考虑的主要准则

三、确保入选成员成为渠道成员

需要明确的一点是:选择是双向的。不仅厂商在挑选,中间商(包括批发和零售商)也在挑选。那些规模大、基础好的中间商认为,它们自己也有权挑选所代理的厂商。厂商除非真的信誉卓著、威望空前,否则不可能期望会有良好资质的中间商络绎不绝地上门要求代理它的产品。确切地说,大多数厂商仍需通过大量形象宣传来吸引优质中间商加盟。

生产厂家可采用一些优惠条件吸引中间商,目的是向渠道成员表达厂商对它们的承诺和支持,确保它们成功运作。换句话说,厂商想让中间商明白,双方的合作是互惠互利的。

生产商所能提供的支持和帮助的内容越具体越好。让将成为渠道成员的中间商在未加入之前就明白"到底可以得到哪些益处"。生产商可以提供的优惠条件有多种,但大都属于下列四种情况:质量好、利润高的产品;广告及促销支持;管理援助;公平交易和友好合作关系。

(一)产品线

生产商要提供的所有条件的核心内容是品质优良、销路顺畅和利润丰厚的产品线。实际上,如果厂商能做到这一点,为稳定其渠道成员而做的其他相关服务就可以少得多。显然,如果这家生产商的产品闻名遐迩,备受青睐,它肯定要比不出名的厂商条件有利得多。因此,对那些产品不怎么有名气的厂商来说,从中间商的利益出发,让它们充分认识到经销其产品的利益所在,显得特别重要。生产商往往容易过分宣传产品自身的优点,而不是侧重强调它的销路及经营利润。

(二)广告及促销

中间商还期望生产商能提供促销支持。在消费市场上,大规模、全国性的广告最能吸引零售商。只要生产商能做到这一点,在中间商眼中,产品的销售潜力就会大幅度提高。在工业品市场上,强有力的广告宣传效果同样显著。另外,无论是消费品市场还是工业品市场,如广告津贴、合作式的广告运动、购物指南宣传资料及展示会都表明了强有力的渠道支持,对想要加入的新成员很具吸引力。

(三)管理援助

中间商都想了解生产商是否承诺帮助它们——不仅会为推出某一产品而提供广告宣传、促销支持,还会尽快一步帮它们搞好这方面的管理工作。提供管理援助就是这一承诺的有力见证。管理援助可包括多个方面,如提供培训、财政分析及预算、市场分析、库存控制流程、促销手段等。

(四)公平交易和友好合作关系

渠道关系并非完全没有人情味的僵化的、纯商业化的关系。相反,它是人群之间,类似于社会团体间的一种交互关系。厂商应向渠道成员传递这样一种信息:企业不仅作为商业实体,更作为人本身,真正想与渠道成员之间建立一种信任和关心其切身利益的良好关系。

第二节　终端客户的管理

这里的终端客户的管理是指零售终端的管理。终端市场担负着承上启下的重任。所谓承上,就是上联厂家、批发商;所谓启下,就是下联消费者。当今企业销售成功的基本法则是"谁掌握了销售终端,谁就是市场赢家"。

一、零售终端客户管理的主要内容

如何有效地突破终端,是销售管理的一个重要组成部分。

(一)零售终端陈列

市场调查研究发现,在日用消费品市场,有70%的客户在终端会发生冲动性购买。在冲动性购买的诱因主导之下,品牌的力量在终端似乎并不能产生神奇的不可替代的作用,取而代之的将是采取什么样的手段,引起客户的兴趣及好奇心,并通过终端的吸引力刺激其购买欲望,实现消费目的。调查研究发现,终端陈列一般由以下几个要素组成,将这几个要素进行充分整合,往往能够收到意想不到的效果。

1. 产品陈列

一个良好的陈列或良好的产品堆头,可以为终端分销搭建良好的销售平台,这一点仅仅引起我们的重视是不够的,还必须根据产品及分销环境的特点进行充分的研究。一般来说,主要有以下几项工作。

(1)充分利用既有的陈列空间,发挥它的最大效用和魅力,切忌有闲置或货源不足的现象,以免竞争者乘虚而入。如今,对货架位置的争夺已成为商战焦点,稍不留意,竞争对手就会挤进来。

(2)陈列商品的所有规格,以便消费者视自己的需要选购,否则消费者可能因为找不到适用的规格而购买竞争对手的产品。如果货架陈列面积有限,推销员应陈列周转速度快的商品。

(3)系列产品集中陈列,其目的是增加系列产品的陈列效果,使系列产品能一目了然地呈现在消费者面前,让他们看到并了解企业的所有产品,进而吸引消费者的注意力,刺激他们的冲动性购买。此外也可以通过集中陈列系列产品中的强势产品,带动系列产品中比较弱势的产品,以便培养明日之星,因为系列产品集中陈列能够造成一股气势,有助于带动整体销售。

(4)争取人流较多的陈列位置。在售点,推销员一定要观察客户的移动路线,并将产品尽量摆放在消费者经常走动的地方,如端架、靠近入口的转角处等。一般而言,看到产品的人越多,产品被购买的概率就越大。若放在偏僻的角落里,产品不易被消费者看到,销路也不会好。推销员一定要争取最好的陈列空间。

(5)把产品放到客户举手可得的货架位置上。要吸引人们前来购买,推销员必须按照消费者的身高,把商品摆在与他们视线平行、抬手可得的地方,太高或太低的陈列位置,都会造成购买障碍。如以儿童为目标市场,商品应摆放在货架低层甚至地上。也就是说,陈列高度应视目标消费者而异,以便于他们选购。

(6)经常保持商品价值。在陈列的过程中,除了要保持产品本身的清洁外,还必须随时更换商店中的损坏品、瑕疵品和到期品。如有滞销品,应想办法处理,不能任其蒙尘,以免有损品牌形象。将产品的正面朝向客户,排列整齐,避免缺货,随时保持货架干净,也是维持产品价值的基本方法。总之,就是要让产品以最好的面貌(整齐、清洁、新鲜)面对消费者,以保持产品的价值。

陈列工作是一项长期的工作,必须持之以恒,每日辛勤经营,时刻保持清洁的陈列面,获得最大的陈列效果,才能累积出长期的优异成果。

2. 用附属性广告制造氛围

消费者都喜欢在一个良好的氛围中购物,这是已被实践证明了的。例如,很多大的卖场经常播放强劲的音乐来刺激人们的听觉,结果显示,这样的消费氛围更有利于调动消费者的冲动性购买的"神经",对于销售有着很好的促进作用。同时,在产品销售的现场,应当运用能够引起注意的 POP、例牌、产品展示柜等营造一个注意力氛围,通过售点广告凸显产品、品牌、性能、使用价值、美誉形象和服务等。

3. 分销设备要全面、有个性

分销设备在终端设置主要是为了满足产品的特殊性或对产品采用新的卖法。有时一个好的分销设备本身就是良好的促销工具,如饮料现调机、冰激凌速冻柜、自动售货机等。在实际分销工作中,依据品牌自身的特点,制作一些有利于销售及制造氛围的分销硬件,是分销终端的一项重要工作。

4. 信息传递

信息传递指在产品卖场上向客户传达分销及分销促进的信息方法及手段,如折扣价签、特卖牌、赠品展示、买×赠×大包装、现场促销活动和卖场广播等,都是比较好的方式。

(二) 零售终端促销

随着终端抢夺战的加剧,光有好的陈列还不够,在终端运用各种促销手段及方法,也是加强终端分销竞争力的重要手段之一。终端促销主要表现在以下几个方面。

1. 销售促进

销售促进是营销活动的一个关键因素。广告提供了购买的理由,而销售促进则提供了购买的刺激。销售促进的工具有:消费者促销(样品、优惠券、现金返回、价格减价、赠品、奖金、光顾奖励、免费试用、产品保证、产品陈列和示范)、交易促销(trade promotion,包括购买折让、广告和展示折让、免费产品),以及业务和销售员促销。

2. 导购服务

近年来,在各大卖场出现的导购服务,也是比较好的促销方式。导购服务主要表现在现场的导购方面,通过导购人员的讲解、推荐和演示,调动消费者的兴趣,使消费者认可产品并感到满意。导购服务对人员的素质要求比较高,例如,伊利集团奶粉事业部在各地主要的大卖场都设有导购员,企业领导和消费者都认为,导购员在奶粉的销售过程中起到了不可低估的作用,在很多情况下,有无导购人员会直接影响奶粉的销量。

3. 关系营销

终端促销也表现在对终端卖场的公关及争取更好的分销竞争机会方面,这就要求厂家必须开展关系营销,与终端客户建立良好的合作关系。例如,可口可乐为了使其产品无所不在,采取了几大标准的促销策略:跟客户打招呼;检查户内外广告;了解客户的销售情况;检查陈列情况;了解剩余库存;与客户探讨销售技巧;帮助客户寻找滞销产品的销售途径及索取订单;向客户致谢。

(三) 零售终端辅导

现在,越来越多的中小企业开始意识到终端管理的重要性,纷纷采取各种方式对零售终端进行辅导。零售终端辅导通常包括以下几方面。

（1）筹划商品活动。利用商店的二次加工能力,以较低成本的竞争优势开发商品,通过商店的高品质、高附加值的转换程序,使这些原始产品转换成被赋予商店生命、魅力的二次加工商品。由此可见,商品活动的筹划,不仅对商店具有重要意义,而且对于推动中小企业的产品销售亦具有直接影响。

（2）传授促销方法。零售商店常因缺乏某些商品的销售技术而丧失商机,这实际上为生产企业的辅导活动提供了机遇。诸如店头广告、商品说明书、海报、直邮（DM）、赠品安排及各种展示活动等,均可由制造商帮助设计。

（3）塑造店头魅力。在消费活动日益个性化的时代,店头魅力对吸引客户来店选购影响极大,尤其是感性的购买行为。因此,商店的外观、橱窗布置、装潢、商品陈列与结构、照明、色彩等,都是不可或缺的辅导项目。

（4）协助建立内部管理制度。成功的商店所获得的利润,一部分来自经营合理化的管理,而通过建立和完善商店内部的各项管理制度,如财务和人事制度等,也能减少不必要的浪费,降低管理成本,如此一来也就相对增加了利润——因为良好的管理而产生的利益。因此,经营辅导的要旨就在于通过建立合理的内部管理制度,创造出较高的管理绩效。

（5）提供市场信息。商店丧失经营机会,往往是因为缺乏搜集市场信息的能力。因此,制造商应该系统地提供市场价格、竞争方面的信息,作为商店进行决策的依据。另外,竞争商店或业界成败的事例,也可提供给零售商作为经营管理的借鉴。

为了确保辅导工作的稳定性,建议企业除了强化销售人员的辅导功能外,还可设立专门的由资深销售人员及经营管理专家组成的经营辅导部门,并制订专门的辅导拓展计划,以配合中小企业总体的销售安排。需要指出的是,对零售商的辅导,一定要尊重零售商的意愿,切不可喧宾夺主。因此,经营辅导人员必须与商店经营者进行充分的沟通,在了解商店的特点和需要后,再制订具体的辅导计划。

二、零售终端人员管理

由于销售工作的特殊性,终端工作人员70%以上的时间是在办公室外度过的,因此,中小企业对终端工作人员的有效管理是零售终端管理中的首要环节。

（一）严格报表管理

运用工作报表追踪终端人员的工作情况,是规范终端工作人员行为的一种行之有效的方法。严格的报表制度,可以使终端工作人员产生压力,督促他们克服惰性,使终端人员做事有目标、有计划、有规则。报表是企业了解员工工作情况和终端市场信息的有效工具,同时,精心准确地填制工作报表,也是销售人员培养良好工作习惯、避免工作杂乱无章、提高工作效率的有效方法。主要报表有工作日报表、周报表、月总结表、竞争产品调查表、终端岗位职责量化考评表、样品及礼品派送记录表、终端分级汇总表等。

此外,还有主管要求定期填报或临时填报用于反映终端市场信息的特殊报表。终端工作人员一定要按时、准确地填写报表,不得编造,以防止因信息不实而误导企业决策,报表要及时通过互联网传达给企业。

（二）对终端人员进行培训

一方面，要加强在线培训，增强终端工作人员的责任感和成就感，放手让其独立工作；另一方面，给予终端工作人员理论和实践的指导，发现问题及时解决，使其业务水平不断提高，以适应更高的工作要求。同时，培训可以增进主管人员对终端人员各方面工作情况的了解，对制订培训计划和增加团队稳定性也有不可忽视的作用。

（三）进行终端监督

管理者要定期或不定期地走访市场，对市场情况作客观的记录、评估，并公布结果。通过对终端市场进行检查，可以直接了解终端人员的工作情况。同时，要建立健全竞争激励机制，对于成绩一般的人员，主管一方面要帮助他们改进工作方法；另一方面要督促他们更加努力地工作；对那些完全丧失工作热情，应付工作的人员，要坚决辞退；对成绩突出的人员，要予以充分肯定，并鼓励他们向更高的目标冲击。

（四）搞好终端协调

中小企业对终端工作人员所反映的问题，一定要给予高度重视，摸清情况后尽力解决，这样既可体现终端工作人员的价值，增强其归属感、认同感，又可提高其工作积极性。同时，要鼓励他们更深入、全面地思考问题，培养自信心。

中小企业只有建立健全终端人员管理制度，并通过它来约束终端工作人员的行为，终端管理的效果才能得到保证。

三、零售终端管理要求

终端销售绝不是一种简单的组合，往往需要中小企业运用各方面的资源协调完成。特别是竞争的压力使得终端销售的技术日益精进，对管理工作提出了更高的要求。

（一）选择适宜的终端类型

中小企业选择何种业态、何种商店或消费场合，必须经过认真的考虑。另外，必须对这些业态或商店的商圈特征，如人口结构、地理环境、生活形态及竞争态势进行评估。并非选择有利的商圈位置或有名的商店就一定能促进销售。中小企业应该认真研究自己的实力和目标，从而选择适宜的终端类型。

（二）争取店方的合作

店方的合作是影响终端销售效益的难点之一。通常情况下，店方更愿意把机会给予知名的企业或品牌，但新品牌或新企业并非没有自己的优势。这就要求中小企业必须懂得谈判的艺术，把自己的特点和优势准确地告诉对方。与此同时，强化其他促销形式的作用，通过严格的管理和良好的沟通赢得店方长久的合作。

（三）增加人力的支持

许多终端销售活动要靠代言，靠大量的人力去实践，而对于大多数中小企业而言，要在短时间内培训一支符合要求的消费队伍并非易事。为了解决这一问题，一些中小企业开始雇用临时的专业人员或商业学校的学生从事这一工作。实践证明，这是一种既经济又有效率的做法，但中小企业必须加强监督与管理，以确保整个销售安排按照自己确定的方向进行。

（四）提高促销的整体配合

强调终端销售的价值,并非排斥其他形式的促销安排。终端销售的实现,往往以中小企业形象的确立和品牌价值的塑造为前提,这也是一些知名品牌往往能在商店占据有利位置的原因。事实上,终端销售与其他促销形式存在呼应的关系,运用得当会产生意想不到的作用。

第三节 渠道冲突管理

一、渠道冲突的含义

渠道冲突是指当分销渠道中的某一成员将另一成员视为敌人,且对其进行伤害、设法阻挠或在损害该成员的基础上获得稀缺资源的情景。简而言之,所有渠道中相关成员的某一方或几方利用某些优势和机会对另一个或几个成员采取某些敌意行为的情况都可以被认为是渠道冲突。

二、渠道冲突的类型

简单地说,当渠道成员之间关于分销渠道事件有不同意见或理解时,冲突往往会发生。一般来说,可把渠道冲突分为三大类:同质性冲突、水平性冲突和垂直性冲突,如图 5-2 所示。

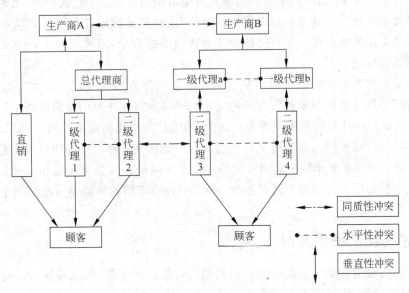

图 5-2 渠道冲突的类型

（一）同质性冲突

同质性冲突指的是在同一宏观环境中一家企业的分销渠道与另一家企业的分销渠道

在同一层上的冲突。如图 5-2 中的生产商 A 和生产商 B 的分销渠道在同一层级上的同质性冲突往往与市场竞争相关,如处于互相竞争中的两个零售商因为相同的目标市场会产生同质性冲突。类似地,一个批发商与同一层次上另一个生产商的批发商之间的竞争也是同质性冲突。例如,统一的矿泉水与娃哈哈的矿泉水在市场零售终端间的冲突就是同质性冲突。

(二)水平性冲突

水平性冲突指的是某一企业的渠道系统中处在同一水平的不同渠道客户之间的竞争,这往往发生在划分区域分销的渠道结构当中。如图 5-2 所示,每个生产商自己的分销渠道系统中以水平虚线连接的各方之间发生的冲突就是水平性冲突。也就是说,生产商 A 的分销渠道中二级代理商 1、2 之间或生产商 B 的一级代理商 a、b 之间的冲突就是水平性冲突。目前,我国很多渠道冲突就是这种表现形式。

(三)垂直性冲突

垂直性冲突指发生在某一企业渠道系统中不同水平企业之间的竞争。如图 5-2 所示,生产商 A 或生产商 B 各自的分销渠道结构图中的所有垂直线连接的各方之间发生的冲突就是垂直性冲突。垂直性冲突也可称作上下游冲突,一方面,越来越多的中间商从自身利益出发,采取直销与分销相结合的方式销售产品,这就不可避免地要同下游中间商争夺客户,大大挫伤了下游渠道的积极性;另一方面,当下游经销商的实力增强以后,不甘心目前所处的地位,希望在渠道系统中有更大的权利,向上游渠道发起了挑战。在某些情况下,生产商为了推广自己的产品,会越过一级经销商直接向二级经销商供货,使上下游渠道产生冲突。例如,当广东美的公司决定对渠道结构进行扁平化改革时,渠道经理希望某些一级批发商能成为其他一级批发商的下线,这种调整措施往往会导致某些渠道成员不能与其他渠道成员合作。渠道结构变革和调整的过程中,不同层级上渠道成员间的不合作就是垂直性冲突。

我国渠道冲突的主要表现形式是水平性冲突和垂直性冲突,其中,水平性冲突中的"跨区销售"是最主要的和最经常性的冲突。水平性冲突往往是由经销商所主导的一种冲突模式;而垂直性冲突则是由于零售商壮大(特别是大型连锁超市的兴起)以及互联网的普遍应用后生产商直接与零售商交易而引发的一类冲突。解决渠道冲突需要解决四个问题:不同渠道是否服务于同一类最终用户;渠道之间是恶性竞争还是相互受益;现有渠道利润减少是渠道入侵的结果还是本身的问题;一类渠道的衰败是否威胁到了企业的利润水平。

三、渠道冲突的根本原因

学者们把渠道冲突的根本原因一般归纳为:角色不一致、观点差异、决策权分歧、期望差异、目标错位、沟通困难及渠道成员间存在的资源稀缺。

(一)角色不一致

一个渠道成员的角色是指每一渠道成员都可接受的行为范围。当发生角色不一致时,一个渠道成员的行为就超出了由其他成员角色预期决定的可接受范围。例如,一个批发商可能遇到来自供应商的发货延迟，这是它难以接受的。在某些情况下，当一个渠道成员对什么样的行为属于可接受的不能肯定时，就会产生角色模糊。渠道成员需要知道其他渠道成员的预期是什么，它的责任有哪些以及它的行为是如何被评价的。

（二）观点差异

观点差异是指一个渠道成员如何理解一种情境或如何对不同刺激作出反应。一个零售商如果觉得50％的折扣合适的话，他也许会认为40％的折扣是不公平的。渠道成员也可能对同样的刺激作出不同的反应。例如，一个小独立零售商可能会把制造商的合作广告计划看作重要的促销工具，但大零售连锁店可能会认为这种计划无效。

渠道成员可以通过了解其他成员的观点及改变报酬制度，解决属于观点差异性质的冲突。以合作广告为例，基于了解到大零售商和小零售商对此计划的观点差异，制造商应当为他们提供不同的计划。以毛利率问题为例，制造商应当在零售商同意保持更大存货水平的条件下，考虑给予50％的折扣。

（三）决策权分歧

决策权分歧是指渠道成员对它应当控制特定领域的业务的强烈感受。分歧发生在渠道成员们对外在影响的范围不满意的时候。共同决策权分歧是指零售商或制造商是否有权决定商品的最终销售价格，零售商是否有权倒卖商品，制造商是否有权对销售商规定存货的保有水平等。

（四）期望差异

期望差异涉及一个渠道成员对其他成员行为的预期。例如，当一个零售店遭遇新兴几家零售店进攻时，制造商可能预期其销售额会明显下降，从而减少其销售人员的访问次数和更紧的信用控制。而在遭遇竞争时，零售店则期望的是制造商提供更多的支持以帮助其渡过危机。无论是制造商还是零售商，对于合作各方的行为都有一个基本判断和预期，而这些判断和预期是不可能完全一致的，总会存在差异。

（五）目标错位

目标错位是导致渠道冲突的首要原因。所谓目标错位是指不同渠道成员的目标可能不一致，而且这些目标不可调和。例如，一个制造商可能为其新风味的乳酪谋求更多的货架空间，以便扩大其市场份额。相反，超市零售商关心的是这种新风味的乳酪如何能增加其销售额。尽管从销售一种品牌转到销售另一种品牌是制造商的目标，零售商则更关心该品牌类型的总销售额。通过分析中间商和制造商关于中间商怎样才能使其利润最大化的各自观点，我们也可以看到目标错位现象。中间商通过更高的毛利率、更快的存货周转率、更低的支出及更高的制造商佣金谋求利润最大化。除了获得更大的销售额，制造商则愿意看到中间商更低的毛利率、更多的存货、更多的促销费开支及更少的佣金。

（六）沟通困难

沟通困难是指渠道成员间缓慢或不准确的信息传递。沟通困难的例子有：最终消费者在批发商和零售商之前被通知回收一种产品，或者制造商不能得到特定渠道销售的一种重要产品的销售信息。为了减少沟通困难，某些大零售商一直要求它们的供应商通过电子数据交换系统传送采购单、发票及在某些情况下提前装运等。

（七）资源稀缺

资源稀缺是指由于稀缺资源分配引起的冲突。资源稀缺造成冲突的一个例子是一家制造商在决定采用间接销售的渠道形式后，仍决定保留某些大客户作为自身客户。客户资源本身是有限的，谁都想占有优势客户，对客户资源的争夺便是渠道冲突的诱因之一。

四、渠道冲突的解决方法

渠道冲突的存在是一个客观事实，不能消灭，不能根除，只能辩证分析，区别对待。

要知道，并非所有的冲突都会降低渠道效率。低水平的渠道冲突可能对分销效率无任何影响，中等水平的渠道冲突有可能会提高渠道的分销效率，而高水平的渠道冲突才会降低渠道的分销效率。适当冲突的存在会增强渠道成员的忧患意识，促使渠道成员进行创新。例如，尽管多渠道销售产品会增加产生冲突的可能性，然而这一策略也可能使各渠道之间互相竞争，从而带来销售额的最大化、使顾客购买更加便利以及迫使渠道成员不断创新。所以，我们应该把渠道冲突控制在一个适当的范围之内，善加利用。同时，要坚决制止会导致渠道成员关系破裂的高水平渠道冲突。

（一）建立产销战略联盟

所谓产销战略联盟，是指从企业的长远角度考虑，"产"方和"销"方（制造商与分销商）之间通过签订协议的方式，形成风险—利益联盟体，按照商定的分销策略和游戏规则，共同开发市场，共同承担市场责任和风险，共同管理和规范销售行为，共同分享销售利润的一种战略联盟。让渠道成员建立产销战略联盟是消除渠道冲突最有效的方法。

1985年，波特在其著名的《竞争优势》一书中提出价值链的概念，波特将价值链定义为是从原材料的选取到最终产品送至消费者手中的一系列价值创造的过程。价值链作为一种分析的工具，在中小企业战略分析中，已超越企业的边界而扩展到分析供应商和分销商，涵盖了中小企业外部价值链分析和内部价值链分析。外部价值链分析包括供应链分析和顾客链分析；内部价值链分析包括研发、生产和营销分析。一个企业要具有竞争力，必须创建自己高效的价值链。因为企业之间的竞争不单是企业单体之间的竞争，而是企业所处的价值链之间的竞争。同处一条价值链的企业之间应是一种战略合作的关系，而不仅仅是一种简单的买卖关系。科特勒认为，制造商希望渠道合作，该合作产生的整体渠道利润将高于各自为政的各个渠道成员的利润。巴泽尔和盖尔的研究表明：企业与主要的供应商竞争是不可取的。

由表5-1可知，与供应商竞争状况下的投资收益率、销售利润率和毛利率均低于没有竞争状况下的相应的投资收益率、销售利润率和毛利率。厂商合作的表现形式并没有改变传统的渠道结构，但本质上却将渠道成员中的厂家和商家由松散的、利益相对的关系变为紧密的、利益融为一体的关系。

表 5-1　与供应商竞争状况下的绩效比较

平　　均	否	是
投资收益率(ROI)	22.7%	20.7%
销售利润率(ROS)	9.3%	8.3%
毛利率	26.7%	24.8%

资料来源：战略与绩效——PIMS 原则[M].北京：华夏出版社,2000

1. 产销战略联盟实现的基础

产销战略联盟是建立在双方或多方共同利益的基础之上的,这种共同利益的形成依赖于双方或多方优势的相互吸引。可以将这种优势描述为一种力量,称为渠道关系的五种基本力量,产销战略联盟能否实现,取决于双方或多方之间是否存在这种基本力量中的一种或几种。现将制造商的这五种力量分述如下。

(1) 强迫力量

强迫力量是指当分销商不合作时,制造商就威胁停止某种资源的供给或终止往来关系。

如果分销商对制造商的依赖程度较高,这种力量的影响是相当大的,但制造商施加压力会使分销商产生不满,并迫使它们组织起来以抵抗这种力量。强迫力量在短期行为中可能有效,但从长远的观点来看,这种力量是最弱的。

(2) 报酬力量

报酬力量是指分销商执行特定任务时,制造商给予的附加利益。报酬力量的效果虽然比强迫力量好,但制造商的开支过高。分销商按照制造商的要求做事并不是出于固有的信念,而是因为有额外的报酬。每当制造商要求分销商执行某项任务时,分销商往往要求更高的报酬。如果取消报酬,分销商就会感到受骗了。

(3) 法定力量

法定力量是指制造商凭借上下级关系或合同要求分销商执行某项任务。例如,制造商要求分销商保持一定的存货量,作为特许合同的一部分。法定力量的使用必须两厢情愿,制造商认为这是自己的权利,也是分销商应尽的义务。只要分销商把制造商看作法定的领导者,这种法定力量就起作用了。

(4) 专家力量

专家力量是指制造商所拥有的专门技术,而这些专门技术正是分销商认为有价值的东西。例如,某制造商有一个完整复杂的系统来确定分销商的领导者,或给分销商的推销员提供专业的知识训练。专家力量是一种权利,因为分销商如果不从制造商那里得到这方面的帮助,它的经营就很难成功。问题是一旦专业知识传授给了分销商,这种力量的基础就被削弱了。制造商解决问题的办法是不断开发新的专业知识,以至分销商会迫切地不断要求与制造商合作。

(5) 声誉力量

声誉力量是指制造商拥有品牌、商标、管理方法等无形资产,分销商对制造商有很高的敬意,并希望成为其中的一员。例如,麦当劳、劳力士等大公司就有很高的声誉力量,分销商通常都会按其要求行事。

一般来说,制造商应该依次培养其声誉力量、专家力量、法定力量和报酬力量,并使用这些力量形成产销战略联盟,以便获得产销之间成功的合作,而对于强迫力量则应尽可能减少使用。

2. 产销战略联盟实现的方式

产销战略联盟具有方式灵活、层次多样的特性,所以产销双方在实行联盟时有从低到高的多种形式。

(1) 会员制

会员制是产销战略联盟的一种初级形式,各方通过协议形成一个俱乐部式的联盟,互相遵守游戏规则,互相协调,互相信任,互相帮助,共同发展。一般来说,生产企业为俱乐部的核心,负责制定游戏规则,而经销商是会员,可参与游戏规则的制定,产销双方均要遵守规则。

(2) 销售代理制

销售代理制比会员制更具有紧密结合性和长期战略性。中小企业的分销渠道通常可采用经销或代理的方式,但作为产销联盟的一种销售代理制,与一般意义的销售代理相比有不同的特点。首先,作为产销战略联盟的销售代理制一般是制造商的独家代理形式或地区的独家代理形式,而非联盟代理既可以是独家代理,也可以是多家代理。其次,产销战略联盟的销售代理制一般采用的是佣金代理形式,而非联盟代理既可以是佣金代理,也可以是买断代理形式。最后,产销战略联盟的销售代理制的代理商与企业之间的代理协议约束力较强,涉及的内容较多,而非联盟代理协议的约束力较弱,涉及的条款内容较少。产销战略联盟的销售代理制下产销双方合作的期限较长,合同期限可长达 10 年以上,而非联盟代理的合作期限较短,通常 1 年续签一次合同。

(3) 联营公司

联营公司是更高层次的产销战略联盟。所谓联营公司,是指产销双方企业利用各自的优势以各种方式按照法律程序联合经营的体制,这些方式包括合资、合作和相互持股等。形成联营公司的产销双方在利益上更趋向于一致性,更具备共担风险、共享利益的特性,从而合作的基础也更牢固。

1997 年 11 月,格力在湖北成立了第一家格力销售公司。该销售公司是以资产为纽带,以品牌为旗帜的区域性销售公司。由格力出资 200 万元控股,其余四家经销商——武汉航天、中南航运、国防科工委、省五金各出资 160 万元组建而成,从而开创了独具一格的厂商合作的专业化销售道路。这种公司式的合伙关系可以消除厂家和商家为追求各自的利益而造成的冲突,厂家与商家结成利益共同体,共同致力于提高市场营销网络的运行效率,实现了优势互补,减少了重复服务,增加了经营利润。

(二) 短期战术

1. 目标管理

当企业面临竞争对手时,树立超级目标是团结渠道各成员的根本。超级目标是指渠道成员共同努力,以达到单个成员所不能实现的目标,其内容包括渠道生存、市场占有和顾客满意率等。从根本上讲,所树立的这个超级目标不是单个企业所能完成或实现的,只有通过渠道合作才能实现。一般只有当渠道一直受到威胁时,共同实现超级目标才会有助于渠道冲突的解决,这才有建立超级目标的必要。

对于垂直性冲突来说，一种有效的处理方法是在两个或两个以上的渠道层次上实现人员互换。例如，让生产商的一些销售主管到中间商那里去工作，但由生产商管理并负责薪酬。另外，有些中间商负责人可以在制定有关中间商政策的领域内工作。通过互换人员，可以设身处地地站在对方的立场上来考虑问题，便于在确定共同目标的基础上处理一些垂直性冲突。

2. 销售促进激励

要减少渠道成员的冲突，有时成员组织的领导者不得不对其政策、计划进行折中，对以前的游戏规则进行修改。这些折中和修改，是为了对成员进行激励，以物质利益刺激他们求大同，存小异，大事化小，小事化了，激励如价格折扣、数量折扣、付款信贷、按业绩奖励制度、分销商成员的培训、成员的会议旅游等。

3. 协商谈判的艺术

协商谈判是为实现解决冲突的目标而进行的讨论沟通。成功的、富有艺术的协商谈判能够将原本可能中断的渠道关系引上新的成功之路。协商谈判是营销渠道之中常有之事。有效的谈判技巧是非常有用的，它是渠道成员自我保护和提高自己地位的手段。如果掌握了这一艺术，在面临冲突或解决问题时保持良好关系的可能性就会大大增加。甚至许多对手也会因一次成功的谈判而成为长久的合作伙伴。

一个正确的谈判过程可以分为以下几个步骤。

(1) 识别问题，正确地识别问题是解决问题的前提和基础。

(2) 获取事实，要注意分清事实和假设。

(3) 提出可能的解决途径。

(4) 评估待选解决办法，要注意运用客观的、符合逻辑的判断标准。

(5) 选择方案。

(6) 执行方案。

(7) 对结果进行评估。如果未能解决问题，很可能需要重新进行这一过程。

4. 清理渠道成员

不遵守游戏规则、屡犯不改的渠道成员，有可能是当初对其考察不慎，该成员的人格、资信、规模和经营手法等未达到渠道成员的资格和标准。此时就应该重新审查，将不合格的成员清除出联盟。如对那些肆意跨地区销售、打压价格进行恶性竞争的分销商，或长时间未实现规定销售目标的分销商，都可以采取清理的方法。

5. 法律手段

法律手段是指渠道系统中冲突存在时，一方成员按照合同或协议的规定要求另一方成员行使既定行为的法律仲裁手段。例如，在特许经营体系中，特许经营商认为特许总部不断新添的加盟商侵蚀了它们的利益，违反了加盟合同中的地理区域限定，这时就很可能采用法律手段来解决这一问题。

法律手段应当是解决冲突的最后选择。因为一旦采用了法律手段，另一方可能会完全遵守诉讼方的意愿而改变其行为，但是会对诉讼方产生不满，这样的结果可能会导致双方的冲突增加而非减少。从长远来看，双方可能会不断卷入法律的纠纷中而使渠道关系不断恶化。

第四节　窜货行为的控制

有许多优秀的企业,在满意地完成产品设计,大胆地投放广告从而完成市场开拓后,最终在市场混乱中画上句号。在销售区域管理中危害性最大的是对窜货的忽视、放任和不知所措,最后导致整个营销体系的土崩瓦解。套用一句俗语就是"创业容易守业难",许多企业懂得创名牌容易、保名牌难的道理,但是面对窜货问题就显得束手无策。

所谓窜货,就是由于销售网络中的各级代理商、分公司等受利益驱动,使所经销的产品不按原区域销售,而进行跨区域销售,造成价格混乱,从而使其他经销商对产品或品牌失去信心,消费者失去信任的现象。

许多企业在开拓市场时,对自己的销售体系信心百倍。国内销售渠道主要有经销制、代理制、电商制和分公司制,这几种销售模式各有所长,但对通路的管理也各有其难。通路的管理除了对渠道本身管理以外,还包括对质量,特别是对价格的管理或监控。

一、窜货的表现形式

窜货出现的根本原因在于参与方见利忘义。它有以下几种表现形式。

(一)经销商之间的窜货

利用经销商是企业通常采用的销售方式,企业在开拓市场阶段,由于实力所限,往往把产品委托给销售商代理销售。销售区域格局中,由于不同市场发育不均衡,甲地的需求比乙地大,甲地货供不应求,而乙地却销售不旺,为了应付企业制定的奖罚政策,乙地想方设法完成销售份额,通常将货以平价甚至更低价转给甲地区。此时销售假象使乙地市场面临着在虚假繁荣中的萎缩或者退化,给竞争品牌以乘虚而入的机会,而重新培育市场要付出巨大代价,乙地市场可能同时被牺牲掉。

(二)分公司之间的窜货

分公司制的组织形式通常是指有强大实力的企业在各销售区域分派销售人员,组建分公司,相对独立但又隶属于企业的区域管理制度。分公司的最大利益在于销售额,为了完成销售指标,取得业绩,往往将货卖给销售需求大的兄弟分公司。分公司之间的窜货将使价格混乱,最终导致市场崩溃。

另外,在有些企业中,由于管理监控不严,总部高管或销售人员受利益驱动,违反地域配额政策,使区域供货平衡失控,造成市场格局不合理,也是常见的窜货形式。

(三)低价倾销

销售网络中的销售单位低价倾销过期或者即将过期的产品,是窜货的又一种表现形式。对于食品、饮料、化妆品等有明显使用期效的产品,在到期前,经销商为了避开风险,置企业信誉和消费者利益于不顾,采取低价倾销的政策将产品倾销出去,扰乱价格体系,侵占新产品的市场份额。

(四)销售假冒伪劣产品

企业还必须警惕的另一种更为恶劣的窜货现象是:经销商销售假冒伪劣产品,假冒伪劣产品以其超低价位诱惑着销售商铤而走险。销售商往往将假冒伪劣产品与正规渠道的产品混在一起销售，掠夺合法产品的市场份额，或者直接以低于市场价的价格进行倾销，打击了其他经销商对品牌的信心。

（五）线上线下窜货

随着电子商务的兴起，越来越多的消费者倾向于通过网络渠道去购买商品，电商渠道的低成本和高效率，使得该渠道的商品价格相对于企业传统渠道有明显的优势，部分参与者会为了追逐利益而在线上和线下进行窜货。

二、窜货的危害

窜货现象的出现会侵蚀企业苦心经营的销售体系，特别是容易导致企业价格体系出现混乱，进而引起连锁反应，危害企业。

（一）经销商对产品品牌失去信心

经销商销售某品牌产品的最直接动力是利润。一旦出现价格混乱，销售商的正常销售就会受到严重干扰，利润的减少会使销售商对品牌失去信心。销售商对产品品牌的信心树立，最初是广告投放，这是空中支持；紧接着是地面部队的配合，就是营销监控；最后是企业对产品质量、价格的监控。当窜货引起价格混乱时，销售商对品牌的信心就开始日渐丧失，最后拒售商品。

（二）消费者失去信任

混乱的价格和充斥市场的假冒伪劣产品，会动摇消费者对品牌的信心。消费者对品牌的信心，来自良好的品牌形象和规范的价格体系。窜货现象导致价格混乱和渠道受阻，严重威胁着品牌无形资产和企业的正常经营。在品牌消费时代，消费者品牌忠诚的前提是对品牌的信任。由于窜货导致的价格混乱会损害品牌形象，一旦品牌形象不足以支撑消费者信心，企业通过品牌经营的战略将会受到灾难性的打击。

三、解决窜货问题的对策

（一）责权明确

企业销售应该由一个部门负责，多头负责、令出多门最容易导致价格的混乱。这种现象多数源自行政部门对销售部门的干扰。在部门责权明晰的企业，即使企业最高首脑要货，也须通过销售部门按企业法定价格办理，企业维护了产品的价格统一，在一定程度上就堵住了源自企业内部的窜货源头。

（二）加强销售区域的管理

销售区域和通路是窜货发生的主要渠道，因此，规范了区域和通路，就有可能从根本上抵御窜货。为此，首先要做到科学有效的区域和通路管理，确保区域和通路的安全性，安全性主要是指通路上产品价格的规范和稳定。影响通路安全的另一个容易被忽视的因素，就是对销售终端的管理。如果终端的销售价格低于一级、二级代理商，后者的利益受到威胁，很有可能以降价来保护自己。因此，终端的销售价格一定要高于一级、二级代理商,如果价格有明显变化,应该及时找出原因,其中重点是向上搜索一级、二级代理商渠道,检查有无窜货现象发生。

(三)实行产品代码制

实行代码制便于对窜货作出准确判断和迅速反应。所谓代码制,是指给每个销售区域编上一个唯一的号码,并与产品关联,一旦在甲地发现乙地产品,就应该作出快速反应。

(四)实行奖惩制

发生窜货的区域,必有其他经销商由于利益受损而向企业举报,对于举报的经销商,应该给予奖励。对于窜货商,应该立即停止向其发货,重新选择经销商。

(五)第三方监管

近年来还出现了一种比较有效的防止窜货的办法,那就是充分利用各类中介机构。目前有关调查、咨询的公司有很多,既有中国的公司,也有国外的公司,他们在市场调查方面具有先进的理念和方法,许多公司通过委托中介机构对市场进行监控,以此来预防和管理窜货现象。当然,这种方法的不足就是企业必须支付一定数量的费用,对于中小企业来说意味着成本的增加。

窜货是一种极易被忽视,但却对品牌和企业经营具有很强杀伤力的销售管理病症。特别是对有深厚品牌积累的企业,忽视窜货,有可能导致"千里之堤,溃于蚁穴"。因此,企业应该对区域和通路安全给予足够重视。

本 章 小 结

渠道客户关系管理是客户关系管理的重要组成部分。主要包括:渠道客户的选择、终端客户的管理、渠道客户的冲突管理、窜货行为的控制。

渠道客户的选择主要包括:选择合适的渠道成员,可通过地区销售组织、商业渠道、中间商咨询、消费者、广告、商业展现等多种途径进行选择。在选择渠道客户时,可参考布伦德尔标准、Pegram 标准等来进行考察并选择渠道客户。

终端客户的管理主要是指零售终端的管理,主要讲述:①零售终端客户管理的主要内容,主要包括零售终端陈列(产品陈列、用附属性广告制造氛围、个性全面的分销设备、信息传递)、零售终端促销(销售促进、导购服务、关系营销)、零售终端辅导。②零售终端人员管理,常见的措施有严格报表管理、对终端人员进行培训、进行终端监督、搞好终端协调。③零售终端客户管理好,要求选择合适的终端类型、争取店方的合作、增加人力的支持、提高促销的整体配合。

渠道的冲突管理主要讲述渠道冲突的定义和冲突的类型(同质性冲突、水平性冲突、垂直性冲突),冲突发生的原因及有关避免和解决冲突的方法。

窜货行为的管理主要讲述窜货的定义及常见的表现形式(经销商之间的窜货、分公司之间的窜货、低价倾销、销售假冒伪劣产品、线上线下窜货);窜货的危害及解决窜货问题的对策(责权明确、加强销售区域的管理、实行产品代码制、实行奖惩制、第三方监管)。

案　例　分　析

诺基亚中国市场渠道崩盘：大批代理商拒绝进货

把希望寄托于一个在 2G 时代成功的销售主管和一款千呼万唤仍未出笼的手机上，诺基亚还是过于乐观了。

诺基亚在全球陷入困境，是 2007 年苹果公司第一款全触屏智能手机 iPhone 惊艳问世后就被反复讨论的话题了。但诺基亚内部认识到这个危机比外界要晚得多。2010 年下半年，骄人的业绩还令整个中国区为之骄傲，亦使诺基亚总部还迷信于其丰富的产品线可以扛住全屏智能手机的冲击。直到 2011 年 2 月，新上任的诺基亚 CEO 史蒂芬·埃洛普毅然放弃塞班系统，宣布与微软结盟，更多人开始为这个王国的覆灭倒计时了。一向业绩稳定的中国市场，会成为压弯诺基亚的最后一根稻草吗？

"我们的渠道在二季度因为承受不住，一下子崩盘了。这种事以前从来没发生过。"前述诺基亚内部人士对财新《新世纪》解读说，渠道危机并非是由某一季度的销量不畅所致，而是一个累积的结果，而根本原因，正是诺基亚中国被总部"委以过多的责任"。

中国区之所以被四面楚歌的诺基亚视为"中流砥柱"，其一是中国拥有全球最大手机市场，更重要的是，诺基亚中国过去十几年中打造出了一个比任何其他手机品牌都更为强大的渠道——既包括蜂星等三大国家级代理商和 30 多家省级代理商这样批发性质的渠道商，也包括国美、苏宁、迪信通等零售直供伙伴，还有三大运营商渠道——覆盖了全国大部分一到三线市场。即使这样，2001 年开始担任诺基亚中国区副总裁兼销售总经理的赵科林(Colin Giles)仍然认为渠道下沉得不够，不能有效快速地到达消费者。

2003—2004 年，赵科林在中国区开创了曾被人称颂多年的全新渠道模式——FD (fulfillment distribute)模式，即发展省级直控分销商，内部简称 FD 省代。FD 与以前的省级代理商最大区别在于，它只承担搭建省一级资金和物流平台的责任——货从厂家到该平台，再到下一级遍布三、四线以下城镇市场的终端经销商(WKA)手里，定价权统统属于诺基亚，虽然也有一定差价，但 FD 基本不再靠手机差价赚钱，而是赚取来自诺基亚的返点。

在 2G 时代，诺基亚靠丰富的产品线和品牌高知名度拥有着"一览众山小"的市场地位，因此在全国推广 FD 模式也相当顺利——虽单部手机毛利低，不能一夜暴富，但量大，可持续，依靠快速周转，可以薄利多销，对代理商具有巨大吸引力。仅一年时间，诺基亚就铺设了 100 多家 FD 省代，平均每三天就有一家分销商开业。

凭借以 FD 模式为代表的"农村包围城市"战略和庞大的渠道体系，诺基亚在中国手机市场份额激增 40%，于 2004 年夺走中国整体手机市场的第一宝座；2005 年中国市场成为诺基亚全球最大单一市场，2006 年更一举击退了摩托罗拉趁 RAZR V3 手机热销之势进行的最后反扑，奠定了在中国的绝对领先地位。自此，大中华区市场(包括中国内地、中国台湾、中国香港以及日本、韩国，绝大部分业绩来自中国内地)在诺基亚全球销售额中的权重,一直保持在 20% 左右。

赵科林也因此一路升迁。2009 年,时任诺基亚大中国区客户及市场运营高级副总裁的赵科林取代何庆源担任诺基亚中国新总裁;当年年底,赵科林再进一步,成为诺基亚全球销售业务主管,邓元鋆升任诺基亚中国副董事长。由于诺基亚在中国不再设立总裁职务,邓成为诺基亚在中国的实际掌门人,来自芬兰总部的梁玉媚出任诺基亚中国副总裁,负责市场营销。

软件工程师出身的邓元鋆也是诺基亚中国的有功之臣,2003—2004 年,他成功领导了诺基亚在北京、苏州、东莞的四家生产性合资公司的合并重组,成立了中国移动通信行业最大的制造和出口企业诺基亚首信通信有限公司;诺基亚在北京经济技术开发区牵头的星网工业园和在东莞兴建的南信物流中心,也通过供应链管理挤压库存成本和渠道间隙,给了诺基亚“最不怕价格战”的底气。

赵科林给邓元鋆留下的是一个漂亮的成绩单:2009 年前三个季度是全球金融危机肆虐的时期,全球手机销售总量萎缩,诺基亚净销售额同比下降 20% 以上,但诺基亚中国销售量却暴增 38.7%,三个季度就卖出了 5050 万部。另据赛迪顾问有关 2009—2010 年中国智能手机市场竞争分析的一份调研报告,整个 2009 年,中国市场共卖出 2222.5 万部智能手机,其中诺基亚就占了 1502.3 万部,市场份额超过三分之二,当时苹果只卖出 16.1 万部。

或许正是因为 2009 年的成绩单太过漂亮,总部对邓元鋆和梁玉媚寄予了更大的业绩期待。“心态上有点急于求成,于是不断对渠道实施‘高压’政策。”前述诺基亚内部人士评价说,“代理商的存货周转从过去正常的三四周不断恶化,先是五六周,然后是七八周……到了 2011 年一季度,FD 的存货周转已拉长至前所未有的 11 周,而且没有下降趋势,很多 FD 资金周转陷入绝境。”

2010 年四季度的一次意外雪上加霜——临近新年,诺基亚的工厂由于对市场预期不足,生产环节突然掉链子,市场大批缺货。最严重时,原订的发货日期被向后拖延有六七周之久。

而这正是各级代理商最不愿意看到的局面——钱都交了,却迟迟拿不到货,既失去了市场机会,同时让本来就因库存周期不断拉长而面临很大压力的资金进一步捉襟见肘。

到 2011 年一季度,工厂的发货倒是正常了,2010 年 12 月被拖延的订单相继发出,产生的连锁反应却更糟——市场在走下坡路,为了业绩,诺基亚对代理商施加了更大的压力,大批上季度延迟的货堵满了仓库。

最糟糕的情况出现了。从 4 月开始,各地代理商有史以来第一次集体对诺基亚“说不”,诺基亚在中国市场陷入史无前例的渠道崩盘。

“他们中有很多人已经跟诺基亚合作了十几年,这期间,诺基亚一直是游戏规则的制定者,现在 FD 停止从诺基亚进货的理由也很充分——已经赔到不能再赔了,不能再玩了。”这位人士说,由于大批渠道商拒绝进货,他们已经预料到二季度的报表会非常难看。

资料来源：转载于 2011 年 8 月 15 日《新世纪》周刊，有删节

思考：

1. 诺基亚和代理商之间出现了什么问题？
2. 对于诺基亚出现的问题，结合你所学的知识给出解决问题的建议。

思考与训练

一、选择题

1. 商业渠道不包括（　　）。

　　A. 消费者　　　　　　B. 电话簿　　　　　C. 商业组织　　　　　D. 出版物

2. 由生产者、批发商和零售商纵向整合组成的统一系统属于（　　）。

　　A. 传统渠道系统　　　　　　　　　　B. 垂直渠道系统

　　C. 水平渠道系统　　　　　　　　　　D. 多渠道系统

3. 属于水平渠道冲突的是（　　）。

　　A. 连锁店总公司与各分店之间的冲突

　　B. 某产品的制造商与零售商之间的冲突

　　C. 玩具批发商与制造商之间的冲突

　　D. 同一地区麦当劳各连锁分店之间的冲突

4. 生产者除了选择和激励渠道成员外，还必须定期评估他们的（　　）。

　　A. 贷款偿还能力　　　　　　　　　　B. 财务状况

　　C. 绩效　　　　　　　　　　　　　　D. 违约赔偿能力

5. 分销渠道不包括（　　）。

　　A. 辅助商　　　　　B. 生产者　　　　　C. 代理中间商　　　　D. 商人中间商

6. 在选择中间商时，（　　）是最关键的因素。

　　A. 市场覆盖范围　　　　　　　　　　B. 分销商声誉

　　C. 分销商财务状况　　　　　　　　　D. 分销商促销能力

7. 企业对中间商的基本激励水平应以（　　）为基础。

　　A. 中间商的业绩　　　　　　　　　　B. 企业实力

　　C. 交易关系组合　　　　　　　　　　D. 市场形势

8. 光明牛奶公司希望为它的新品酸奶获得额外的展示货架空间以提高市场份额，而分销商则关心这种新产品是否会创造更多利润，结果导致渠道冲突。这种冲突产生的原因是（　　）。

　　A. 角色失称　　　　B. 感知偏差　　　　C. 沟通困难　　　　D. 目标不相容

9. 一般来说，企业规模大、财力强、控制欲望又高时，往往选择（　　）。

　　A. 零渠道　　　　　B. 一级渠道　　　　C. 多级渠道　　　　D. 宽渠道

10. 解决渠道冲突最主要的通路是(   )。

    A. 明确责任   B. 加强区域管理   C. 实行奖惩   D. 第三方监管

二、简答题

1. 渠道成员包含哪些？

2. 终端客户管理的主要内容包含哪些？

3. 渠道冲突的类型有哪些？

4. 渠道冲突的解决办法有哪些？

5. 常见的窜货形式有哪些？

6. 控制窜货的方法有哪些？

第六章

核心客户的管理

学习目标：

1. 了解核心客户与一般客户的区别。
2. 了解核心客户的评估与选择方法。
3. 理解核心客户管理的方法与策略。
4. 能够根据一定标准、要求选择和评估核心客户。
5. 能够根据核心客户的不同，掌握核心客户管理的策略。

案例导入

汇丰银行：核心客户管理典范

汇丰银行是世界上最大的银行金融服务机构之一，以"环球金融、地方智慧"为其独有的特色，使其在众多同行业竞争者中脱颖而出。作为世界上最重视以客户为中心的银行，汇丰懂得客户对他们来说何等重要，尤其是那些创造了80%收入的20%客户，他们可以说是"汇丰的上帝"，而汇丰的理念就是"鉴别最佳客户，设计最佳体验"，这帮助汇丰银行在激烈的竞争中获胜。

1. 客户分级分类体系

在个人理财板块，汇丰银行以客户的"全面理财总值"为依据，也就是说，我们依据客户和银行之间现金流的总数为标准进行分割。并通过对 CRM 系统中庞大的客户信息和销售数据进行分析，引入客户的活跃度、客户资产和客户生命周期等维度对他们进行分类，最终得到精准的客户分级分类。

汇丰银行通过对客户的持续研究和跟踪调查，将客户主要分为以下 7 类。

（1）顶端客户

顶端客户类别中的客户的全面理财总值超过 10 亿港元。他们是汇丰银行卓越理财客户，也是占汇丰银行个人理财部门客户总数 5% 的那部分价值最高的客户。他们一般在汇丰银行有许多活跃的账户（使用频率高，近期使用频繁）；使用了汇丰银行一系列的产品和服务；愿意支付贴水费，把产品推荐给其他人；正处在职业生涯的上升期，他们为银行创造的收入要大于银行为此付出的成本。

（2）高端客户

高端客户类别中的客户的全面理财总值超过 100 万港元。他们也是汇丰银行的卓越理财客户，客户价值位于顶级客户之后，占总人数的 15%。他们在汇丰银行有一些活跃的账户（使用频率低，近期使用不频繁），使用了汇丰银行一系列的产品和服务，他们愿意支付的价格极富弹性，正处在职业生涯的上升期，他们为银行创造的收入要大于银行为此付出的成本。

（3）中端客户

中端客户类别中的客户的全面理财总值超过 2 万港元。他们是汇丰银行的运筹理财客户，占总人数的 60%，是个人理财部门比例最大的一个客户群。他们在汇丰银行有一些活跃的账户（使用频率低，近期使用不频繁），他们使用了汇丰银行一系列的产品和服务，他们创造的边际利润不尽如人意，也不会和汇丰银行发生大笔交易。

（4）低端客户

低端客户类别中的客户的全面理财总值在 2 万港元以下。他们是个人理财部门的常规客户，占总人数的 20%。他们在汇丰银行有一些活跃的账户（使用频率低，近期使用不频繁），他们使用了汇丰银行一系列的产品和服务，他们仅和汇丰银行做小笔交易，未来也很难创造更高的价值。

（5）非活跃客户

非活跃客户的账户处于"休眠"或者"结清"状态。休眠账户指那些 2 年，甚至更长时间都没有使用过的账户。结清账户是指客户申请结清的账户。

（6）潜在客户

潜在客户使用汇丰银行别的部门的产品，比如公司理财。银行内有他们的一些数据，并且和他们保持着联络。

（7）怀疑对象

怀疑对象是其他银行的客户。汇丰银行搜集到他们的有关数据，但还没有和他们进行联系。

2. 定义核心客户

基于客户分级分类体系，汇丰银行对客户情况做进一步的深入分析，找出为公司带来 80% 利润的客户究竟处于哪个位置。

为了进一步确定他们各自的利润率，汇丰引入另外四个客户价值参数，进一步分析和确认每个客户所能创造的价值，包括当前的价值和未来潜在的价值、对高利润的多产品组合的使用——汇丰银行提供各种个人理财服务产品。其中，投资和保险被认为是高盈利产品，储蓄是利润较低的产品之一，因此汇丰银行尽力利用交叉销售和提升销售来促使客户更多地使用这些产品。每笔交易的交易额是指每单笔交易的金额。如果客户的这个指标一直很高，那么他的交易成本就比较低，换言之，这个客户能够带来较多的利润。业务来往的时间——反映客户忠诚度的参数，与客户和汇丰银行保持业务来往的时间成正比。推荐记录——由于现有的客户的推荐而得到的新客户的人数记录。这个指标反映了客户在多大程度上愿意向其朋友推荐汇丰银行。

由此，汇丰银行定义出核心客户：他们属于顶级和高端客户，使用高利润的多产品组合,每单笔交易金额大。并且他们和汇丰银行保持很长时间的业务来往,会引荐很多新的客户到我们银行。通常这些核心客户群贡献的价值会占整个部门的大多数。

3. 为核心客户提供最佳体验

汇丰银行要利用客户体验管理来留住这些核心客户,要办到这一点,就要使客户对汇丰银行的产品、服务和价位都感到满意,以此建立起他们对汇丰银行的忠诚度。

汇丰银行很清楚这些客户的业务都很繁忙,希望每件事情都能迅速办理,没有时间在银行办公期间到银行跑一趟。因此,汇丰银行通过为其顾客提供五种渠道的服务来使他们感觉便捷和服务的灵活多样性(网上银行、电话银行、自助银行、移动银行和分行)。它把有些分支机构改为昼夜银行业务中心,客户可以在自己方便的时候利用空余时间处理自己的账户。同时,汇丰也建立起了电话及电子银行业务,提供了实时的服务和一步到位的购物场所,方便客户使用自己的账户及利用电话和互联网随时随地处理财务问题。

汇丰银行还为他们提供一步到位(one-stop)的金融服务,以满足他们在投资、保险和储蓄方面的需求。汇丰银行实行客户经理制下的团队作业。对于任何一个核心客户,由客户经理、产品经理、风险经理(甚至还有地区经理)组成一个流动的团队,共同分工协作展开营销工作。客户经理是客户联系的中心点,主要职责是了解客户的需求,熟悉银行的产品,统筹产品的销售;产品经理主要是了解客户的需求,了解市场产品的趋势,协助开发新产品,协助产品销售;风险经理主要是了解每个行业的最新情况,了解每个行业的风险,了解银行产品的风险,执行银行信贷政策。客户经理团队为他们提供完美快捷的服务,客户无论在地球的哪个地方,都能够获得优质的金融服务,只需一个电话,他们就能得到任何金融服务和帮助。

国内很多金融机构、电信运营商都是从"坐商"发展起步的,正是由于这样的历史,很多企业在当前市场环境中越来越迷茫——网点越建越多、客户经理采用"行商"的做法处处"主动出击",可是投诉率还是不断提高,而企业收益却并不与此同比增长。由此,我们想到汇丰银行的"核心客户管理"。但凡每个企业,都要有其核心客户才足以支撑企业正常的经营和发展。但是正如二八法则所阐述的那样,只有少量的客户群体创造了最大的企业价值。那么,如何充分使这些客户的贡献度达到最大化,是企业快速成长的关键。从汇丰银行对核心客户的定义,我们可以看到"使用高利润的多产品组合,单笔交易金额大;和汇丰银行保持长时间的业务来往,引荐很多新的客户到我们银行",正体现了核心客户在带来价值、高忠诚度和扩大核心客户群上所起到的重要作用。同时,汇丰银行为核心客户建立了相关的最佳体验,以保证核心客户能够享有最好的服务,强化中程度和扩散能力。

这一成功的做法值得各个企业借鉴。真正把关注点转移到核心客户的管理上,这样才能抓住企业盈利和发展的根本,才能促进企业价值的最大化。客户体验管理的概念已经越来越多地被触及,并且在市场竞争中被用来区分成功者和失败者。汇丰银行认识到了这一点,并希望通过一系列的体验创造策略来提升核心客户的体验,最终提高客户忠诚度。在客户体验创造过程中,对客户体验需求的有效识别是为客户创造独特体验的关键。针对核心客户,汇丰银行首先认识到这部分客户业务通常都很繁忙,时间也很紧张,因此提供了网上银行、电话银行、自助银行、移动银行和分行等多种渠道供客户选择,其目的在于为客户提供便利的体验、自由选择的体验。对核心客户而言,这些体验的提供是必要的,但仅仅这些还不够,因为这些体验对核心客户和普通客户没有区别。专门针对核心客户设计的体验创造策略必须具有一定的针对性,必须能够充分体现这部分客户的身份,让他们确确实实感觉到与众不同!通过客户经理制下的团队作业,汇丰银行为核心客户提供的"一步到位"的金融服务,就是一种很好的策略。通过这种策略,企业不仅可以对客户身份进行有效认知、跟踪客户的需求、为其提供全方位的服务和有针对性的理财方案,从而为客户创造和传递知识体验;而且还可以更好地识别客户的需求,帮助企业熟悉市场状况,据此制订更恰当的客户体验创造方案。

汇丰银行的客户管理是典型的大客户管理,基于客户价值进行客户细分,针对不同的客户细分进行差异化服务和营销策略,最终获得更高的客户满意度和更好的客户体验。这些道理可能每一个企业都懂,但是能够执行到每一个流程节点、每一个客户接触点却十分不易,因为这不仅仅牵涉一个客户管理系统,还需要从公司的整体战略、组织意识、组织结构、业务流程和绩效考核等方面都要有一个彻底的转变,而这种转变恰好是我们国内企业所欠缺的,需要努力去学习并追赶的。

另外,汇丰银行的客户体验理念也给我们国内企业很多启发,要更多地从客户角度出发,尤其是客户对于实际接触点所感受到的客户体验,这是最关键的。因为客户关系管理的第一阶段可能更多的是实现标准化和规范化,尤其是服务过程的标准规范,但是由于每一个客户的需求和行为习惯不一样,所以个性化的需求和标准化的服务可能会有冲突,这个时候如何确保在标准化的服务的基础上提供更加满足客户个性化需求的服务,从而提供客户体验,这是客户管理第二阶段需要重视的问题。

资料来源:中国教育科研网. http://www.cenet.org.cn

思考:根据以上材料,分析汇丰银行是如何进行核心客户管理的。

第一节   评估和选择核心客户

一、识别与评估核心客户

(一)核心客户的概念

核心客户,也称关键客户、大客户、重要客户等,是那些愿意帮助公司达到其战略和财务目标的客户。核心客户是相对于中小客户而言的,具体指对企业在长期发展和利润贡献上有着重要意义的客户。一般认为,核心客户就是指那些产品流通频率高、采购量大、客户利润率高、忠诚度相对较高的核心客户或对企业有重大贡献的客户。

(二)核心客户的特点

核心客户对公司的发展具有重大的作用。综合起来,核心客户具有以下特点。

(1)核心客户对于公司要达到的销售目标是十分重要的,现在或者将来会占有很大比重的销售收入。这些客户数量很少,但在公司的整体业务中有着举足轻重的地位。

(2)公司如果失去这些核心客户,将严重影响到公司的业务,并且公司的销售业绩在短期内难以恢复过来,公司很难迅速地建立起其他的销售渠道。公司对这些核心客户存在一定的依赖关系。

（3）公司与核心客户之间有稳定的合作关系,而且他们对公司未来的业务有巨大的潜力。

（4）公司花费很多的时间、人力和物力来做好客户关系管理。这些核心客户具有很强的谈判能力、讨价还价能力,公司必须花费更多的精力来进行客户关系的维护。

（5）核心客户的发展符合公司未来的发展目标,将会形成战略联盟关系。当时机成熟,公司可以实施后向一体化战略,与客户之间结成战略联盟关系。利用核心客户的优势,将有利于公司的成长。

明确核心客户,是企业的一项重要的战略工作。要识别核心客户,管理人员必须回答以下三个问题:①哪些客户对本企业最忠诚,最能使本企业盈利?管理人员应识别消费数额高、付款及时、不需要多少服务、愿意与本企业保持长期关系的客户。②哪些客户最重视本企业的产品和服务?哪些客户认为本企业最能满足他们的需要?③哪些客户更值得本企业重视?任何企业都不可能满足所有客户的需要。企业应尽力留住重要的客户,竞争对手企业更重视的客户必然会从本企业跳槽。通过上述分析,管理人员可识别本企业最明显的核心客户。

（三）核心客户的评价框架

根据波特的产业竞争五力模型,客户的讨价还价实力是决定一个产业潜在盈利能力的关键性竞争作用力之一。不同客户可能要求不同的服务水准,期望着不同的产品质量和耐用程度,客户不仅在大客户的结构位置上有所不同,而且大客户潜在的增长能力也不同,因此大客户购买数量增长的可能性也不同,为不同客户服务的成本也不同。为此构建核心客户选择的战略框架,即是以战略观点评价大客户潜质。

1. 相对于公司能力的客户需求

如果公司相对于竞争者而言具有不同的能力来满足客户需求时,客户的不同需求便具有战略意义。在其他条件不变的情况下,如果公司可以比竞争者更好地满足客户的特殊要求,则公司便可加强其竞争优势。客户的增长潜力越大,它对公司产品需求的稳步增长的可能性就越大。在供应来源一定的条件下,固有砍价实力可能成为客户向供方施加影响的杠杆。或许大客户愿意以价格换取其他产品特性,从而维持供方利润。客户特定的购买需求与该企业的相对能力相匹配,这种匹配使企业与竞争者相比获得了较高的差异化。

2. 增长潜力

三个直接条件决定了一个产业中某个客户的发展潜力:一是客户所在产业的增长速度;二是客户细分市场的增长速度;三是客户在产业中及主要细分市场占有率的变化。

3. 结构地位

结构地位主要是指客户固有的砍价实力及运用这种砍价实力要求压低价格的意向。客户固有砍价实力包括五个方面:一是客户购买量。小批量客户无力要求价格让步、承办货运等其他特殊照顾。二是客户选择来源。如果客户所需产品几乎无从选择,那么客户的砍价实力是极其有限的。三是客户交易代价。在获得可选择报价、谈判或执行交易等方面面临特殊困难的客户具有的固有实力较小,寻找新的供应商代价太大,客户将失去砍价杠杆。四是客户转换成本。如客户自己的产品规格受制于某供应厂商的规格或在学习使用某供方设备方面投资很大。五是服务成本。如果这些成本较高,则按其他标准评价出来的好客户可能会丧失其吸引力,因为这些成本会抵消供货中较高的售货盈利或较低的风险。

(四) 核心客户评价标准

选择合适的核心客户是核心客户管理最关键的一步,因此企业理性地认识和评估潜在大客户是完全必要的。在评估潜在的大客户时,应考虑以下六种因素,如图6-1所示。

(1) 互补性。即潜在大客户是否能与自己达到优势互补的目的。

(2) 相容性。指企业的负责人之间是否合得来,若彼此之间文化差异较大或企业间的负责人之间难以相处,不能彼此信任则不易成功。

(3) 双赢性。指企业与大客户之间通过合作能实现各自的利益目标。

(4) 整合性。指能否与大客户整合为协同竞争的整体。

(5) 一致性。指企业与大客户双方在经营理念、企业文化等方面的一致性,表现为当遇到问题时,双方能够较快达成共识。

(6) 平等性。指企业与大客户能够相互尊重,双方以平等的姿态进行交流,不存在明显的以大欺小或居高临下的现象。

图 6-1　核心客户评价标准

因此,核心客户的最终选择,是公司对这些因素的综合衡量和平衡的过程。

二、核心客户的选择

公司的每个客户的订单都构成了公司的销售收入,但是否每一个订单都能为公司带来利润呢? 很显然,综合考虑每一个订单,并不是这样的。公司的人力和物力有限,不可能对所有的客户都一视同仁,不可能花费同样的时间精力来管理每一个客户。那么如何来划分自己的客户类别,如何分配时间来管理自己的客户呢?

意大利经济学家维尔弗雷多·帕雷托提出的帕雷托定理,也称"二八法则",这个法则表明,事物 80% 的结果都是因为另外 20% 的起因。将它应用到客户管理中表明,公司 80% 的销售收入来自于仅占总数 20% 的客户,公司 80% 的利润来自于仅占总数 20% 的客户。通常情况下,按最直观的做法,是将公司中销售排名最靠前的承担了 80% 销量的 20% 的客户,列为核心客户,很多的公司都会按照销售额这个指标来区分客户的重要性。

但在事实上往往不能如此简单,挑选核心客户有很多的定量和定性的参考指标。并不是想象得那么简单,靠几个数据就可以确定的。选择的核心客户应符合企业当前目标。

公司一定要综合公司战略、营销目标、公司的细分市场、竞争对手的客户现状等众多的因素。

一般来说,对核心客户的评估主要综合以下三类指标。

1. 吸引力程度指标

吸引力程度指标如与其他客户相比的差异性、价值和价格、偏好、接近关键人物、购买的规则。

2. 潜力指标

潜力指标如销售量、利润率。

3. 相互的关系

相互的关系如关系发展的潜力、发展中的关系状况。

虽然某个客户对供应商具有较大的吸引力,企业在提供的产品或服务上也具有相对的业务优势,但如果这个客户目前正属于竞争对手的忠诚客户,而与本企业的关系一般,则企业也只能暂时采取少量保持或创造条件再发展它为客户。供应商必须根据客户吸引力的大小与客户关系状况的不同,进行不同的策略选择。

寻找合适的核心大客户是大客户管理过程中的难题。如果双方不匹配乃至不相容,容易产生消极的后果。根据以上提供的选择目标核心大客户的方法,企业可以减少转换客户的成本,提高营销资源使用效益,与志同道合的大客户建立长期战略合作伙伴关系。若目标大客户选择这一步走对了,随着合作进程的发展,双方伙伴关系将变得越来越有成效。

第二节 核心客户管理的方法与策略

所谓的核心客户管理就是有计划、有步骤地开发和培育那些对企业的生存和兴旺有重要战略意义的客户。核心客户的管理是一种基本的销售方法,更是一种投资管理。核心客户管理曾有过许多不同的名称——大型客户管理、核心客户管理、主要客户管理、关键客户管理等,其最终的目的是为了更好地为客户服务,同时实现企业的销售业务。

一、核心客户的一般管理方法

核心客户管理是一种基本的销售方法,更是一种投资管理,目的就是要充分利用销售资源做好销售工作,它将影响着公司未来的发展战略和发展目标。大客户管理(key account management,KAM)是卖方采用的一种战略性的管理方法,目的是通过持续地为客户量身定制产品或服务,满足客户的特定需求,从而培养忠诚的大客户。

(一)核心客户管理的内容

(1)基础资料,即核心客户的最基本资料。主要包括客户的名称、地址、电话、所有者、经营管理者、法人代表、与本企业的交易概况、企业组织形式、主营业务、产品与品牌等基础资料。

(2)核心客户特征。主要包括核心客户的市场区域、营销能力、财务状况、发展潜力、经营理念、经营政策、主要技术、资产规模等。

（3）业务内容和业绩状况。主要包括营销业绩、人员素质、与其他竞争者的关系、与本企业的营销关系及合作态度等。核心客户的营销业绩的变化，可以说是直接信息中较有价值的重要信息。

（4）交易现状。主要包括核心客户的营销活动现状、存在的问题、保持的优势、未来的策略、企业形象、品牌声誉、信用状况、交易条件等。营销个体需要分析核心客户的信用状况的变化，防止客户长期欠款，做好应收账款的回收工作。

（5）满意程度。核心客户满意度的调查，是指营销个体要了解客户对本企业的满意程度及对本企业的评价。营销个体要调查在满足核心客户需要的时候还有哪些做得不到的地方，不断改善服务质量，提高客户的满意度。

（二）核心客户管理的一般方法

（1）追踪制度。向客户提供有用的信息，以登门拜访、电话拜访、信函、E-mail 等方式向客户传递最新的资讯、产品信息、竞争产品信息、市场动态、公司理念等。

（2）服务跟进。承诺的服务必须到位，围绕客户需求适当提供"额外服务"，以超越需求，使客户有"超值享受"的感觉，从而在增强对公司兴趣的同时，使客户逐步失去对其他公司的兴趣。

（3）扩大销售。即所谓的深层次服务，把每一客户的工作做深、做透。

（4）差别维护。对高档次的大客户实行急事急办、特事特办、易事快办、难事妥办的原则，进行重点服务。

（5）客户访问。地区经理及更高级别企业领导应该定期对核心客户进行访问，了解客户需求，倾听客户意见，从而把客户关系维护得更好。

（6）检核评估。核心客户是否在流失？核心客户满意度是否在下降？

（7）建立档案维护系统。了解客户的相关信息以及动态，有针对性地采取相应的营销对策。

（三）对客户实行分类管理策略，满足核心客户的需要

根据客户对于本企业的价值，即为本企业带来利益的大小，把客户分为A、B、C三类，其中B类的部分客户和A类客户是企业的核心客户，这样就需要为不同类型的客户确定不同的客户关系管理目标，设计不同的客户关怀项目。

对于C类客户的关怀项目可以设计为以下几个方面：一是建立客户档案；二是定期向客户发布企业信息和新产品及服务信息；三是随机抽样，进行电话交流，加强与客户的沟通。

对于B类客户，客户管理关系的重点在于留住核心客户，除了包括以上对于C类客户的客户关系管理项目以外，可以实行会员制管理，核心客户成为企业会员以后，可以得到企业的特殊待遇，从而更愿意与企业保持进一步的联系，为企业的产品及服务提出意见和建议，与企业保持更好的合作关系。

对于A类客户，除了以上项目以外，还需要提供一对一的个性化服务，具体措施如下：一是对于每一个A类客户设立客户服务代表，通过电话联系甚至登门拜访，建立专门的联系，维持良好的客户关系；二是根据客户需要提供全方位的服务等；三是与A类客

户建立"双赢"的服务伙伴关系,可以定期或不定期地开展 A 类客户的业务分析活动,并形成分析报告提供给他们,让客户能感受到本企业的特殊服务。

(四)建立核心客户经理制

客户经理制是以市场为先导、以客户为中心,集推销产品、传递市场信息、拓展管理客户于一体,为客户提供全方位服务的一种营销管理方式。既然核心客户对公司如此重要,公司将会结合公司的实际,设立专门的部门配备专门的人员对核心客户进行管理。核心客户经理在这项工作中将会扮演着关键的角色。由于核心客户的管理将涉及客户方面的各个部门,财务、采购、生产、售后服务等各个环节,关系将会很复杂,需要做好各个方面的工作。

所以,核心客户经理在整个工作中,一端是公司的利益,一端是客户的利益,这就需要客户经理要有很强的处理复杂问题的能力。一方面客户经理要有良好的产品知识和技术水平;另一方面,要求客户经理具备很强的人际交往能力和团队领导能力,能够组建和管理好一个团队,共同做好核心客户的管理工作。

核心客户经理的主要职责是负责具体计划的制订和实施,以达到企业在核心客户工作方面的战略远景目标。核心客户经理的两个关键角色是:既要成为客户的顾问,也要成为本企业的战略家。对于客户来说,核心客户经理要了解客户的优势和劣势,帮助客户分析市场竞争态势,为客户制订问题的解决方案,最大限度地挖掘出客户企业的潜力,成为客户在企业的支持者。对于本企业来说,核心客户经理要搜集、分析行业的现状和客户的需求,结合本企业的实际,制订客户开发和管理计划,最大限度地提升客户价值,确保客户满意,促进客户与企业业务的发展,从而实现双赢。

企业要培养一个优秀的大客户经理,要注意以下几点。

(1)寻找具有潜在素质的大客户经理,建立大客户经理的素质模型。并不是所有人都具有做大客户经理的潜质,跨国公司都通过建立大客户经理的素质模型(胜任能力模型)来提高大客户经理选拔、评价、开发和培养的有效性。

(2)持续进行大客户经理的能力与职业化行为的建设,要为大客户经理进行职业生涯设计,依据其潜能和组织需求,有针对性地进行培训开发。

(3)建立基于大客户经理绩效特点的业绩评估体系。对大客户经理的绩效评估指标的设计要反映企业获取客户长期价值的需求,建立一套有效的基于流程和团队的业绩评估体系,要承认客户经理以外的其他相关部门和人员为战略客户所作的贡献。

(4)对大客户经理进行持续有效的激励。目前对大客户经理的激励存在两个缺陷:一是短期的奖金激励导致大客户经理忽视大客户的维护;二是重视个体激励而忽视对团队的奖励,导致大客户经理无法从企业其他部门获得更多的支持。

(5)提升大客户经理在组织中的位置。大客户经理在组织中要有一定的权威,否则他没法调动企业资源以满足客户需求。买方如果认为企业大客户经理在组织中没有话语权,就会去寻找别的合作对象,也就很难与大客户经理建立一种信任关系。

(6)强化大客户经理的文化理念。大客户经理往往单兵作战,需要对组织有很强的认同感,否则,对大客户经理难以控制。

（五）建立核心客户管理卡

核心客户管理卡有助于商家了解核心客户的公司的概况,掌握其营销业绩变动情况,方便与核心客户沟通交流,及时掌握其信用状况变动并有效控制核心客户的信用风险。在建立核心客户管理卡时,需要商定管理卡记载的项目,科学设计管理卡,明确内容修改、信用政策变动等事项的管理程序。在运用管理卡时,还需要注意以下几点:一是核心客户管理卡不只是为个人使用而制作的,应以部门共同使用为前提;二是设计内容通俗易懂、科学合理,掌握核心客户必要的基本信息;三是及时更新核心客户重要的变动信息,如营业额、负债情况、资金状况等。

核心客户管理卡

核心客户管理卡是商家了解客户的重要工具。通过核心客户管理卡,商家可以连续地了解核心客户实情,从中看到核心客户总体情况的动态变化过程,并据此采取相应的营销对策。

核心客户管理卡必须记载的项目一般包括四个方面:一是核心客户概况,包括公司名称、地址、电话、法人代表、人员结构、开户银行等;二是商家与核心客户交易的变化;三是核心客户的总体经营情况;四是核心客户的信用动态管理,包括银行评价、现金流、信用期限、信用限额等。

核心客户管理卡的设计没有固定格式,商家可以根据情况自行设计。

资料来源:中国教育科研网. http://www.cenet.org.cn

（六）与核心客户加强沟通

随着客户需求的多样化与个性化发展,随着市场竞争的日趋激烈和环境的快速变化,与核心客户之间的沟通显得越来越重要和迫切。客户关系信息化是一个企业不断应用信息技术、深入开发和应用信息资源于客户关系实践的过程。可以说,信息化给企业管理带来的变化是革命性的,也为营销个体与核心客户之间的沟通带来了创新方法。除了传统的电话、信函、传真等沟通方式外,呼叫中心、电子数据交换、物流信息系统等现代信息技术的广泛应用,使得与核心客户之间的沟通变得更直接、更迅速。除广泛运用现代沟通工具外,与核心客户沟通时还需要注意以下方面。

（1）参与核心客户的购买决策。在当前竞争激烈的市场环境下,商家比任何时候都要关注核心客户的让渡价值,需要站在客户的角度上思考问题。正是在这个意义上,许多商家认为"现在不再是我们卖产品的时候,而是更多地帮助客户买产品的时候"。对于核心客户,商家需要为核心客户设计配合产品或服务,为核心客户再购买提出建议和计划安排,帮助核心客户分析产品购买和使用效益。

（2）建立核心客户组织。以某种方式将核心客户组织到一起,是一个保持企业和核心客户之间沟通的十分有效的方法。通过核心客户组织,企业可以提供更有针对性的服务,从而使核心客户感到企业对他们的关心和重视,加深核心客户的情感信任,密切双方的关系。当前,国内外企业建立核心客户组织的形式包括正式和非正式的俱乐部、核心客户协会、核心客户联谊会等。作为俱乐部成员,核心客户可以得到比别的客户更多的优惠或特殊服务。

二、核心客户的管理策略

(一)制定迎合核心客户的营销策略

(1)充分尊重核心客户。就是要把核心客户从情感上视作商家的亲人,讲信誉、重感情、诚信为本、笑脸常开,做到从内心深处尊重核心客户。

(2)欢迎核心客户提出疑问。客户的疑问或抱怨,说明客户既认可商家的产品或服务,同时又指出了可能存在的不足或改进之处。商家必须认真考虑核心客户提出的疑问,不断提高提供的服务价值,捕捉潜在的购买信号。

(3)鼓励核心客户提出反对意见。核心客户的不满意是难以避免的,但若把这种反对意见放在心里,或是通过选择其他商家反映出来,这不是商家所希望看到的。我们鼓励核心客户提出反对意见,就是希望提高核心客户的忠诚度和满意度。

(4)注重联络情感。对于商家来说,加强同核心客户的情感联络,是培养和巩固核心客户忠诚度的有效途径。

(5)尊重风俗习惯。一定的风俗习惯,体现着客户一定的人生观、价值观。客户不同的风俗习惯,产生不同的消费心理、不同的需求偏好和不同的购买行为。

(6)避免纠缠于细节。商家与核心客户的业务往来时,总会存在一些矛盾和纠纷,对于其中的细节或无关紧要的问题,不能纠缠不放,以免影响主要问题的解决。

(二)核心客户管理的具体策略

核心客户管理是一个苛刻的命题,它不是一项"销售活动",而是一个严肃的、跨部门的管理流程,需要来自公司上层的严格管理。核心客户管理需要有计划,有明确的目标和结果,需要寻求企业资源与市场机会之间的适当平衡。

(1)在技能上,商家要掌握核心客户管理的知识与技能。除了具备销售人员的基本能力,如了解产品与市场、了解客户、处理人际关系、陈述与谈判、自我组织与时间管理、独立的自我激励等之外,还必须能够进行战略策划、管理变革与创新、做好项目管理、精确分析和监控、帮助客户开发自身市场等。为此,企业可以建立专门的大客户服务团队,团队成员彼此互补,互相促进,具备跨职能部门的执行能力,同大客户之间建立方便和有效的联系,确保为大客户提供及时而周到的服务。

(2)在系统和程序上,企业财务人员和信息技术人员将全力支持大客户服务团队。对企业而言,要实施"全面"的大客户管理不是一件容易的事。企业应运用客户关系管理系统,为相关的部门和人员提供客户信息的实时分享,以保障部门间的工作衔接,搭建良好的交流平台。还应为客户反馈提供多种渠道,促进企业与客户持续的双向沟通。

(3)在制度规范上,不少企业推行"首问负责制",解决前后台的脱节现象。企业与客户之间的关系,是由企业所属的各个部门和人员,通过不同的事件与方式,在不同的时间、地点与客户的不同部门和人员的接触来形成、发展和维护的,是一种涉及全员的非常具体而又复杂的关系。企业必须实行组织上的转变,让每个部门及每个员工集中力量向同一方向前进。这种转变的实质,是构建客户驱动型组织,它是从客户的角度建立的,由几个核心业务流程构成,比如产品开发、生产及客户服务。

(4)在资源上,企业必须把有限的企业资源向大客户倾斜,提供客户需要的附加利益,以使客户的购买得到预期回报,实现利益最大化。客户希望企业能在自己身上花费很多时间,能和他们一起准备促销活动、调整产品种类、分析销售数据,甚至实施产品种类管理。

(5)创造客户导向,特别是核心客户导向的组织文化。"以客户为中心",就是以客户及其需求为行动的主要导向,发展并维持良好的客户关系。核心客户管理是一项涉及企业的许多部门、要求非常细致的工作,要与自己的组织结构中的许多部门取得联系(包括销售人员、运输部门、技术部门、生产部门等),协调他们的工作,满足客户及消费者的需要。核心客户管理部只有调动起企业的一切积极因素,深入细致地做好各项工作,牢牢地抓住核心客户。

(6)基于客户导向的组织结构调整。公司的组织结构及部门职责要围绕核心客户管理来制定和实施。公司成立专门的核心客户管理部从事核心客户的管理工作,核心客户经理是联系企业和核心客户的主线,他和公司销售副总对公司的核心客户负责;和销售副总一起制订核心客户的目标和执行计划,协调其他部门执行核心客户管理计划。

(7)加强客户服务,提高核心客户满意度。首先,要加大对核心客户的服务力度,包括优先保证客户的货源充足、安排销售人员对核心客户的定期拜访、安排企业高层主管对核心客户的拜访工作、经常性地征求核心客户对营销人员的意见、组织每年一度的核心客户与企业之间的座谈会、听取客户对企业的意见和建议。其次,实行客户投诉与抱怨的流程管理。包括核心客户经理、销售内勤、区域经理、销售副总在处理客户投诉及客户退货时要担当起各自的角色。产品投诉由客户服务部负责,客户管理部密切协调,客户退回货物的最终处理将由大客户经理做出。对于客户投诉,必须以认真、迅速及专业的方式来处理,以更好地满足客户的需求。

三、核心客户管理的步骤

事实上,核心客户管理不仅是一个程序或一套工作方法,更是一种管理思想观念,一种如何挑选核心客户并稳固他们的业务处理方式。公司必须针对核心客户的特点和公司的实际制定切实可行的核心客户管理模式,制定关键的管理制度和管理流程,找出关键的工作环节。

第一,建立一套考评指标体系对公司的客户做出全面的评估,并进行综合打分,找出核心客户。

第二,搜集信息,对客户进行全面的分析。搜集如客户所处的行业和市场现状等方面的信息,结合客户的战略和企业的实际情况,企业的组织结构和管理体系,客户历年的经营业绩和发展方向等各种客户的情报,对客户进行 SWOT 分析。找出工作的优势和劣势,制定管理的关键环节,提升核心客户管理水平。

第三，分析你的竞争对手。弗雷德里克在《给将军的教训》一书中这样写道："一个将军在制订任何作战计划的时候都不应过多地考虑自己想做什么，而是应该想一想敌人将做些什么；永远不应该低估自己的敌人，而是应该将自己放在敌方的位置，正确估计他们将会制造多少麻烦和障碍。要明白如果自己不能对每一件事情都有一定的预见性以及不能设法克服这些障碍的话，自己的计划就可能会被任何细小的问题所打乱。"所以，核心客户经理应该有这样一个思想观念，正确对待竞争对手。

第四，分析你自己公司的状况。重点分析公司与客户之间目前的关系和业务活动。公司与客户过去的关系如何？曾提供过什么产品和服务？现在提供的是什么？客户原来和现在的销售记录和发展趋势如何？占据的比例的变化情况？公司的业务人员与客户的关系如何？建立了什么关系类型？这些因素都是应该考虑的。

第五，制定客户管理战略。制订客户计划的主要目的是在于确定你希望与该客户建立发展什么样的关系以及如何建立发展这种关系。制订一份适当的客户计划是取得成功的第一步。与客户共同讨论自己的客户发展目标，与客户建立起一定的信任关系；共同制订一个远景目标规划，确定好行动计划。

第六，要时刻对客户管理工作进行创新，保持紧密的合作关系。防止客户关系的变更。哈佛大学教授特德·莱维特在《营销的想象力》中指出："不管是在婚姻中还是在企业里，人们关系的一个自然倾向是处于不断的退降中，即双方间的敏感性和关注程度的不断削弱和退化。"因此，作为核心客户的管理者，定期盘点你的核心客户是必需的。为什么要将这个客户置于核心客户的地位？如果找不到这个问题的合理解释，解决的方案只有两个：一是降低这个客户的地位或干脆删除掉这个客户。客户关系一旦建立，除非该客户的存在已经不符合企业当前的经营目标，否则降低或删除都是有一定损失的，显然这种方法非常极端，不是时时都行得通的。二是要找找自身的原因，是否在处理客户关系中只是例行公事，不注重创新，使合作关系中的敏感性和关注度削弱和退化了，从而达不到核心客户的期望要求。

核心客户的管理是一种销售管理方法，它将在公司的管理中处于越来越重要的地位，无论大小公司都应该重视核心客户的管理。毕竟现在市场的竞争激烈，市场环境变化异常，只有充分把握住公司的核心客户，公司才能很好地发展。其实核心客户的管理更是一种投资管理，是公司对未来业务和发展潜力的一种投资，核心客户管理的目的就是要充分利用销售资源做好销售工作，它将影响着公司未来的发展战略和发展目标。

四、如何防范核心客户的流失

获得一个新客户的费用是保持一个现有客户费用的 5～15 倍，所以与寻找新客户相比，将新产品销售给现有的客户更为节省成本。然而，肖伯内特指出，企业客户平均每年要减少 20％左右，应采取什么措施来防止普通客户，特别是核心客户的流失，并开发新的核心客户？

（一）开展定期调研，时刻关注客户需求

市场环境的动态变化时刻都蕴涵着核心客户新的需求。因此，只有企业时刻保持对核心客户的关注，才能真正做到了解客户需求。在识别客户，对客户进行差异分析后，应

与客户保持密切接触,并注重调整产品或服务,以满足每个客户的不同需要。

(二)针对客户需求打造核心流程

核心流程对组织价值创造具有关键作用。显然,离开了顾客,任何流程都难以被认为是核心流程。习惯上被认为非常重要的管理流程、财务流程、人力资源管理流程等实际上是辅助流程,它们必须围绕着核心流程而设计。核心流程的各个环节都体现了企业的核心竞争力,对核心客户的保持至关重要。

(三)提高服务水平,丰富差异化的服务内容

只有采用不同的服务,满足不同的需求,才能把握住核心客户。服务是取得客户信任,开拓市场的基本手段,是企业获取利润、赢得竞争的重要法宝。但国内企业的服务还存在着许多亟须改进的地方,必须进一步强化服务意识,提升服务理念,改进服务方式,优化服务手段,提高服务质量与效率,以应对竞争,应对挑战。

差异化的服务需要企业好好考察一下核心业务及其接近的业务,并根据在复杂的市场领域可能存在的很多市场影响因素,确立优先次序来分配企业资源。最终会发现关键的战略决策一般都是与最核心的业务和核心业务临近的一两个其他业务相关。差异化的服务可以体现企业的经营谋略,使企业挖掘更深层次的客户价值,最终在行业中提升自己的核心竞争力,获取更大的竞争优势。

(四)同核心客户建立战略联盟

客户关系管理的层次分为卖主关系、"被优先考虑的供应商"伙伴关系和战略联盟关系。其中战略联盟是企业客户关系管理的最高境界。企业战略联盟意味着企业间有着正式或非正式的联盟关系,双方企业在各个级别层次上都有重要的接触。双方有着重大的共同利益,投入巨大资源在各方面紧密合作,达到无边界管理。竞争对手进出已形成联盟的领域将存在着极大的障碍。如许多跨国公司之间建立起战略联盟,形成强大的价值链与其他企业竞争,容易取得竞争优势。

(五)建立学习型关系

顾客是使用产品的专家,他们可以提供最新产品信息和使用情况,对产品服务的反馈、不同产品的优劣以及对产品的改进提出意见。因此,企业为了克服思维定式,加快创新,紧跟客户需求,应该与核心客户建立学习型关系。通过与核心客户共同建立研发联盟、知识联盟等方式,或者通过借用外脑到其他企业进行人员交流访问等方式,来获取新知识,由此企业的知识不断补充、增长,企业的能力不断提升,从而企业的核心能力得以形成和保持,同时也保证了对核心客户更加直接有效的服务。

(六)提高客户忠诚度

Oliver 将客户忠诚定义为"高度承诺在未来一贯地重复购买偏好的产品或服务,并因此产生对同一品牌系列产品或服务的重复购买行为,而且不会因为市场态式的变化和竞争性产品营销努力的吸引而产生转移行为。"一般来说,客户忠诚就是客户保持与现供应商交易关系的强烈意愿。客户忠诚是企业取得竞争优势的源泉,因为忠诚客户趋向于购买更多的产品,对价格更不敏感,而且主动为本企业传递好的口碑,推荐新的

客户。

这方面最著名的是 Schneider 等人的研究。他们曾经对许多服务行业进行了长时间的观察分析，发现顾客忠诚度在决定利润方面比市场份额更加重要。根据他们的分析，当客户忠诚度上升 10 个百分点时，利润上升的幅度将达到 25％～85％。因此，培育客户忠诚度已经代替客户满意度而成为许多企业客户保持战略追求的一个基本目标。

一个很有效的方法是与客户建立私人关系，建立超出与客户之间单纯交易关系之上的情感。在关系营销中，俱乐部营销是一种非常成功的培养客户忠诚的方式。在这种方式中，物质利益的吸引固然重要，但建立牢固的情感才是关键。竞争者可以通过提供类似的物质利益来争夺客户，但却难以控制在这种情感交流环境中建立的客户对企业的忠诚。所以，在优质服务的基础上，企业要力争维护与客户的紧密关系，提高顾客忠诚度。

（七）打造核心客户的 DNA 概念

企业实施核心客户关系管理过程中的一个重点是要建立客户认知价值。为更好地了解客户需求，需要创建客户 DNA 管理模式。每个客户都有自己区别于他人的特征，创建客户 DNA，应为每个客户建立自己的 DNA 档案用以识别客户的需求。还可通过建立客户呼叫中心，建立有效的数据库来协助完成。呼叫中心能及时传送最新和正确的客户资料，能进行高效率的电话销售，并与客户进行一对一的服务，记录、跟踪和分析发生在呼叫中心的成千上万客户的交易。中心可以为企业提供所需客户的基本信息，不仅是人口统计方面的信息，还包括客户的购买形式"需求"忠诚度等。在企业了解客户 DNA 之后，企业能够根据这些信息做出反馈，并使产品和服务形成差异化，保证新产品能充分满足客户需求，这就会在无形中增加客户的忠诚度与满意度，而客户满意度能自动转化为企业价值。

本 章 小 结

本章针对核心客户观的内容，主要围绕评估和选择核心客户展开，首先对核心客户的含义、特点以及识别的方法进行介绍，进而引出核心客户评估的三类指标。然后分析核心客户关系的方法和策略，介绍了核心客户管理的内容和一般方法，以及核心客户管理的策略，并结合实际分析了企业核心客户管理的现状与不足以及解决的措施，最后对核心客户管理的步骤进行深入剖析。

案 例 分 析

客户经理制——邮政营销管理新模式

广州市邮政局为更好地开展方案营销，再造客户服务流程，自 2003 年 3 月份开始，在全局范围内推行客户经理制营销模式。近一年来，全局营销工作取到了较大的进展，客户经理制初见成效。

1. 客户经理制是全新的营销管理模式

（1）建立邮政与客户之间联系的纽带。客户经理制是邮政企业通过客户经理与客户沟通信息、承担咨询和受理业务的一种服务方式。客户经理根据客户的需求设计服务方案，最大限度地满足客户的用邮需求，从而实现邮政服务从"粗放型"向"集约型"的转变，邮政营销从"注重市场"到"注重客户"的转变。

（2）为客户提供"一对一"的营销服务。将跨区域、跨专业的客户统一由一个综合性的客户经理团队来维系和提供服务，从而避免了邮政企业的内耗。同时，通过客户经理对各企业客户的渗透，提升企业客户对邮政的依赖程度，拓宽各企业客户使用邮政业务的广度与深度，建立长期稳定的合作关系，实现邮政效益的最大化。

（3）有利于实现邮政营销管理的制度化。推行客户经理制可以明确大客户的分类标准，对大客户实行分类、分层次的管理和服务；对客户信息统一建档、登记、审核、使用；建立和完善客户服务及优惠政策等各项工作标准；能更好地落实对客户经理的职责、培训、考核、选拔、晋升等制度。

2. 实施客户经理制的关键工作

（1）建立完善的客户档案。对服务区域内现有和潜在的企业大客户进行调查，项目包括：企业全称、通信地址、联系方式、企业性质、主要业务及产品种类、用邮种类、用邮量、潜在需求、竞争对手等情况，形成较为详尽的企业大客户基础档案。建立客户计算机管理系统，客户经理应用"客户基础资料管理"、"客户动态资料管理"、"商机管理"、"统计分析"等信息处理功能，对本部门承担服务的客户进行动态的维护，将其数据进行输入、统计、分析、管理。

（2）确定客户等级。广州邮政参照搜集到的客户档案，以客户当前用邮量和潜在需求量的大小，划分出客户的等级。客户分为市局 VIP 客户、专业局 VIP 客户、区局 VIP 客户、一般企业客户四类。目前，初步搜集的 VIP 客户信息 18000 条，已确定为市局 VIP 客户的有 1006 家，这些客户用邮收入占广州邮政企业客户用邮收入的 70%。其中，市局级 VIP 客户 150 家，主要是年用邮量达到 50 万元以上的企业客户、政府类客户及有巨大用邮潜力的客户；区局级 VIP 客户 856 家，是年用邮量在 5 万～50 万元及有较大用邮潜力的客户。

（3）根据客户等级指定相应层次的客户经理。对所有 VIP 客户都指定至少一名客户经理，对用邮规模较大的客户，确定至少两名客户经理，实行主辅制。根据人手及工作量等具体情况，也可以安排一名客户经理负责多家客户。

（4）建立客户拜访制度。市局印制"VIP 客户服务函"，由相关单位的领导亲自带领客户经理上门呈送。呈送服务函是邮政与客户的高层次沟通，是拜访工作的关键环节，是邮政客户经理制工作得以全面确认和全面展开的重要标志。客户经理必须经常与客户保持业务联系，对客户的拜访每月不少于两次，并将拜访情况录入客户经理制管理信息系统。各级 VIP 大客户由相应的局主管领导带队，经营部门主管及相关客户经理参加，每年至少拜访两次。

（5）客户经理的选拔与培训。广州市邮政局建立了客户经理选聘标准，对市局客户经理的要求侧重于营销和策划能力，即：有创新思维和营销分析、策划能力；有指导、建议、影响邮政局内部和客户的能力；有合理计划和分配全局资源、使资源利用最优化的能力；有协调各经营服务部门与客户关系的能力；有代表邮政局和大客户谈判的能力；有较强的执行能力。客户经理实行考核持证上岗。目前,全局已有客户经理223名,占职工总数的6.5%。客户经理每年至少参加一次市局组织的营销培训,通过培训,树立客户经理制营销理念,熟练运用客户经理制计算机管理系统,提高方案营销水平。

(6)成立客户俱乐部,举办客户交流活动。2003年5月,广州邮政组织大客户参观了广州邮政商函中心和邮件处理中心;6月份,与电信、金融等行业大客户举办了联谊活动。客户俱乐部通过举办各种活动,密切了广州邮政与客户的情感交流,巩固了广州邮政与客户之间的合作关系。

3. 客户经理制工作取得成效

(1)增强了市场营销能力。客户经理制实现了邮政对大客户"一对一"营销和沟通,大大增强了客户开发和客户维系能力。自2003年3月广州邮政推行客户经理制以来,不但无大客户流失,而且由于客户沟通及客户维系能力的增强,原来被竞争对手挖走的11个大客户又重回邮政用邮,月均邮费增加近100万元。信诚人寿保险公司原在邮政交寄账单类邮件,月均用邮量近10万元,2003年2月,该客户被社会上一家商函制作商以低价格从邮政挖走。自开展客户经理制工作后,邮政委派客户经理跟踪该客户的用邮情况,通过领导拜访与该公司开展高层次沟通,同时,经营部、质监部针对该客户的业务需求,提出一套包括打印、封装、寄递、电话回访等工作的综合服务方案,经多方努力,该客户又重回邮政用邮。

(2)客户档案不断完善。客户经理将走访客户过程中了解到的客户信息及时录入计算机信息系统,使客户档案得到不断完善和补充。在目前近18000条客户信息中,客户档案基本完善的比例达到65%。完善客户档案,避免了由于营销人员工作岗位变动引发的客户流失。新上岗的营销人员通过查阅客户档案便能详尽掌握客户信息,迅速接替工作。

客户经理制计算机系统为经营决策提供了准确的依据。该系统通过综合网,实现各部门间的动态信息传送。客户经理通过系统向上级部门及时反映客户的用邮需求或意见;上级部门则根据客户经理提供的信息做出经营决策,指导营销工作。

(3)培养了优秀的邮政营销队伍。每年广州邮政都要评比金牌、银牌客户经理,这些评比使优秀的客户经理得到鼓励,也激发了整个邮政营销队伍的荣誉感。实施客户经理制使营销工作更富于挑战性,不仅拓展了客户经理个人的发展空间,还使客户经理们通过有效发展客户而获得了良好的收入。

资料来源:中国教育科研网.http://www.cenet.org.cn

思考:根据综合案例"客户经理制——邮政营销管理新模式",结合当地的电信运营商(中国移动、中国联通或者中国电信)的现状,请思考以下问题。

(1)阐述电信核心客户是如何定义的,对其如何进行管理?

(2)设计该公司市级地区核心客户经理的岗位职责和职务说明书。

思考与训练

一、名词解释

核心客户　核心客户管理　客户经理　客户经理制

二、简答题

1. 简要论述核心客户与一般客户的区别。

2. 根据客户吸引力—客户关系组合策略,如何选择核心客户?

3. 结合中国电信,简述企业为什么要培养一个优秀的核心客户经理。

4. 以电信企业为例,阐述核心客户管理的主要策略。

三、多项选择题

1. 核心客户又叫( )。

    A. 关键客户   B. 核心客户   C. 重要客户   D. 一般客户

2. 以下对核心客户的描述,正确的有( )。

    A. 这些客户数量很少,但在公司的整体业务中有着举足轻重的地位

    B. 与公司有稳定的合作关系,而且他们对公司未来的业务有巨大的潜力

    C. 公司必须花费更多的精力来进行客户关系的维护

    D. 符合公司未来的发展目标,将会形成战略联盟关系

3. 决定一个产业中某个客户的发展潜力的基本条件有( )。

    A. 客户所在产业的增长速度

    B. 客户细分市场的增长速度

    C. 客户在产业中及主要细分市场占有率的变化

    D. 客户的盈利情况

4. 选择合适的核心客户应该考虑的要素有( )。

    A. 互补性   B. 双赢性   C. 整合性   D. 平等性

5. 核心客户管理是( )。

    A. 一项销售活动   B. 一个管理流程

    C. 一种管理思想观念   D. 一套工作方法

四、情境模拟题

对当地的某一家国有商业银行进行实践性调查,描述该银行系统如何在本城市地区对其核心客户经理进行管理。

第七章

客户关系管理与营销

学习目标：

1. 理解数据库营销、关系营销、一对一营销的概念。
2. 掌握运用 CRM 营销策略的技巧。
3. 通过 CRM 的营销策略，领会营销管理的精髓。

案例导入

我国古代经典关系营销案例

在古代中国的一个村庄，有一个叫明华的年轻米商，加上他，村子里一共有 6 个米商。他整日坐在米店前等待顾客的光临，但生意非常冷清。

一天，明华意识到他必须要了解一下乡亲们，了解他们的需求和愿望，而不是单纯地将米卖给那些来到店里的乡亲。他认识到，他必须要让乡亲们感到买他的米物有所值，而且比其他几个米商的米都合算。于是，他决定对销售过程进行记录，记录下乡亲们的饮食习惯、订货周期和供货的最好时机。为了进行市场调查，明华首先开始了走访调查，逐户询问下列问题：

(1) 家庭中的人口总数；

(2) 每天大米的消费量是多少碗；

(3) 家中存粮缸的容量有多大。

针对所得到的资料，他向乡亲们承诺：

(1) 免费送货；

(2) 定期将乡亲们家中的米缸添满。

一个 4 口之家，每个人每天要吃两碗大米，这样，这个家庭一天的米的消费量是 8 碗。根据这个测算，明华发现，该家庭米缸的容量是 60 碗，接近一袋米。

关系营销案例中通过建立这样极有价值的记录和推出的服务，明华与顾客建立起广泛而深入的关系。先是为他的老顾客服务，然后逐步扩展到其他乡亲。他的生意不断扩大，以至不得不雇用他人来帮助他工作：一个人帮助他记账，一个人帮助他记录销售数据，一个人帮助他进行柜台销售，还有两个人帮助他送货。至于明华，他主要的职责就是与乡亲们不断的接触，搞好与大米批发商的关系，因为当时米是非常紧缺的，只有为数不多的大米生产者。到了关系营销案例的最后，他的生意蒸蒸日上。

点评：这个案例体现了关系营销的重要性。

从这个关系营销案例我们还可以得到关系营销的三个战术要素：

(1) 与顾客和供应商直接接触(如种大米的农民)；

(2) 建立与顾客和供应商等相关的数据库；

(3) 建立顾客导向的服务体系。

同时，通过关系营销案例还得到关系营销的三个战略要素：

(1) 将企业重新界定为服务企业。将服务作为竞争的核心要素(利用全效的服务而不仅仅是大米进行竞争)；

(2) 从流程管理，而不是从职能管理角度来审视组织流程管理，以有效的管理为村民创造价值，而不是简单地卖大米；

(3) 建立良好的合作伙伴关系，通过完善的网络来管理整个服务过程，如与种大米的农民进行亲密的接触。

资料来源：http://www.bkpcn.com/

思考：请列举身边的成功的关系营销的实例。

第一节 营销管理中的客户关系管理

客户关系管理是一种新型的营销管理理念，它强调将客户放在提高企业竞争力的中心位置，实现企业的可持续发展。

客户关系管理颠覆了传统营销观。传统营销理论将制定并实施市场营销组合策略作为营销工作的核心来抓，推出企业已生产出的产品(服务)，是单项的营销，如比较经典的4P组合理论，即产品、价格、分销、促销，这四个要素中没有一个涉及对客户需求的考虑，客户的真实需求被忽视、客户忠诚度不够。随着客户关系管理理论的提出，客户需要、客户实现需求满足的成本、客户实现需求满足的便利性以及与产品(服务)提供商的沟通被提到了市场营销的重要位置，实现了对传统营销理论的颠覆。

客户关系管理实现了精准营销。现代营销观念认为，只有通过快速准确满足客户个性化需求，实现企业和客户之间的双向沟通，才能实现有效的市场营销。客户关系管理理念，以客户需求为出发点，根据客户价值等进行合理市场细分，确定目标市场，在进行科学市场定位的基础上，进行精准营销，满足客户需求。例如，联想公司一直与已经购买联想公司产品的客户和相关的潜在客户保持沟通，适时了解客户真正的需求、价值取向，以及潜在需求。在这个过程中，联想公司可以在充分把握客户需求趋势、特点的基础上进行精准营销。

一、企业营销管理中应用客户关系管理的必要性

(一) 应用客户关系管理是适应营销理念转变的需要

随着我国经济的飞速发展，市场竞争加剧，企业的营销理念也有所改变，由传统的以产品为导向的经营理念转变成以客户为导向的现代经营理念，企业必须充分了解客户，要

能够快速响应客户的需求,为客户提供有价值的产品和服务,这就要求企业必须及时与客户进行有效的沟通、交流,而客户关系管理正为此提供了一个很好的平台。

(二) 应用客户关系管理是提升企业竞争力的需要

现代社会中,企业间的竞争已经由原先的产品竞争转化为服务质量的竞争,这对企业的服务质量提出了很高的要求,企业必须提供比竞争对手更为完善、更为优质的服务,才能在竞争中立于不败之地。通过客户关系管理,企业能够获得相当完备的客户信息资料,为企业服务质量的提高提供有力的依据。

二、客户关系管理在营销管理中的作用

客户关系管理在营销管理中的目的在于让企业进一步适应市场变化,增强自身的竞争力。市场的变化随时都在发生,企业竞争也在不断升级,迫使企业强化自身的管理能力。客户端的服务成为企业竞争的焦点,也成为评价一家企业竞争力强弱的重要指标,因此,客户关系管理在营销管理中的作用主要体现在以下几个方面。

(一) 实现信息资源的共享

营销的基本流程一般是寻找潜在客户—宣传产品和服务—客户产生购买意向—双方沟通协商—客户确定购买。然而,在传统模式下。营销人员往往容易将这些客户遗忘,继而寻找新的客户,由于企业的营销人员不断在发生变动,客户也在不断变动,常常出现一个营销人员已经接触过的客户被其他营销人员当作新客户来对待的情况,不仅浪费了企业的人力物力,而且也不利于客户关系的维护。客户关系管理的应用,使得企业的信息资源得以共享,所有员工都能够及时了解到客户信息,降低了营销成本,同时还提高了工作效率。

(二) 提高客户忠诚度

对于企业而言,吸收新客户的成本要远远大于保留现有客户所需的费用。企业如果能够将争取到的客户全部转变成长期客户,那么企业的利润无疑会大大增加。通过客户关系管理,促进了企业与客户之间的动态交流,企业能够获得详细的客户资料,了解到客户的个人信息。比如年龄、收入、爱好、禁忌、生活习惯等,然后根据他们每个人的特点和需求提供个性化的优质服务,真正让客户感受到关怀,体现出以客户为中心的经营理念,提高客户的忠诚度,在此基础上吸引更多的客户,促进企业收益稳定增长。

(三) 促进企业组织变革

随着信息技术的迅猛发展,企业信息化建设不断加快,要求企业内部重组,以适应信息时代的发展。客户关系管理在企业营销管理中的应用,使得信息技术和企业管理有机结合,能够提高企业的运作效率,增强企业的市场竞争力,促进企业不断发展、壮大。

(四) 建立商业进入壁垒

促销、折扣等传统的手段不能有效地建立起进入壁垒,且极易被对手模仿。CRM 系统的建立,使对手不易模仿,顾客的资料都掌握在自己手中,其他企业想挖走客户则需要更长的时间、更多的优惠条件和更高的成本。只要 CRM 能充分有效地为客户提供个性

化的服务,顾客的忠诚度将大大提高。

(五) 创造双赢的效果

CRM 系统之所以受到企业界的广泛青睐,是因为良好的客户关系管理对客户和企业均有利,是一种双赢的策略。对客户来说,CRM 的建立能够为其提供更好的信息、更优质的产品和服务;对于企业来说,通过 CRM 可以随时了解顾客的构成及需求变化情况并由此制定企业的营销方向。

(六) 降低营销成本

过去企业的业务活动都是为了满足企业的内部需要,而不是客户的需要,不是以客户为核心的业务活动会降低效率,从而增加营销成本。现在企业采用 CRM 管理系统,通过现有的客户、客户维系及追求高终身价值的客户等措施促进销售的增长,节约了销售、营销费用及客户沟通、内部沟通成本。另外,CRM 系统的应用还可以大大减少人为差错,降低营销费用。

三、客户关系管理在营销管理中的地位

(一) 客户关系管理是营销管理的基础

在客户关系管理工作中,对客户的数据采集是一项重要工作,这一点对营销工作的开展具有重要的基础性意义。孙子兵法讲"夫未战,而庙算胜者,得算多矣,庙算不胜者,得算少矣"。这句话运用到营销中,就是在进行市场营销前,要对市场情况(尤其是客户情况)进行周到细致的研究,全面衡量市场竞争、客户需求、渠道价格、服务要求等信息情况,以便"对症下药",实现企业营销管理目标,如果对市场竞争、客户需求、渠道价格、服务要求等信息调查、掌握不够,营销管理便很难达到预期的目标。客户关系管理的开展便为有效地掌握客户需求等信息开辟了途径。客户关系管理实施,主要涉及对客户静态信息和动态信息的两方面管理。客户静态信息管理,指的是当客户向企业购买产品(服务)后,企业对客户的基本信息,诸如姓名性别、家庭住址、消费喜好、购买渠道、品牌价格等资料信息,这些资料是掌握客户情况的基础。客户动态信息管理,是在与客户进行继续沟通过程中,随时间变化、主动地、坚持不懈地对客户进行持续维护,并将维护中了解掌握到的客户需求信息情况及时补充完善到静态信息中去,有效保证客户信息的及时更新。通过上述活动的开展,企业即可以对全部客户信息进行整合,又可以充分掌握客户服务需求、市场需求动态等信息,进而为营销工作的开展奠定坚实的管理基础。

(二) 客户关系管理是营销管理的载体

市场营销工作的开展,是一个比较复杂的管理过程,需要通过客户需求发现,向客户推荐产品(服务)、议价还价、实现销售等各个环节,在不同阶段和环节需要不同的部门(营销部门、财物部门、客户部门等)的参与,以及不同人员(业务代表、业务经理、服务支持等)的参加,所有这些活动需要相关部门人员的通力合作,信息的科学传递和有效沟通尤为重要。如果没有一套科学完备、合理规范的流程管理对各部门及人员进行有效管理,整个营销过程就会显得杂乱无章,整个营销团队也难以形成团队协作的优势。客户关系管理的实施,对企业营销资源进行了全面整合和优化,从流程上贯通了企业、中间商、客户端,形

成了"起始于客户,终结于客户"的统一供应链,对营销管理的各个阶段和环节进行规范,对营销人员的工作标准、业绩标准等进行明确制定,营销工作开展起来有规可依,为营销工作的开展提供了有力的载体支撑。通过客户关系管理,企业在营销管理中可以及时把握客户需求,并及时将产品(服务)送达客户手中,以更加快速、周到的优质服务维系忠诚客户,吸引潜在客户,扩大市场份额,从而促进营销工作的深入开展。

(三)客户关系管理是精准营销的保障

与传统的营销模式相比,客户关系管理在营销管理的应用中导入的很多客户需求变量因素,而不是采用单一变量,主要变量指标包括地理变量、人口变量、心理变量和价值变量等四个方面的变量。地理变量,主要有地区地域、城市规模、气候风俗等;人口变量,主要有年龄、性别、民族、职业、教育等特征变量;心理变量,主要有社会阶层、个性爱好、生活方式、消费习惯等特征变量;价值变量,主要有客户交易额、交易时机、追求利益、使用价值等变量。通过这些变量,企业在营销管理中,可以对市场进行有效分析细分,掌握客户的需求变化,以及客户需求和客户价值的微小差别,进而为企业的精准营销的开展提供保障。

四、基于客户关系管理的市场营销策略

(一)强化客户关系管理,提高客户忠诚度

企业在市场营销工作开展中,应充分发挥客户关系管理的地位作用,通过科学的客户关系分类来实现对市场需求的准确定位和有效满足,提高客户忠诚度,进而牢固掌控市场。在策略上,应重点从客户至上文化建设、客户数据平台搭建、客户服务流程优化和客户服务能力提升这四方面入手,强化客户关系管理,促进服务客户质量的提升,进而提高客户忠诚度。客户至上文化建设,随着营销管理理论的深化,文化营销日益得到企业营销管理者的认同。在客户关系管理中,企业应强化客户至上的客户服务文化,通过客户服务文化的建设来感染、熏染、影响企业的营销人员、客服人员,进而促进他们在工作中切实地将客户服务工作要求落到实处,使客户感受到企业浓厚的客户服务文化氛围。客户数据平台搭建,企业在营销策略上,要形成大营销的概念,通过搭建统一的客户信息数据平台,使之在营销部门、财务部门、客户服务部门之间实现共享,进而在全局上把握好营销工作的开展,强化客户关系管理水平。客户服务流程优化,企业应建立起以客户为中心的营销业务流程,通过对客服服务流程各个节点的优化完善,形成快速响应客户需求的服务流程机制。客户服务能力提升,在营销管理中,这类员工直接面对客户,是客户关系管理的要害所在,如果举措失当,必然影响客户忠诚度,应强化对企业人员,尤其是一线营销、客服员工的服务培训,促进客户忠诚度的提高。

(二)科学开展客户等级评价,科学开展营销管理

在新的社会经济环境下,客户对产品使用需求和服务需求不断提高。现代营销管理的开展,就是要借助客户关系管理工作的开展,准确把握客户需求,在正确时间、以正确价格和方式,向客户提供正确的产品(服务)。实现这一要求的重要前提就是要科学评价客户等级,并在此基础上,准确掌握客户需求。在评价方法上,企业应在客户信息进行挖掘

的基础上,通过运用层次分析法、灰色关联法、模糊综合评价法等综合分析方法,对客户等级综合情况进行打分评价,做出较为全局性、整体性的科学系统评价,能够对客户需求进行深层次的把握。在此基础上,应建立起相应的客户价值分析模型,对客户进行价值评价,甄别不同价值的客户,为制定针对不同客户的营销策略奠定基础。对于客户等级评价结果的运用,应重点抓好两个方面:

一是要抓好差异化服务,针对客户等级评价,大致可以梳理出核心客户、重点客户、普通客户和潜在客户,对于这四种客户应区别对待,对于核心客户和重点客户,在营销工作中要重点按照二八法则,倾斜大部分营销资源进行服务;对于普通客户,在营销策略上应以满足这类客户的基本需求为准,服务上结合普通客户的自身情况进行一些个性化的服务;对于潜在客户,应将营销的重点放在维护和转化方面,使之成为现实客户。

二是要在对客户忠诚度和流失率进行科学评估的基础上,强化对客户忠诚度的培养,尤其是对等级逐步下降的客户应给予高度的关注,从中寻找营销工作中的问题,并作为调整营销策略的依据。

(三) 科学把握客户关系生命周期,创造客户终身价值

客户关系生命周期,指的是在客户关系管理中同样经历着如同产品生命周期式的管理周期,企业的客户关系都会经历着从产生到发展,从发展到成熟,从成熟到衰退的过程。因此,在营销管理和策略制定上,企业应在对客户关系分类的基础上,结合客户等级评价,适时对客户关系生命周期变化进行把握,调整营销策略,结合各周期的特点,开展初始期客户管理、发展期客户管理、成熟期客户管理和衰落期客户管理。

(1) 在初始期客户管理上,市场营销活动的重点是争取新顾客。其侧重点是让企业产品(服务)引起客户的注意,激发客户的购买欲,促使客户做出购买决策,与之建立客户关系。

(2) 在发展期和成熟期客户管理,主要应用客户满意管理,企业通过各种手段加强与企业产品(服务)满意或基本满意客户的关系,培养这些客户对企业产品(服务)的忠诚度,提高顾客的重新购买率或扩大使用企业产品和服务的范围,建立长期稳定的客我关系。

(3) 在衰落期客户管理,企业应进行预防客户解约管理,留住客户。

第二节　关系营销的具体实施

一、关系营销概述

(一) 关系营销的含义

1. 关系营销的定义

自从"关系营销"概念提出以来,许多学者从各个方面对其展开研究,其中较有代表性的观点如下。

(1) 白瑞(L. Berry)从建立重视客户关系的企业文化,将会对企业进行的外部营销活动产生积极的影响,企业保持老客户比吸引新客户的营销效率更高的现象出发,认为:关

系营销的实质就是要保持和改善现有客户。

（2）格鲁路斯（Gronroos）在白瑞的关系营销的概念基础上，分别在1990年和1996年提出并发展了关系营销的定义。他认为：关系营销是为了满足企业和相关利益者的目标而进行的识别、建立、维持、促进同消费者的关系，并在必要时终止关系的过程。这只有通过交换和承诺才能实现。

（3）顾木森（Gummesson）从企业竞争网络化的角度对关系营销进行定义。他认为：全球的竞争是在企业网络之间进行的，而不再是单个企业之间的竞争。关系营销就是把营销看作关系、网络和互动。

（4）塞斯（Sheth）和帕维提亚（Parvatiyar）强调合作的重要性，提出关系营销是通过合作来与选定的客户、供应商、竞争者为创造价值而建立密切的互动关系的导向。合作是关系营销的手段，价值创造是关系营销的目的。

（5）摩根（Morgan）和汉特（Hunt）从经济交换与社会交换的差异来认识关系营销。他们认为：关系营销是旨在建立、发展和维持成功交换关系的所有营销活动。

综合不同学者对"关系营销"的定义，我们可以得出对"关系营销"的三种理解。第一，关系营销是一种买卖之间依赖关系的营销方式；第二，关系营销是识别、建立、维护和巩固企业与客户及其他利益相关人的关系的活动，并通过企业的努力，以成熟的交换及履行承诺的方式，使活动涉及各方面的目标在关系营销活动中实现；第三，关系营销是在个人和群体交换产品和价值的同时，创造双方更加亲密的相互依赖关系，用以满足社会需要和消费者欲望的管理的过程。

总体来讲，关系营销是由一系列的社会活动组成的一个过程。在这个过程中，为了达到共同的营销目标，利益各方相互交流，并形成一种既稳定又相互信任的关系。从实践的角度来看，关系营销已经完全突破了企业与消费者之间的这层关系，并向供应商、中间商以及其他企业直接、间接联系的社会团体、政府职能部门及个人方面延伸。

关系营销是识别、建立、维护和巩固企业与顾客及其他利益相关人的关系的活动，并通过企业努力，以诚实的交换及履行承诺的方式，使活动涉及各方面的目标在关系营销活动中实现。这一理论强调营销活动要与涉及的各方建立起相互信任的合作关系。其关键在于：不仅争取客户和创造交易（识别和建立关系）是重要的，维护和巩固已有的关系更重要；营销的责任不仅是给予承诺，更重要的是履行承诺。建立互利互惠的商业关系，需要企业与顾客及其他利益相关者之间建立长期的相互信任的互惠关系。随着商品交易向买方市场的转移和商品供给者竞争的不断加剧，关系营销——这种对商业与贸易活动本源关系回归的营销方式，获得了极大的发展。

2. 关系营销的核心

关系营销的核心是客户服务。客户服务在关系营销中扮演的角色和发挥的作用非常广泛。可以把客户服务看作是一种为客户提供时间便利和空间便利的过程，它牵涉交易前、交易中、交易后的诸多方面。在关系营销阶段，质量的本质在于接受审视和思考，强调"全面质量"和"面向客户的质量水平"。也就是说，不仅产品领域与质量有关，质量所包容的范围动态地集中于企业与其客户、供应商以及其他必不可少的市场主体之间全方位的关系上，而且质量也不再以传统营销观念的"符合规矩"为准绳，而是以客户满意为准绳，即使符合规格标准的产品,如果客户不满意,其质量仍不是好的。因而关系营销强调以客户的观念为准绳来理解质量。

以保时捷(Porsche)为例。保时捷为客户提供免费停车与洗车的优惠。不论你何时要搭飞机,客户只需要将你的保时捷开到机场里埃尔维斯租车公司的停车场即可。埃尔维斯的员工在客户离开的这段期间内会保管好你的车,帮客户把车洗好并将车子内外都清理干净,一切弄妥当等客户回来取车。保时捷的车主在搭机旅行时一点也不需要担心车子的安全;回来时又看到等着他的是一辆簇新、干净的车子,自然很高兴;更何况还为他省下了可观的机场停车费,这些无时无刻都提醒着车主:保时捷公司的人是真正关心我的。这些贴心的服务马上便将这家汽车制造商和其他竞争者明显地区分开来,且为公司与车主的关系加进了价值。

保时捷的营销实践说明,贴心的服务无时无刻提醒着车主:保时捷公司的人是真正关心我的。因此,关系营销是利益各方相互交流,并形成一种既稳定又相互信任的关系。

3. 关系营销的关键

关系营销的关键是沟通。在营销过程中,实体产品、服务过程、管理程序和支付手段等实际上都向客户传递企业的某种信息。然而,关系营销理论认为,企业与客户沟通的特点是双向的,有时甚至是多维的沟通过程。所有的沟通努力都应该导致某种形式的能够维护和促进双方关系的发展。企业为维持客户关系的种种努力,如销售洽谈会议、直接联系信函等都应该整合进一个有计划的过程中。因此,这种对关系营销的沟通支持叫对话过程。这个过程包括一系列的因素,如销售活动、大众沟通活动、直接沟通和公共关系。大众沟通包括传统的广告、宣传手册、销售信件等不寻求直接回应的活动,直接沟通包括含有特殊提供物、信息和确认已经发生交互的个人化信件等。这里,要寻求从以往交互当中得到某种形式的反馈,要求有更多的信息、有关客户的数据和社会各界的反应。

4. 关系营销的特征

(1) 以双方向为原则的信息沟通

关系营销是一种双向的信息沟通过程。社会学对关系的研究认为,关系是信息和情感交流的有机渠道,在这一过程中,不仅仅简单地传递了信息和感情,而且能有机地影响、改变信息和感情的发展。良好的关系即是指渠道的畅通,恶化的关系则意味着渠道的阻滞,中断的关系则指渠道堵塞。关系的稳定性表现为关系并不因为交流的间歇或停止而消失,因为人们在交往过程中形成认识、了解和态度,这种认识、了解和态度是持久的、不易改变的。

(2) 以协作为基础的战略过程

关系营销强调企业与包括顾客、分销商、供应商等在内的各类客户甚至是竞争者建立长期的、彼此信任的、互利的关系。协同、合作的关系状态,实质上是一种协调状态,双方彼此相互适应、相互顺从、互助互利。此外企业与企业之间的长期合作关系也有助于保持公司的稳定发展。

(3) 以互惠互利为目标,而且要照顾到公众的利益和需要

通常,出于竞争动机的交易者往往是为了争取各自最大的利益,而出于合作动机的交

易者则会谋求双方共同的利益。关系营销产生的最主要原因是买卖双方相互之间有利益上的互补。例如,企业用产品或服务从消费者那里获取利润,消费者则用货币从市场上得到企业提供的自己所需的产品和服务。如果没有各自利益的实现和满足,双方就不会建立良好的关系;如一方提供伪劣产品,另一方受害,那么双方就会发生冲突。关系建立在互利的基础上,使双方在利益上取得一致,并使双方的利益得以满足,这是关系赖以建立和发展的基础。真正的关系营销,是达到关系双方互利互惠的境界。因此了解双方的利益需求,寻找双方的利益共同点,并努力使共同的利益得到实现,是关系协调的关键。

(4) 以反馈为职能的管理系统

关系营销必须具备一个反馈循环,用以连接关系双方,公司由此可以了解到环境的动态变化,根据合作方提供的非常有用的反馈信息,改进产品和技术,挖掘新的市场机会。许多公司为现有和潜在的客户提供各种机会,包括产品的展示和提前使用,并搜集反馈信息进行产品改善和深入创新。一些公司定期向随机抽取的客户寄送调查表,请他们对公司职员的态度、服务质量等做出评价。关系营销的动态应变性来源于公司的组织结构和经营风格。

(二) 关系营销的理论基础

关系营销是由“大市场营销”的概念衍生发展而来的,但是它的产生和发展同时也大量来自对其他科学理论的借鉴,对传统营销理念的拓展和信息技术的驱动。

1. 对其他科学理论的广泛借鉴

关系营销理论对其他科学理论的借鉴主要包括来自系统论、协同学的役使原理和广告传播学的理论精髓。

(1) 关系营销对系统论的借鉴

系统论把社会、组织及其他事物都看作一个个的系统,而这些系统又是由若干子系统构成的。整个系统的运转依赖于这些子系统及其构成要素间的相互依赖和作用。从系统论的观点来看,企业就是一个由子系统组成的,并与其所处环境有可确认的边界的系统。研究者和管理者需要了解子系统内部、子系统之间以及企业与环境之间的关系。其作用就是要确定关系的模式或各变量之间的结构,并采取有效措施保证系统的有效率运行,企业营销就需要处理和管理好上述各种关系。

(2) 关系营销对协同学的借鉴

协同学认为,系统中要素子系统之间的相互作用导致系统性质的改变。每一个系统的运动都有两种趋向,一种是导致系统瓦解的重要原因,即自发地倾向无序的运动,另一种是子系统之间的关联引起的协调、合作运动,这也就是系统自发走向有序的重要原因。役使原理表明,无序就意味着杂乱无章,存在大量不同的可能性。占据主导地位的序参数迫使其他因素和状态纳入它的轨道,从而使一切事物有条不紊地组织起来。而协同本身是一种自组织能力,这种组织能力是以信息联系为基础,通过反馈控制来实现的。当系统与环境进行物质、能量、信息交换时,自组织能力体现在控制与调整环境系统内各子系统,使之协同动作,保持系统的和谐有序运转。协同学的这一原理对于研究企业内部及企业与外部环境之间的关系具有重要意义。实际上,协同正是关系营销所要追求的利益。因为系统虽具有自组织能力,但如何减少无序的状态和无序状态保持的时间,对于关系营销来说无疑是一个具有实践意义的课题。

(3) 关系营销对广告、传播学的借鉴

传播是关系双方借以交换信息的符号传递过程。在此过程中,使信息的发送者和接收者的认识趋于一致是传播的最终目的。传统营销中,广告等大众传播方式(单向传播方式)是企业与消费者进行沟通的主要渠道。通过这一方式能够实现沟通目标,主要是因为厂商控制着大部分的产品信息,依靠这些有限的信息也可以进行决策。现代传播将是一种双向沟通,企业与客户之间的信息交换将经历如下过程:第一步,企业要了解客户所拥有的信息形态和信息内容;第二步,通过某种渠道和方式明确客户对信息的需要;第三步,以适当的方式传递信息。整合营销传播就是对传统营销理论和传播学的抽象和升华。在这个概念中,广告、促销、公共关系、直销,以及媒体计划等一切营销活动构成传播的全部含义,并用一致的信息与客户沟通,即"用同一种声音说话"。从这个意义上说,传播就等于营销,营销的过程也就是传播的过程。

2. 关系营销是对传统营销理念的有力拓展

传统的市场营销理论认为企业营销是一个利用内部可控因素来影响外部环境的过程。对内部可控因素的总结是 4PS 组合,即产品、价格、分销、促销策略。营销活动的核心在于制定并实施有效的市场营销组合策略。但实践证明,传统的营销理念很难再有效地帮助企业获得经营优势,因为任何一个企业都不可能独立地提供营运过程中所有必要的资源,而必须通过银行获得资金、从社会招聘人员、与科研机构进行交易或合作、通过经销商分销产品、与广告公司联合进行促销和媒体沟通。不仅如此,企业还必须被同行企业、社区公众、媒体、政府、消费者组织、环境保护团体等所接受。因而,企业与这些环境因素联系密切,构成了保障企业生存与发展的事业共同体,而共同体中的伙伴建立适当的关系就形成一张巨型的网络。对于大多数企业来说,企业的成功正是因为充分利用了这种网络资源。这样一来,对企业资源的认识,就从企业边界以内,扩展到了企业边界以外,即包括所有与企业生存和发展具有关联的组织、群体和个人,以及由这些"节点"及其相互间的互动关系所构成的整个网络。而这些关系是否稳定并能给网络的成员带来利益的增长,即达到"多赢"的结果,则依赖于有效的关系管理,包括利益的共享、通过"感情投资"在伙伴间建立亲密的关系等。

3. 信息技术是关系营销发展的驱动力

现代信息技术的发展为各种营销伙伴关系的建立、维护和发展提供了低成本、高效率的沟通工具,它解决了关系营销所必需的基本技术条件。此外,从客户角度来看,信息技术的发展,使得客户得到更多的信息,并对其获得的产品或服务进行比较,从而使客户变得越来越挑剔。

（三）关系营销的特征及目标

关系营销是一种旨在建立和管理企业各种关系的营销理论。它将企业置于社会经济大环境中来考察,把企业看作一个与客户、供应商、竞争者、政府及其他公众互动作用的过程。

1. 关系营销的本质特征

（1）沟通的双向性

在关系营销当中，沟通应该是双向的而非单向的。社会学认为，关系是信息和情感交流的有机渠道，良好的关系使渠道畅通，恶化的关系使渠道阻滞，中断的关系则使渠道堵塞。交流可以由企业开始，也可以由营销对象开始。广泛的信息交流和信息共享，才可能使企业赢得各个相关利益者的支持和合作。

（2）战略的协同性

在竞争日益激烈的市场上，明智的营销管理者强调与利益相关者建立长期的、互信、互利的关系。这可以是一方自主地调整自己的行为，也可以是关系双方都调整自己的行为。关系双方可以相互学习，相互取长补短，协同行动去实现对双方都有益的共同目标。在企业与客户、分销商、供应商甚至竞争者建立长期的、彼此信任的关系时，可以有以下的几种选择：第一，顺从。在这种关系中，关系双方一方自愿或自主地调整自己的行为，按照对方的要求行事；第二，顺应。除包含顺从的含义外，顺应还包括关系的主客体两方为保持这种良好的关系各自修改、调整自己的目标、行为、态度等，以适应对方的要求，创造合作基础上的共同发展，共同获得长期利润。

（3）营销的互利性

关系营销是建立在双方利益互补的基础上的。假如没有各自利益的满足与实现，双方就不会建立良好的关系。既然如此，也就要求交易双方互相了解对方的利益，寻求利益的契合点，并努力使利益得到共同实现。

（4）反馈的及时性

关系营销要求建立专门的管理机构，用以追踪利益相关者的态度。关系营销应具备一个反馈的渠道，它的主要任务就是连接关系双方。企业通过此渠道了解环境的动态变化，根据合作方提供的信息，改进产品和技术。信息的及时反馈，使得关系营销更具有动态的应变性，有利于发现新的市场，有助于挖掘潜在客户。

（5）利益的长期性

发展关系营销的目的是希望将买卖双方长期地联系在一起，所以，企业在保证盈利的条件下，要兼顾客户和网络中其他成员的利益，而且必须去实现整个网络长期利益的最大化，不能只为了短期的局部的利益而损害了长远的全局的利益。

2. 关系营销的目标

关系营销实际上是一个双赢的策略。企业和客户之间是相互依存的关系，它们之间存在着共同的利益。一方面，客户支付价值获得使用价值；另一方面，企业让渡产品使用价值，获得利润。企业通过为客户创造价值来实现自己的价值，而客户通过向企业付出价值实现了自己的价值。由此可以清楚地看出，企业与客户之间是一种合作的、双赢的关系。

关系营销的目标是客户忠诚。客户忠诚的前提是客户满意，而客户满意的关键条件是客户价值的提升，客户价值的提升在于发掘客户的真实需求并加以满足，而关系营销能将以上过程关联起来并加以实现。何尔曼·迪勒认为，关系营销的目标就是客户忠诚而不是客户保留。因为如果不忠诚的客户有了其他选择，他们就会离开。通过实施关系营销，培养客户忠诚，不仅可以给企业带来丰厚的利润，还可以节约成本，提高利润率。

(四) 关系营销与传统营销

关系营销与传统营销观念相比,最根本的区别在于:传统营销观念是一种短期的概念,其核心是商品交换;而关系营销的核心是"关系",指在双方之间建立一种联系,这则是一个长期的概念。

关系营销特别适合于生产者市场。它的主要内容是对客户进行科学的管理,而方法则灵活多样。比如,可以借助计算机建立客户数据库,使企业准确了解客户的有关信息,使产品能得以准确定位,同时使企业促销工作更具针对性,从而提高营销效率。运用数据库与客户保持紧密联系,无须借助大众传媒,比较隐秘,不易引起竞争对手的注意。此外,还可建立客户俱乐部、客户信用卡、会员卡制度、对关键客户专门设立关系经理等方式,进行客户管理。

1. 关系营销与交易营销

交易营销是着眼于产品或服务实际交易过程的营销理念,而关系营销更加注重和客户建立并保持长期的联系。德国汉诺威大学的索斯顿·亨尼格梭罗和尤苏·拉汉森认为,关系营销是对传统营销方式的重新看待。其实质是通过建立与维持现有客户及利益相关者的关系而获利。它与传统的只注重与客户的单次交易的交易营销有很大的不同。在交易营销中,销售完成后互动关系即告终止,而关系营销认为销售是长期商务关系的开始。两者具体区别如下。

(1) 以产品交易为导向的传统营销理论认为,市场是由同质的、无关紧要的个体客户组成的。关系营销认为市场中的每个客户的需求、愿望和购买能力存在很大的差异,每个客户对企业的价值也是不同的。

(2) 交易营销认为市场中交易双方的主动性不同,即"积极的卖方"和"消极的买方",买卖双方是各自独立的。市场营销就是卖方的单方行为,卖方用产品、价格、促销等营销组合手段刺激客户购买。关系营销则认为市场并不都是由"积极的卖方"和"消极的买方"组成的。在有些情况下,具有特定需求的买方也在努力寻找合适的供应商。买卖双方是互动的关系,关键在于发现买卖双方合适的价值结合点。

(3) 交易营销认为,交易活动是由具体的单个事件组成的,并且各个交易活动之间没有任何影响。关系营销则认为,供求双方的交易是连续不间断的一个过程。前一次的交易往往对以后的交易活动产生影响。

(4) 交易营销的产品主要是指产品的实体价值,而关系营销认为产品的价值不但包括实体价值,而且也包括附在实体产品之上的服务。比如说,与供应商交易过程中愉悦的心情、产品相关的咨询以及技术服务的支持等。

(5) 交易营销完全依靠市场价格机制发挥作用。而关系营销却以"关系"作为研究的核心。关系营销认为客户在交易中不仅要得到经济价值,还追求经济价值以外的其他价值,客户是有限理性的"社会人",关系营销要考虑客户的心理上以及情感上的满足。

(6) 交易营销的价值源于产品交易活动完成后价值在供应商、客户、分销商等在价值链上的分配;而关系营销则认为,价值是供应商和客户在交易的沟通过程中共同创造的,是一种值得重视的新的价值。关系营销认为,客户购买产品不仅仅考虑产品价格的高低,更重要的是要考虑其他因素,如供货的稳定性等。与交易营销相比,企业在与客户、供应商、分销商、竞争者相互的合作关系过程中,由于资源相互依赖、共同开发、信息共享、组织学习等因素,关系营销更关注的价值的重新创造和客户的利益。

（7）交易营销与关系营销在实践活动中的特点,见表 7-1。

表 7-1　交易营销与关系营销

交 易 营 销	关 系 营 销
关注一次性的交易	关注客户保持
较少强调客户服务	高度重视客户服务
有限的客户承诺	高度的客户承诺
适度的客户联系	高度的客户联系
质量是生产部门所关心的	质量是所有部门所关心的

由此分析可知,两种不同的营销方式在具体行业应用中的作用有所不同:第一,当服务在产品交易中作用越来越突出的时候,关系营销更优于交易营销;第二,在大宗产品、设备、专业服务业,关系营销比交易营销更适用;第三,在消费品行业,关系营销更多适用于与经销商的合作,而与终端消费者,则更多的是交易营销。

2. 关系营销与服务营销

服务营销作为 20 世纪 80 年代营销思想发展的主流之一,与关系营销的共同之处在于:强调关系在企业营销活动中的重要性。然而,服务营销和关系营销对于关系在营销中的地位及其范畴的理解是有本质区别的,主要表现见表 7-2。

表 7-2　服务营销与关系营销

服 务 营 销	关 系 营 销
把关系看成与其他因素并列的一个营销变量	把关系看成营销活动的核心
主要强调建立与客户的良好关系	客户关系与公众关系并重
主要通过客户服务来建立关系	服务只是手段之一
没有突破传统的 4PS 的模式,只是把属于产品第三层的服务加以拓展和强调	4C 模式,建立除产品之外的其他关系

3. 关系营销与庸俗营销

这里所谈的庸俗营销主要表现在"拉关系,走后门",认为关系营销就是通过"拉关系,走后门"来进行的营销活动。事实上,这是一种错误的观点。关系营销与庸俗营销有着本质的区别,见表 7-3。

表 7-3　庸俗营销与关系营销

项　目	庸 俗 营 销	关 系 营 销
产生背景不同	市场经济不发达的产物	高度发达的市场经济的产物
手段不同	透明度较低,并且经常是一些违法行为	通过客户服务,客户参与及客户组织化等手段来进行,透明度较高
目的不同	只是一种暂时的合作关系	为建立兼顾双方利益的稳定的长期合作关系
社会效果不同	很容易造成资源极大的浪费,滋生社会的腐败之风,并且经常损害他人的利益	有利于整个社会的进步,可以减少交易成本,实现资源的优化配置,不损害第三者和社会的利益

（五）关系营销中的关系

传统的交易营销主要涉及企业和外部客户的关系,而关系营销中的"关系"却非常广泛。关系营销是建立在客户、关联企业、政府和公众三个层面基础上的,它要求企业在进行经营活动时,必须处理好与这三者的关系。

1. 建立、保持并加强同客户的良好关系

客户是企业生存和发展的基础。企业离开了客户,其营销活动就成了无源之水,无本之木。市场竞争的实质就是争夺客户。要想同客户建立并保持良好的关系,必须做到:首先,必须真正树立以客户为中心的观念,一切从客户出发,并将此观念贯穿于企业生产经营全过程。其次,切实关心客户利益,提高客户满意度。消费者在购物后会衍生出许多售后问题。为此,许多公司设立了服务热线电话,客户只要拨通热线电话,就可以得到与公司产品有关的一切服务。最后,重视情感在客户作购物决策时的影响作用。飞速发展的技术使人们之间沟通的机会减少,但人们却迫切希望进行交流,追求高技术与高情感的平衡。企业在经营中要注意到客户的这种情感因素,并给予重视。平安保险公司对投保客户每人赠送一张消费优惠卡,持卡购物消费一律实行优惠。这种富有人情味的情感营销手段,既使客户感到了温情又使企业增加了保额。外部客户固然重要,内部客户也不可忽视。因为只有内部客户满意,才有可能使产品和服务质量提高,进而满足外部客户的需求。

2. 与关联企业合作,共同开发市场

在传统市场营销中,企业与企业之间是竞争关系,企业为在竞争中取胜,往往不择手段。这种方式既不利于社会经济的发展,又易使竞争双方两败俱伤。关系营销理论认为,企业之间存在合作的可能,通过关联企业的合作,将更有利于实现企业的预期目标。

（1）企业合作有利于巩固已有的市场地位

当今市场,细分化的趋势越来越明显,竞争日趋激烈,通过合作,可增强企业对市场的适应能力。

（2）企业合作有利于企业开辟新市场

企业要想进入一个新市场,往往会受到许多条件的制约。但若在新市场中寻找到一个合作伙伴,许多难题将迎刃而解。

（3）企业合作有利于多角度化经营

企业不可能对所有领域里的经营活动都十分熟悉,在陌生的领域,企业将要承担很大的风险。通过与关联企业合作,可以大大降低风险。

（4）减少无益的竞争

同行业竞争容易导致许多恶果,如企业亏损剧增,行业效益下降。而企业间的合作可使这种不良竞争减少到最低程度。

3. 与政府及公众团体协调一致

企业是社会的一个组成部分,其活动必然要受到政府有关规定的影响和制约。在处理与政府的关系时,企业应该采取积极的态度,自觉遵守国家的法规,协助研究国家所面临的各种问题的解决方法和途径。关系营销理论认为:如果企业能与政府积极地合作,树立共存共荣的思想,那么国家就会制定出使国家对营销活动调节合理化、避免相互矛盾、帮助营销人员创造和分配价值的政策。

（六）关系营销的市场模型

关系营销又称为顾问式营销，是指企业在盈利的基础上，建立、维持和促进与客户和其他伙伴之间的关系，以实现参与各方的目标，从而形成一种兼顾各方利益的长期关系。关系营销的市场模型概括了关系营销的市场活动范围。企业如果想在本行业立于不败之地，就必须了解六大市场并处理好它们之间的关系，如图 7-1 所示。

1. 客户市场

客户市场是六大市场模型的核心。客户是企业存在和发展的基础，市场竞争的实质是对客户的争夺。最新的研究表明，企业在争取新客户的同时，还必须重视留住客户，培育和发展客户忠诚。企业可以通过数据库营销、发展会员关系等多种形式，更好地满足客户需求，增加客户信任，密切双方关系。

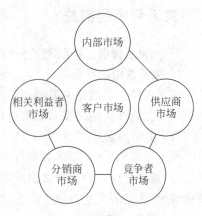

图 7-1 关系营销的六大市场

2. 供应商市场

任何一个企业都不可能独自解决自己生产中需要的所有资源。在现实的资源交换过程中，资源的构成是多方面的，至少包含了人、财、物、技术、信息等方面。与供应商的关系决定了企业所能获得的资源数量、质量及获得的速度。企业与供应商必须结成紧密的合作网络，进行必要的资源交换。另外，公司在市场上的声誉也部分地来自与供应商所形成的关系。

3. 内部市场

内部营销起源于这样一个观念，即把员工看作企业的内部市场。任何一家企业，要想让外部客户满意，首先得让内部员工满意。唯有工作满意的员工，才可能以更高的效率和效益为外部客户提供更加优质的服务，并最终让外部客户感到满意。内部市场不只是企业营销部门的营销人员和直接为外部客户提供服务的其他服务人员，它包括所有的企业员工。在为客户创造价值的生产过程中，任何一个环节的低效率或低质量都可能会影响最终的客户价值。

4. 竞争者市场

在竞争者市场上，企业营销活动的主要目的是争取与那些拥有与自己具有互补性资源竞争者的协作，实现知识的转移、资源的共享和更有效的利用。企业与竞争者结成各种形式的战略联盟，通过与竞争者进行研发、原料采购、生产、销售渠道等方面的合作，相互分担、降低费用和风险，增强经营能力。种种迹象表明，现代竞争已发展为"协作竞争"，在竞争中实现"双赢"的结果才是最理想的战略选择。

5. 分销商市场

在分销商市场上，零售商和批发商的支持对于产品的成功至关重要。销售渠道对现代企业来说无异于生命线。随着营销竞争的加剧，掌握了销售的通路就等于占领了市场。优秀的分销商是企业竞争优势的重要组成部分。通过与分销商的合作，利用他们的人力、物力、财力，企业可以用最小的成本实现市场的获取、完成产品的流通，并抑制竞争者产品的进入。

6. 相关利益者市场

金融机构、新闻媒体、政府、社区,以及诸如消费者权益保护组织、环保组织等各种各样的社会团体,与企业都存在千丝万缕的联系,对于企业的生存和发展都会产生重要的影响。因此,企业有必要把它们作为一个市场来对待,并制定以公共关系为主要手段的营销策略。

二、关系营销的实施

(一) 关系营销的原则与实施对象

1. 关系营销的原则

关系营销以系统论为基础,将企业置身于社会经济的大环境中来考察企业的市场营销活动。企业在实施关系营销的过程中应遵循以下三点原则。

(1) 主动沟通

在关系营销中,关系各方都应主动与其他关系方的接触和联系,相互沟通消息并了解情况,形成制度或以合同形式定期或不定期碰头。同时,相互交流各关系方的需求和利益变化情况,主动为关系方服务或为关系方解决困难和问题,增强伙伴合作关系。

(2) 承诺信任

在关系营销中各关系方相互之间都应作出一系列书面或口头承诺,并履行诺言,付诸于实践,这样才能赢得关系方的信任。

(3) 互利互惠

交易双方之间有利益上的互补是关系营销的基础。如果没有各自利益的实现和满足,那么交易双方就不会建立良好的关系。关系是建立在互利的基础上的,这就要求双方互相了解对方的利益,寻找双方利益的共同点,并努力使双方的利益共同得到实现。真正的关系营销是使关系双方互利互惠,并取得共赢。

关系营销作为一种营销方法和手段,其最终的目的是不断地追求企业利润最大化。因此,企业应在考虑市场竞争环境和自身实际的基础上,选择合适的关系营销策略。这不仅要通过营销资源整合以及高性价比的产品和服务来维系与客户的持久关系,而且还要处理好与社会组织、公众及政府职能部门的关系。如此才能显示出关系营销蓬勃的生命力和美好的应用前景。随着经济体制改革的深化以及营销理论和实践的不断发展,关系营销将会得到广泛应用。

2. 关系营销实施的对象

关系营销将企业的经营活动扩展到一个更广泛、更深远的领域,使企业营销活动从单纯的交易行为转变为由与消费者、供应商、竞争者及政府机构等各方面编织的关系网络,企业营销的功能也因此从过去使每次交易的利润最大化转变为谋求网络成员利益的最大化。企业正是通过谋求与网络成员的互惠互利,尤其是通过最大限度地满足消费者的需求,来获得自身的发展。比如,许多公司就是由国有资产投资公司及相关的消费企业共同出资筹建的企业,形成具有政府支持,上下企业共同受益,共谋发展的利益共同体,通过利益并存实现多方共赢的目的,以保持永久的生存发展。

（二）关系营销实施的主要途径

现代市场营销的发展表明,关系营销的实质是对客户及其他利益群体关系的管理。关系营销的宗旨是从客户利益出发,努力维持和发展良好的客户关系。因此,关系营销的重心就是建立和发展营销网络、培养客户忠诚、降低客户转移率。从营销理论和实践看,关系营销的实施途径包括以下七个方面。

1. 提高客户忠诚度

传统的交易营销重视短期利益,而忽视了客户的满意度。"货物售出,概不负责",就是交易营销的典型做法。这种做法的重要特征是重视发展新客户,忽视老客户,根本谈不上培养客户忠诚。关系营销关注一次性交易的同时,更重视老客户,它的好处包括以下三点。

（1）维持老客户,能带来大量销售额。营销大师菲利普·科特勒在《市场营销学》一书中提到著名的二八法则,即80%的销售额来自于20%的企业忠诚客户。

（2）维持老客户的成本大大低于吸引新客户的成本。传统营销人员,眼睛盯着新客户,发展了新客户,却丢掉了老客户,这是不经济的。

（3）忠诚客户有很强的示范效应。忠诚客户是指对某一品牌或厂商具有某种偏爱,能长期重复购买其产品的客户。他们对同一厂家提供的延伸产品和其他新产品也乐于接受,对竞争者的营销努力采取漠视或抵制的态度。忠诚客户对其他消费者还有很强的示范效应,是同一消费群体的意见领袖。实践证明,一个满意的客户会引发8笔潜在的生意;一个不满意的客户会影响25个人的购买意愿。因此,怎样防止客户流失,进行"反叛离管理"就成为关系营销管理的重要内容之一。

2. 适当增加客户让渡价值

客户让渡价值是客户总价值与客户总成本之间的差额。客户总价值是指客户购买某一产品与服务所期望获得的一组利益。它包括产品价值、服务价值、人员价值和形象价值等。客户总成本是指客户为购买某一产品与服务所付出的时间、精神、体力以及所支付的货币资金等,它们构成货本成本、时间成本、精神成本和体力成本等。客户在选购产品时,往往从价值与成本两个方面进行比较分析,从中选择出价值最高,成本最低,即"客户让渡价值"最大的产品作为优先选择的对象。在现代市场经济条件下,企业能否维持已有的客户群,关键在于它为消费者提供的"客户让渡价值"的多少。

为了提高"客户让渡价值",企业应考虑以下三个方面的问题:第一,要求企业深入细致地分析各个因素,寻找降低成本、增加客户总价值的途径,从而用较低的生产成本和市场营销费用为客户提供具有更多"客户让渡价值"的产品;第二,不同的客户群对产品价值的期待与对各项成本重视程度不同,企业应根据不同客户群的需求特点,有针对性地设计和增加客户总价值,降低客户总成本,以提高产品的实用价值;第三,企业在争夺客户,追求"客户让渡价值"最大化时,往往导致成本增加,利润减少。因此,在市场营销实践中,企业应适度增加"客户让渡价值",以确保"客户让渡价值"所带来的利益超过因此而增加的成本费用。

3. 提升企业——客户关系层次

企业与客户之间的关系可分为依次递进的三个层次,即财务层次、关系层次和结构层次。企业选择的关系营销层次越高,其获得的潜在收益和提高竞争力的可能性越大。

（1）财务层次

财务层次关系指企业与客户之间,建立以商品为媒介的财务利益层次上的关系。传统交易营销中的"银货两讫",就是这种财务关系的体现。建立在这一层次上的营销,通常采用价格优惠、有奖销售、折扣等手段,刺激客户购买本企业的产品或服务。在企业与客户的交往中,财务利益是最基本的行为动因。在金钱之外,人们之间的关系显得比较冷漠。

（2）关系层次

关系层次也称社会层次,指购销双方在财务层次基础上,建立起相互了解,相互信任的社会联系,并达到友好合作关系。在这个层次上,企业不仅重视传统的营销工作,更重视交往营销,主动与客户联系,了解其需求和愿望,并想方设法满足客户的需要。关系层次上的营销,体现了相互了解、信任和默契,但各企业的做法不尽相同,不易被竞争对手模仿,比财务层次上的营销前进了一步。

（3）结构层次

结构层次关系营销的最高层次。结构层次是指企业利用资本、资源、技术等要素组合,精心设计企业的生产、销售、服务体系,提供个性化产品和服务,使客户得到更多的消费利益和"客户让渡价值"。结构层次以客户需要为导向,主动设计调整企业的经营结构和治理结构,最大限度地满足客户需要,提高客户的满意程度。同时,结构层次也提高了企业的技术壁垒,增加了客户转移的成本和难度,客户改变供应商将造成客户总成本提高,优质服务的丧失,因而使客户自愿维持与企业的合作关系。

这三个层次对企业来说都是不可缺少的,有时可以选择其中的一个为主,也可以几个兼而有之。问题的关键是企业的营销人员要树立层次结构的思想,在使用某一层次时,尽可能提升层次结构。

4. 建立垂直营销系统

如何处理营销者与渠道之间的关系,这也是关系营销的重要方面。传统营销渠道系统是一个高度分离的组织网络。在此网络系统中,制造商、批发商、零售商态度疏远,为了自身的利益在市场上讨价还价,互不相让,竞争激烈,结果往往导致协作关系的破裂。要改善渠道企业之间的关系,必须建立垂直市场营销系统。垂直市场营销系统是一个实行专业化管理和集中计划的组织网络。在此网络系统中,各个成员为了提高经济效益,都不同程度地采取一体化经营和联合经营,分销商、供应商、代理商联合在一起,成为利益共同体,即一荣俱荣、一损俱损的垂直营销系统。企业要注意的是,垂直市场营销系统不仅要兼顾合作者的利益,还应当考虑消费者的利益。

5. 建立柔性生产体系

传统营销通常被称为"大众营销",生产厂商的每一种产品都要满足成千上万消费者的需要(需求的共同性),生产的重点是大规模生产。随着生产技术的进步,消费信息的迅速传播,人民生活水平的提高,消费者的消费差异化、个性化显著增强。新型网络经济加剧了这种趋势,消费者轻点鼠标就能随心所欲地向供应商要这要那,消费者转移随时都会发生。与此同时,市场细分的规模越来越小,有时小到"一对一"的地步。为了适应这种形势的需要,企业就要根据消费者的不同需要,设计生产具有差异性、个性化的产品,即建立柔性生产体系(flexible manufacturing system)。这是一种既能适应"多品种、小批量"订货的要求,又能保持大批量流水作业的先进生产体系,即大规模个性化生产。现在汽车和一些家用电器都采用了柔性生产体系。

6. 建立既有竞争又有合作的同行关系

竞争关系与合作关系都是企业要面对的关系,是关系营销的又一重要方面。怎样处理与同行的关系? 怎样面对竞争者? 企业有两种典型态度:一种是认为竞争者是敌人,必须赶尽杀绝,这是一种"树敌"的竞争;另一种是认为同行提供的产品和服务既有相同之处,也有差异之处;既在同一市场上争夺,也为竞争对手带来商机。他们或实行"错位"经营,或采用自信合作的态度,通过合作取得"双赢",这是"不树敌"的竞争。

7. 建立客户关系管理系统,防止客户流失

客户关系管理为企业提供全方位的视角,赋予企业更完善的客户交流能力,帮助企业取得最大化的客户收益。建立 CRM 系统,就是对企业和客户的有关信息进行搜集、储存、传输,以便企业主管人员能全面准确地了解客户关系状况,采取相应的营销措施,维持老客户,开发新客户,使企业从客户那里获得最大的利益。"流失"指客户不再购买企业的产品或服务,终止与企业的业务往来。为了防止客户流失,企业应建立客户关系管理系统,做好客户信息搜集工作,制订客户关系营销计划或沟通策略。根据每一个客户的不同情况提出不同的解决方案,维持良好的客户关系。客户关系管理系统的建立是关系营销取得成效的基础。

客户关系管理概念的出现已经引起了全世界各国企业的关注。随着计算机信息技术的飞速发展,企业可以较为方便地掌握和处理大量与客户相关的资料,这一飞跃性的技术突破也同时改变了许多行业的营销手段。客户关系管理是关系营销的一个平台。关系营销通过客户关系管理可以更加有效地发挥作用。

(三)关系营销实施的意义

关系营销把对客户的保持看作企业的重要任务,它希望通过客户关系管理,最大限度地满足客户的需求,使企业能够获得客户的支持,从而维系客户群,获得高额利润,促进企业的发展。关系营销与传统交易营销相比,有它自身的优势。一般而言,对于关系营销来说,保持一个客户的费用远远低于争取一个客户的费用。国内外大量市场研究结果表明,客户的忠诚度每提高5%,企业的利润就增加25%。而企业争取一个新客户所花的成本是留住一个老客户的6倍。企业不但节约了开发新客户所需要的广告和促销费用,而且随着客户对企业产品的信任度和忠诚度的增强,还可诱发客户提高对相关产品的购买。所以,关系营销为企业长期稳定的发展奠定了良好的基础。它将取代传统交易营销,成为现代企业营销的趋势。随着全球经济一体化的形成,一方面,企业间的竞争范围扩大,不再只局限于局部范围内,而是在全球范围内同竞争者展开竞争;另一方面,竞争对手也增多了。

随着企业应用技术能力的提高和市场信息实时化的增强,市场准入障碍不断弱化,行业的渗透性逐渐变强。因而,企业将在全球范围内同更多的消费者、竞争者、供应商,以及它们所处地区或国家的相关政府机构打交道,并受相关地区或国家法律制度的约束和新闻媒体等中介机构的影响。因而,企业应当有效地开展关系营销,理顺同这些日益增多的、复杂的对象间的关系,保持企业成长的良性发展环境。

目前,企业间的竞争不再是单个企业间的竞争,而是企业网络之间的竞争。这就要求同一价值链内的不同企业构建密切的、长期的合作伙伴关系。市场竞争的胜利者是具有良好网络的企业,而不实施关系营销是无法构建良好网络的。21 世纪是知识经济时代,同时也是一个科技飞速发展的时代。科技的进步必定推动社会经济的快速发展,消费需求将由原来的数量消费、质量消费向个性消费、感性消费转变。这使得原来那种统一的单一需求的大市场不复存在,市场将细分到单个消费者,并要求企业实施多品种、小批量策略,按订单组织生产。而且,这种个性化的消费需求,因大多数人喜欢追求产品的新颖性而变化极快,不仅增加了市场预测的不定因素,而且加大了新产品开发的难度。同时,科技的迅速发展,加速了产品的更新换代速度,致使产品的生命周期缩短。因此,企业只有以快制快,及时捕捉消费者需求变化动态,用最快的速度推出新产品或新服务,才能在新经济条件下寻找到立足点。

三、关系营销的价值测定

关系营销为客户创造和传递的价值一般用"让渡价值"来衡量。企业自身从关系营销中得到的利益,可以结合客户盈余能力、客户保留成本、客户流失成本等指标来衡量。

(一) 客户盈余能力

关系营销是一个建立、发展并保留同客户的关系的过程。其核心原则是为企业创造真正的客户。这里所说的"真正的客户"是从两个方面而言的。首先,这些"真正的客户"认为他们自身得到了有价值的服务,并且愿意与企业建立和保持长期、稳定的关系;其次,企业把他们看作最有利可图的客户。"真正的客户"除了愿意为企业提供的便利支付高价外,还将该企业介绍给他人,义务宣传其产品和服务。管理者通过数据分析发现,20%~40%的客户也许是无盈利的,因此有必要对企业的客户进行分析。对许多企业来说,不同的客户为企业带来的利润是有明显差别的。例如,最大的客户一般要求周到细致的服务和最大限度的折扣,而这往往降低了公司的利润水平;中等规模的客户接受良好的服务,并且几乎能按全价付款。所以在大多数的情况下,企业认为中等规模的客户是最具盈利能力的;最小的客户也能按全价付款,并且只接纳最低程度的服务,但是与最小客户的交易费用降低了公司的利润。因此,可以得出结论:大部分可盈利客户并不是企业的最大客户或最小客户,而是一些中等规模的客户。这里的盈利能力的概念强调了客户的终身价值,而不是指一次特定交易的利润。影响客户盈利能力的因素有很多,包括需求性质和大小、客户的讨价还价能力、客户的价格敏感度、客户的地理位置和集中度等。

(二) 客户保留成本和客户流失成本

由于吸引新客户的成本高于保留老客户的成本,而且老客户的盈利能力一般也高于新客户,因此,关系营销的最终目的就是要通过关系的建立和发展留住老客户。科特勒曾提出以下四个步骤来进行是否采取保留策略的决策。

(1) 测定客户的保留率。客户保留率即发生重复购买的客户比率。

（2）识别造成客户流失的原因，并且计算不同原因造成的流失客户比率。

（3）估计由于不必要的客户流失而引起的企业利润的损失。这一利润就是客户生命周期利润的总和。

（4）决策。即企业维系客户的成本只要小于损失的利润，企业就应支付降低客户流失率的费用。

第三节　一对一营销与直复营销

一、一对一营销

（一）一对一营销的概念

一对一营销是指企业根据客户的特殊需求来相应调整自己的经营策略的一种营销行为。一对一营销（one-to-one marketing），亦称"121营销"、"1-2-1营销"或"1对1营销"等，是一种客户关系管理（CRM）战略，它为公司和个人间的互动沟通提供具有针对的个性化方案。一对一营销的目标是提高短期商业推广活动及终身客户关系的投资回报率（ROI）；最终目标就是提升整体的客户忠诚度，并使客户的终生价值达到最大化。

一对一营销的核心是以客户份额为中心，通过与每个客户的互动对话，与客户逐一建立持久、长远的双赢关系，为客户提供定制化的产品或服务。重点开展与客户互动对话，以及为客户提供"定制化"的服务和产品。重心从关注市场占有率到关注个体客户的"客户份额"上来。重点关注本企业产品在客户所拥有的所有该类产品中的份额，并努力提升对这个份额的比例。

"一对一营销"的基础是企业与顾客建立起一种新型的学习关系，即通过与顾客的一次次接触而不断增加对顾客的了解。利用学习关系，企业可以根据顾客提出的要求以及对顾客的了解，生产和提供完全符合单个顾客特定需要的顾客化产品或服务。

（二）一对一营销的理念

"一对一营销"这一术语，是由美国的唐·佩伯斯和马莎·罗杰斯博士于20世纪90年代中期提出的。该理念的核心是以"顾客占有率"为中心，为顾客提供定制化的产品；目标是在同一时间向一个顾客推销最多的产品。简而言之，一对一营销就是以不同的方式对待不同的顾客。其中主要有以下三个核心理念。

（1）顾客占有率。亦称"钱袋份额"，指的是一个企业在一个顾客的水平产品消费中所占的比重。企业要想提高自己的顾客份额，就必须与一个一个的顾客建造关系，通过与顾客长期持续的互动沟通，了解顾客的需求，最大限度地满足顾客，提升顾客的忠诚度，从而出现越来越多的"回头客"，顾客的重复购买就会大大提升该企业在顾客的同类消费中的比重。

（2）终生价值。一对一营销聚焦于顾客的终生价值。预估顾客终生惠顾所带来的利润。而一般来说，开发一个新顾客所花费的成本要比保留一个现有顾客的成本高出5倍之多，而大部分的企业每年平均有高达25%的顾客要流失。因此，一对一营销注重顾客的保留与开发,在顾客与企业的每一次交易中"记住"对方,从长远的角度来看待顾客的价值,如美国航空公司的里程累计优惠——免费机票等。

(3) 学习型关系。一对一营销不是到潜在的顾客市场进行抽样调查来确定市场需求,而是专注于顾客个体。而要与顾客维持坚固的关系,必须建立学习型关系,就是与顾客每接触一次,企业对顾客就多一份了解,顾客提出要求,企业据此改进产品或服务,这样周而复始的过程自然提高了企业产品或服务令这位顾客满意的能力,最终,顾客将变得更加忠诚。企业可通过四步来实现这一目的:①通过与顾客的互动与回馈,探索顾客的需求;②为顾客提供量身定制的商品或服务以满足他们的需求,并记住这些商品的特殊规格;③继续与顾客互动并寻求他们的回馈,以求更加了解顾客的个人需求;④尽力满足顾客,才不致让他们流失到竞争者手中。

(三) 一对一营销的价值

一对一营销的价值体现在以下几个方面。

(1) 交叉销售大大增加。例如,随着不同金融业务品种间的互相集成,每个顾客平均所开的账户数量从 1.8 个增加到 2.5 个,而同时增加的还有每个顾客的平均边际收益。

(2) 降低顾客游离程度,增加客户忠诚度。一对一营销的一个显著优点就是增加顾客的忠诚度。可以进行比较分析来验证,两组顾客从统计意义上是同质无显著差异的,只对其中一组顾客进行一对一营销,这一组顾客的保有率只要比另外一组高出 10 个百分点,就会显著降低企业为争取这些顾客所可能耗费的成本。同样,如果这些顾客产生购买欲望的概率高出 10 个百分点,收益也将十分明显。

(3) 顾客满意度提高,建立品牌效应。

(4) 交易成本降低,服务周期缩短。一对一营销是让顾客感到更加便捷地得到产品或服务,每次交易中顾客需要重复陈述的信息越少,这种交易的效率也就越高。

(四) 一对一营销的实施步骤

(1) 识别企业的客户:企业不仅要知道客户的基本资料,更重要的是,要把握每一个接触点,了解他们的习惯偏好等更深层次的信息,而不是只局限于一份问卷。企业必须与大量客户进行接触,至少要和那些对企业最有价谊的"金牌客户"打成一片,通过每一次接触、每一种渠道来深入了解客户的点点滴滴,不断积累客户的个性化信息。

(2) 对客户进行差异的分析:不同客户对企业带来的利润是不同的,通过识别客户,帮助建立对客户的完整印象,有助于企业将资源分配给为企业带来最大价值的客户,也有助于企业实施专门的客户化战略。不同客户之间的差异主要表现在:价值差异化、行为差异化、成长潜力差异化、客户体验差异化、客户成本差异化。对客户进行有效的差异分析,可以帮助企业更好地配置资源,使产品或服务的改进更有效,识别并掌握最有价值的客户以期获得最大的收益。

(3) 与客户沟通:利用一切可能的手段、抓住一切可能的时机、在一切可能的场合,保持与客户积极的、良性的沟通;可以自己扮作顾客;可以尝试给竞争对手客户联系部门打电话;将与每一位顾客联系都视为一次销售机会;对企业内部其他记录客户信息的来源进行跟踪,以提高响应效率。

保持与客户的积极接触,及时、全面地更新客户信息,从而加强对客户需求的透视深度,更精确地描述客户的需求。企业应该把与客户的每一次接触的信息都放到企业对该客户的历史纪录环境中,使每一次新的接触都成为上一次接触的无缝延续,从而连出一条连续的客户信息链,使企业能够对客户的整个生命周期有一个全面的了解。所谓与客户的良性接触是指采用这样一种交流载体,这种载体对客户来说最方便、而对企业来说性价比最高,这种载体就是互联网。

(4) 确定个性化产品或服务:通过客户识别、客户并异分析,以及与客户积极和良性的接触,企业应不断调整自己的产品和服务,针对不同客户提供不同个性化的产品或服务,以实现"一对一营销"。企业应力求将客户锁定在学习型关系中,从而实现客户的终身价值。"个性化"的表现并非仅局限于客户良接接触的产品和服务,实际上往往是这些产品和服务的外延。完善的个性化产品和服务取决于企业能否不断地向客户学习。

上述四个步骤中的前两个即"客户识别"和"客户差异分析",属于企业的"内部分析";而后两个步骤则生在"外部行动"。企业应逐步实现由内到外的一对一营销。

"一对一营销"不仅可以提高客户的忠诚度,而且还能够有效地降低企业的交易成本,缩短服务周期。因为"一对一营销"使客户在每一次交易中需要重复陈述的信息或需求会越来越少,因而交易效率越来越高,服务周期也越来越短。

二、直复营销

菲利普·科特勒说:"精准是市场营销的大趋势,直复营销就是一个很好的例子。"他解释说:"具体来说,公司需要更精准、可衡量和和高投资回报的营销沟通,需要更注重结果和行动的营销传播计划,还有越来越注重对直接销售沟通的投资。"

营数据库营销是对直复营销的传承和变革,它作为一种已经广为市场所接受的营销方式,既是一种商业战略思想的体现,同时也是一种具有高度可操作性的方法和工具。

(一)直复营销概念

1. 直复营销的定义

直复营销,源于英文词汇 direct marketing,即"直接回应的营销"它是以盈利为目标,通过个性化的沟通媒介向目标市场成员发布发盘信息,以寻求对方直接回应(问询或订购)的社会和管理过程。

人们对直复营销定义的理解差别很大,主要有广告说和营销系统说两大流派。

定义一:广告说的代表人物是美国的德瑞东·伯德(Drayton Bird),他在《直复营销概论》中认为,"直复营销是指将您的目标对象及现有客户当成独立个人的条件下,任何能创造并开拓你们之间直接关系的广告活动。"

定义二:美国直复营销协会(ADMA)认为,"直复市场营销是一个与市场营销相互作用的系统,它利用一种或多种广告媒体,对各个地区的交易及可衡量的反映施加影响。"

本书中,我们将其定义为:直复营销是指营销者运用一定的信息传递工具使顾客或潜在顾客了解产品和服务,发生订货行为,再通过恰当的方式将产品或服务送达顾客手中,收取款项的营销行为和系统。

2. 直复营销的实质

直——直接与客户接触；(经过媒体)

复——复合的接触方式；(多种媒体沟通同时进行)

营销——包括了市场推广和产品或服务的销售两方面的含义。

直复营销就是通过多种沟通方式，反复直接与客户接触进行的营销活动。而企业与顾客之间通过的交互沟通，顾客对企业营销努力有一个明确的回复(买与不买)，企业可以统计到明确的回复数据，并由此对以往的营销效果做出评价。

(二) 直复营销的目标

罗伯茨和伯格将直复营销的目标分为以下四种：销售产品或服务、产生销售线索、销售线索资格认证、建立和维护顾客关系。

1. 销售产品或服务

销售产品或服务是直复营销项目最普遍的目标，以盈利为目标的企业或个人通过销售产品以获得利润。

2. 产生销售线索

产生销售线索是直复营销活动的另一个可能目标。销售线索是指那些可能会成为公司潜在顾客的个人或组织。销售线索的产生主要是通过人们对直复营销发盘的回应获得的。销售线索的产生为公司直复营销活动提供可供选择的目标对象，以支持电话营销、一线销售人员或企对企直复营销。

3. 销售线索资格认证

公司通过寻求人们对公司直复营销发盘的回应所获得的销售线索往往包含各种主体。其中的一些可能会通过公司的营销努力而成为购买者，而另外一些则不具备这种潜力，甚至根本没有购买的诚意。销售资格认证的目的就在于淘汰没有潜力的线索。例如，可以在电话交谈过程中留心判断，或者观察对方对直邮件的反应等。

4. 建立和维护顾客关系

运用直邮、电话等直复营销工具，可以建立顾客关系，并加以日常维护。建立和维护顾客关系的目的在于期望从对方的忠诚中获得更大的销售收入和利润。

(三) 直复营销特征

1. 互动性

直复营销是互动性的，营销者和顾客之间可以进行双向的沟通。营销者通过某个(或几个)特定的媒介(电视、目录、邮件、印刷媒介、广播、电话、互联网)向目标顾客或准顾客传递产品或服务信息，顾客通过邮件、电话、在线等方式对企业的发盘进行回应，订购企业发盘中提供的产品或服务，或者要求提供进步的信息。

传统的大众营销方式只能提供单向信息沟通。传统大众营销通过在各种媒介做广告，向目标市场传递企业产品或服务方而的信息，受众并不对其做出立即反应，通常是在获得该产品或服务信息后，在以后的某个时间到相关的零售机构去购买。这样，在某个特定广告活动中，顾客与企业之间的信息沟通是单向的，即由企业到目标市场成员。

直复营销的互动性给目标市场成员以回应的机会。同时，这种反映的信息又是企业规划后续直复营销项目的重要依据。

2. 互动性

直复营销活动的效果更易于衡量。目标市场成员对企业直复营销活动项目的回应与否，都与每个目录邮件、每次直接反映电视广告、每次广播广告或每个直邮直接相关。可以说，直复营销活动的效果是立竿见影的。

而且，直复营销者还可以借助于营销数据，分析消费者个体或家庭购买行为等方面的信息，进而得出对顾客某方面商业特征的判断，以规划新的直复营销活动。数据库在直复营销活动中的地位是非常重要的，它可以说是所有直复营销活动的基础或前提。

3. 空间上的广泛性

直复营销活动可以发生在任何地点，只要是直复营销者所选择的沟通媒介可以到达的地方，都可以开展直复营销。顾客不必亲临各种零售商店，也不用销售人员登门拜访，营销者与顾客的联系可以通过邮件、电话、传真或通过个人计算机在线沟通。而产品的传递一般可以通过邮递渠道。随着网络经济的发展，新的商品配送渠道也正在形成。

（四）直复营销的形式

1. 直接邮购营销

直接邮购营销是指经营者自身或委托广告公司制作宣传信函，分发给目标顾客，引起顾客对商品的兴趣，再通过信函或其他媒体进行订货和发货，最终完成销售行为的营销过程。这是最古老的直复营销形式，也是当今应用最广泛的形式。

2. 目录营销

目录营销是指经营者编制商品目录，并通过一定的途径分发到顾客手中，由此接受订货并发货的销售行为。目录营销实际上是从邮购营销演化而来的，两者的最大区别就在于目录营销适用于经营一条或多条完整产品线的企业。

目录营销的优点在于：内容含量大，信息丰富完整；图文并茂，易于吸引顾客；便于顾客作为资料长期保存、反复使用。

目录营销的不足之处在于：设计与制作的成本费用高昂；只有平面效果，视觉刺激较为平淡。

3. 电话营销

电话营销是指经营者通过电话向顾客提供商品与服务信息，顾客再借助电话提出交易要求的营销行为。

电话营销的优势在于：能与顾客直接沟通，可及时搜集反馈意见并回答提问；可随时掌握顾客态度，使更多的潜在顾客转化为现实顾客。

电话营销的劣势也相当明显：营销范围受到限制，在电话普及率低的地区难以开展；因干扰顾客的工作和休息所导致的负效应较大；由于顾客既看不到实物，也读不到说明文字，易使顾客产生不信任感等。

4. 电视营销

电视营销是指营销者购买一定时段的电视时间，播放某些产品的录像，介绍功能，告知价格，从而使顾客产生购买意向并最终达成交易的行为。其实质是电视广告的延伸。

电视营销的优点是：通过画面与声音的结合，使商品由静态转为动态，直观效果强烈;通过商品演示,使顾客注意力集中;接受信息的人数相对较多。

电视营销的缺点是:制作成本高,播放费用昂贵;顾客很难将它与一般的电视广告相区分;播放时间和次数有限,稍纵即逝。

5. 直接反应印刷媒介

直接反应印刷媒介通常是指在杂志、报纸和其印刷媒介做广告,鼓励目标成员通过电话或回函订购,从而达到提高销售的目的,并为顾客提供知识服务。

6. 直接反应广播

广播既可作为直接反应的主导媒体,也可与其他媒体配合,使顾客对广播进行反馈。

7. 网络营销

计算机网络营销是指营销者借助计算机、联网网络、通信和数字交互式媒体而进行的营销活动。它主要是随着信息技术、通信技术、电子交易与支付手段的发展而产生的,特别是互联网的出现更是为它的发展提供了广阔的空间。

8. 数据库营销

数据库营销是指在建立营销数据库的基础上,运用那些可以传递个性化信息的媒介或渠道,向顾客传递具有高度目标指向性的发盘。典型的可传递个性化信息的媒介有邮件、电话和公司销售队伍。因此,数据库营销实际上是一个综合性的概念,并非直复营销的基本媒介,而是一种运作方法。营销数据库只是利用这些传递个性化信息的媒介的直复营销项目,提供目标市场成员选择和管理上的支持。

第四节   CRM 营销及其他营销

一、CRM 营销理念的内涵

(一) 以客户满意度为核心

如同波士顿的 A. T. kearney 公司发表的结果一样,"规则已经改变,企业不再主控市场,客户已掌握主动。"同以往任何理念都不同的是,CRM 新理念更为一针见血地指出:市场中心就是客户,一切营销活动都是围绕着客户这个中心轴转动开展的。没有了客户,市场就不再运作,不管营销策略如何巧妙,得不到客户的认同,缺少客户的参与,一切都将付诸东流。

(二) 建立全面、高质、长久的客户忠诚度

在营销领域,营销专家丹尼尔提出著名的"漏桶原理",即一个水桶,桶上有许多洞,这些洞分别是粗鲁、缺少客户信息、劣质服务、未经训练的员工、质量低劣、选择少等,而洞中流出的水,则是企业的客户。为保持原有的销售额,企业必须不断从桶顶注入更多的"新顾客"来补充流失的客户。CRM 新理念就是要通过不断搜集和掌握客户信息,提供优质服务、高质量、多选择等方式来弥补这些漏洞,使"客户"能够长期保持在桶中。同时通过客户的口碑效应,向桶中注入更多的"客户"。简言之就是增强客户对企业的认同感和信赖感,长期购买本企业销售的产品。

（三）以实现客户认知价值最大化为手段实现企业价值最大化

客户认知价值是指客户易接受企业提供的产品或劳务的净价值，它是客户从企业获得的价值扣除支付的成本。由于信息的不对称，客户在寻找满意的商品与服务时会产生各种各样的时间成本、精力成本以及货币成本。CRM新理念就是要通过对顾客的沟通及相关信息的了解和掌握，为客户提供周到、细致的服务，缩减客户成本，使客户价值最大化，进而使企业价值最大化。

二、CRM营销策略

（一）关系营销

关系营销以系统为基本思想，将企业置身于社会经济大环境中来观察企业市场营销活动，认为营销是一个与消费者、竞争者、供应商、分销商、政府机构和社会组织发生互动作用的过程。

（二）直复营销

直复营销是一种为了在任何地方、任何时间产生可度量的反应和达到交易使用的一种或者多种广告媒体相互作用的市场营销体系。

（三）一对一营销

一对一营销是指企业根据客户的特殊需求来调整自己的经营策略的行为。一对一营销的核心是以顾客份额为中心，通过与每个顾客的互动对话，与客户逐一建立持久、长远的双赢关系，为客户提供定制化的产品。

（四）数据库营销

数据库营销是一种以客户为出发点的营销方式，其主要特点是在于借助计算机和通信技术手段，在一个给定的框架内，通过数据库中的数据信息来确认企业的目标客户和潜在的长期客户，并与之进行交流和沟通，从而建立一种与客户的长期持久的关系。

三、数据库营销

（一）数据库营销的概念

数据库营销（database marketing，DBM）是随着时代的发展、科技的进步，将数据库技术与市场营销结合之后形成的。数据库营销是在直复营销理念上发展起来的，应用数据库技术对客户进行管理，是企业获取竞争优势的重要手段。

菲利普·科特勒认为，数据库营销是指营销者建立、维持和利用顾客数据库和其他数据库（产品、供应商、批发商和零售商）以进行接触和成交的过程。其具体过程，即企业通过相应数据库内的信息进行处理，来预测客户有多大可能去购买某种产品并且利用这些信息来给产品进行精准定位，有针对性地制作营销信息以达到说服客户去购买产品的目的。

数据库营销是一种以客户为出发点的营销方式，通过搜集和积累企业经营过程中形成的各种数据，并对其进行加工处理来获取制定营销策略所需要的信息，并据此确定企业的目标客户和潜在的长期客户，与之进行交流和沟通，从而建立一种与客户的长期持久的关系。

（二）数据库营销的实施过程

1. 建立客户数据库

一般而言，客户数据的来源可以分为企业内部数据与企业外部数据。

（1）企业内部数据。主要包括：客户基本资料、客户交易历史记录、产品销售资料、客户投诉建议记录、客户订单进展情况等。

（2）企业外部数据。主要包括：市场行情及行业动态资料、竞争对手信息、客户财务信息、国家相应产业政策和规章制度，以及其他相关的第三方信息。

2. 使用客户数据库

从数据处理的角度，数据库营销作为一个系统，由人（数据库管理人员和营销人员），数据（行业变量、客户群体社会统计变量、每个顾客的个体变量、心理变量，以及购买历史等行为变量），技术（计算机及其操作系统、数据处理技术等）三大要素构成。

通过上述的数据技术，可以利用客户数据库来帮助企业选择适当的消费者，有针对性地进行沟通，提高反馈率，增加销量。也可以将数据库作为反击竞争者的武器，如图 7-2 所示。

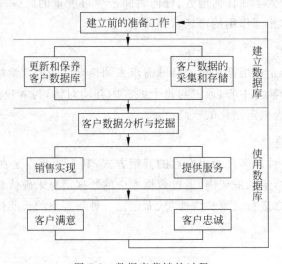

图 7-2   数据库营销的过程

（三）数据库营销的意义

1. 宏观方面——市场分析与实时反应

（1）能让营销者获得准确的市场定位与预测。

（2）能够更准确地识别顾客的需求和数量。

（3）可以帮助营销者发现新的市场机会，并能搜集到新产品、新服务的设想。

客户数据库的各种原始数据，可以利用"数据挖掘技术"和"智能分析"在潜在的数据中发现赢利机会。基于顾客年龄、性别、人口统计数据和其他类似因素，对顾客购买某一具体货物可能性做出预测；能够根据数据库中顾客信息特征有针对性地判定营销策略、促销手段，提高营销效率，帮助公司决定制造适销的产品以及为产品制定合适的价格；可以以所有可能的方式研究数据，如按地区、国家、顾客大小、产品、销售人员，甚至按邮编，从而比较出不同市场的销售业绩,找出数字背后的原因,挖掘出市场潜力。企业产品质量上或者功能上的反馈信息首先通过市场、销售、服务等一线人员从面对面的顾客口中得知,把有关的信息整理好以后,输入数据库,然后定期对市场上的顾客信息进行分析,提出报告,帮助产品在工艺或功能上的改善,产品开发部门做出前瞻性的研究和开发;管理人员可以根据市场上的实时信息随时调整生产和原料的采购,或者调整生产产品的品种,最大限度地减少库存,做到"适时性生产"。

2. 微观功能——充分了解第一位顾客

(1) 有利于发现有价值的准顾客和最有价值的顾客。

(2) 能帮助营销者提高客户服务的效率,保持与顾客良好的关系。

(3) 可以帮助营销者保留忠诚顾客,增强顾客对企业及产品的忠诚,延伸顾客重复购买。

事实上,对于一个企业来说,真正给企业带来丰厚利润的顾客只占所有顾客中的20%,他们是企业的最佳顾客,赢利率是最高的,对这些顾客,企业应该提供特别的服务、折扣或奖励,并要保持足够的警惕,因为竞争对手也是瞄准这些顾客发动竞争攻击的。然而,绝大多数企业的顾客战略只是获取顾客,很少花精力去辨别和保护他们的最佳顾客,同时去除不良顾客;他们也很少花精力考虑到竞争者手中去策反顾客,增加产品和服务,来提高赢利率。利用企业数据库中的详细资料企业能够深入信息的微观程度,加强顾客区分的统计技术,计算每位顾客的赢利率,然后去抢夺竞争者的最佳顾客,保护好自己的最佳顾客,培养自己极具潜力的顾客,驱逐自己最差的顾客。通用电气公司的消费者数据库能显示每个顾客的各种详细资料,保存了每次的交易记录。他们可以根据消费者购买公司家用电器的历史,来判断谁对公司和新式录像机感兴趣,能确认谁是公司的大买主,并给他们送上价值30美元的小礼物,以换取他们对公司产生下一次的购买。

随着经济的日益发展和信息技术对传统产业的改造,消费者的个性化需求的满足成为可能,企业将面临更加严峻的形势,如何在这场强敌环伺的角逐中胜出,需要全方位地提升企业的竞争力——特别是企业的客户信息能力。作为企业经营战略中非常重要的营销体制也必须吸收西方先进的营销理念和手段,革除传统营销模式的弊端。数据库营销是先进的营销理念和现代信息技术的结晶,必然是企业未来的选择。

(四) 数据库营销的作用与价值

1. 数据库营销的基本作用

(1) 更加充分地了解顾客的需要。

(2) 为顾客提供更好的服务。顾客数据库中的资料是个性化营销和顾客关系管理的重要基础。

(3) 对顾客的价值进行评估。通过区分高价值顾客和一般顾客,对各类顾客采取相应的营销策略。

(4) 了解顾客的价值。利用数据库的资料,可以计算顾客生命周期的价值,以及顾客的价值周期。

(5) 分析顾客需求行为。根据顾客的历史资料不仅可以预测需求趋势,还可以评估需求倾向的改变。

（6）市场调查和预测。数据库为市场调查提供了丰富的资料，根据顾客的资料可以分析潜在的目标市场。

2. 数据库营销的价值

与传统的数据库营销相比，网络数据库营销的独特价值主要表现在三个方面：动态更新、顾客主动加入、改善顾客关系。

（1）动态更新

在传统的数据库营销中，无论是获取新的顾客资料，还是对顾客反应的跟踪都需要较长的时间，而且反馈率通常较低，搜集到的反馈信息还需要烦琐的人工录入，因而数据库的更新效率很低，更新周期比较长，同时也造成了过期、无效数据记录比例较高，数据库维护成本相应也比较高。网络数据库营销具有数据量大、易于修改、能实现动态数据更新、便于远程维护等多种优点，还可以实现顾客资料的自我更新。网络数据库的动态更新功能不仅节约了大量的时间和资金，同时也更加精确地实现了营销定位，从而有助于改善营销效果。

（2）顾客主动加入

仅靠现有顾客资料的数据库是不够的，除了对现有资料不断更新维护之外，还需要不断挖掘潜在顾客的资料，这项工作也是数据库营销策略的重要内容。在没有借助互联网的情况下，寻找潜在顾客的信息一般比较难，要花很大代价，比如利用有奖销售或者免费使用等机会要求顾客填写某种包含有用信息的表格，不仅需要投入大量资金和人力，而且又受地理区域的限制，覆盖的范围非常有限。

在网络营销环境中，顾客数据在增加要方便得多，而且往往是顾客自愿加入网站的数据库的。最新的调查表明，为了获得个性化服务或获得有价值的信息，有超过50%的顾客愿意提供自己的部分个人信息，这对于网络营销人员来说，无疑是一个好消息。请求顾客加入数据库的通常的做法是在网站设置一些表格，在要求顾客注册为会员时填写。但是，网上的信息很丰富，对顾客资源的争夺也很激烈，顾客的要求是很挑剔的，并非什么样的表单都能引起顾客的注意和兴趣，顾客希望得到真正的价值，但肯定不希望对个人利益造成损害，因此，需要从顾客的实际利益出发，合理地利用顾客的主动性来丰富和扩大顾客数据库。在某种意义上，邮件列表可以认为是一种简单的数据库营销，数据库营销同样要遵循自愿加入、自由退出的原则。

（3）改善顾客关系

顾客服务是一个企业能留住顾客的重要手段，在电子商务领域，顾客服务同样是取得成功的最重要因素。一个优秀的顾客数据库是网络营销取得成功的重要保证。在互联网上，顾客希望得到更多个性化的服务，比如，顾客定制的信息接收方式和接收时间，顾客的兴趣爱好、购物习惯等等都是网络数据库的重要内容，根据顾客个人需求提供针对性的服务是网络数据库营销的基本职能，因此，网络数据库营销是改善顾客关系最有效的工具。

网络数据库由于其种种独特功能而在网络营销中占据重要地位，网络数据库营销通常不是孤立的，应当从网站规划阶段开始考虑，列为网络营销的重要内容，另外，数据库营销与个性化营销、一对一营销有着密切的关系，顾客数据库资料是顾客服务和顾客关系管理的重要基础。

本 章 小 结

　　本章首先对客户关系管理在营销管理中的必要性、作用、地位进行了阐述介绍,接着对关系营销、直复营销、一对一营销的定义、作用、实施过程、意义等进行了介绍,最后,介绍了 CRM 营销及数据库营销。通过本章的学习,读者应能够熟悉掌握 CRM 营销策略的概念、作用及价值,体会关系营销在组织中的运用。

案 例 分 析

内联升的数据库营销

　　清朝末年的老北京流传着一句谚语:"头戴马聚源,身披瑞蚨祥,脚踏内联升,腰缠'四大恒'。"意思是戴马聚源的帽子最尊贵,用瑞蚨祥的绸缎做衣服穿在身上最光彩,脚蹬一双内联升鞋店的靴鞋最荣耀,腰中缠着"四大恒"钱庄的银票最富有。而这个内联升,就是我们接下来要讲的故事主角。

　　内联升的创始人叫赵廷,最早在一家鞋作坊学得一手制鞋手艺,又积累了一定的经验。后来,一位丁大将军出资入股,资助赵廷开办了鞋店。

　　由于当时京城的制鞋行业竞争也很激烈,赵廷决定走专业路线,专门为皇亲国戚、朝廷文武百官制作朝靴。早期的经营并不是一帆风顺,因为这些达官贵人做鞋,经常只是差下人送个鞋样过来,但这样就保证不了鞋的舒适度。特别是遇到一些脚形比较特殊的人,可能就容易出问题。

　　在经历过几次交易纠纷后,赵廷打起了数据库营销的主意(当然,那时候还没有这个说法,也没这个名词,但是意思是一样的),搞了一本后来闻名于世的《履中备载》。

　　这个备载实际上就是内联升的用户档案,里面详细记载了京城内所有达官贵人脚上的秘密,比如鞋的尺寸、样式和特殊脚形等。有了这个数据后,为客人做鞋就合脚了,而且还省去了很多麻烦,比如某个客人要做鞋,直接来知会一声就行,不需要费劲地去沟通需求。

　　《履中备载》推出之后,赵廷的生意果然是越来越火爆。而这火爆的原因,除了顾客对他的鞋越来越满意外,还有个意外收获。原来很多人听说内联升掌握了京城达官贵人的足下之秘后,都纷纷来订鞋送礼。因为在当时,上好的朝靴经常作为一种礼品,用于馈赠亲友或者由下级送给上级。而内联升的数据在当时是不可多得的精准信息,大大方便了送礼者。

　　思考:内联升鞋店的成功秘诀是什么?

思考与训练

一、选择题

1. 在生产观念中,企业的核心任务是(　　　)。

　　A. 提高产品数量,降低成本,扩大销量

  B. 致力于生产优质产品，并不断精益求精

  C. 站在顾客的角度考虑问题

  D. 顾客需要什么，我就生产什么

 2. 关系营销的概念最早由白瑞（Berry）于 1983 年提出，他认为关系营销的目的在于（ ）。

  A. 提高客户价值   B. 提高企业效率

  C. 保持消费者   D. 增加企业利润

 3. 关系营销的对象是（ ）。

  A. 消费者   B. 供应商   C. 竞争对手   D. 相关市场

 4. 关系营销的手段是（ ）。

  A. 促销   B. 互利合作关系

  C. 竞争关系   D. 细分市场

 5. 关系营销将建立与发展同所有（ ）之间的关系作为企业营销的感觉变量，把正确处理这些关系作为营销的核心。

  A. 消费者   B. 供应商

  C. 竞争对手   D. 利益相关者

 6. （ ）使关系营销具有动态的应变性，有利于挖掘新的市场机会。

  A. 数据库的应用   B. 互联网的普及

  C. 信息的及时反馈   D. 双向的交流

 7. 在信息经济的条件下，竞争不仅仅是公司之间的竞争，而且是（ ）之间的竞争。

  A. 网络   B. 供应商   C. 竞争对手   D. 消费者

 8. 各种金融机构、新闻媒体、公共事业团体以及政府机构等，对企业营销活动都会产生重要的影响，企业必须以（ ）为主要手段争取他们的理解和支持。

  A. 网络   B. 公共关系   C. 公共政策   D. 促销政策

 9. 关系营销的出发点和归宿都是为了追求（ ）。

  A. 利润最大化   B. 成本最小化

  C. 客户价值最大化   D. 双赢

 10. 市场营销观念的基本思想是：（ ）。

  A. 顾客需要什么，我就生产什么 B. 我生产什么，客户就买什么

  C. 站在顾客的角度考虑问题   D. 提高产品数量，降低成本，扩大销量

二、判断题

 1. 关系营销不是由"大市场营销"的概念衍生发展而来的。   （ ）

 2. 关系营销的核心就是客户忠诚，其目标是保持客户。   （ ）

 3. 关系营销与传统营销观念相比区别在于：传统营销观念是一种短期的概念，其核心是商品交换；而关系营销的核心是"关系"，指在双方之间建立一种联系，这是一个长期的概念。但不是最根本的区别。   （ ）

 4. 交易营销是更加注重和客户建立并保持长期的联系，而关系营销着眼于产品或服务实际交易过程。   （ ）

5. 服务营销和关系营销对于关系在营销中的地位及其范畴的理解是没有区别的。

（　　）

6. 关系营销是建立在客户、关联企业、政府和公众三个层面基础上的，它要求企业在进行经营活动时，必须处理好与这三者的关系。（　　）

7. 关系营销的市场模型概括了关系营销的市场活动范围。（　　）

8. 关系营销作为一种营销方法和手段，不断地追求企业利润最大化不是其最终的目的。（　　）

9. 营销大师菲利普·科特勒在《市场营销学》一书中提到著名的二八法则，即 80% 的销售额来自于 20% 的企业忠诚客户。（　　）

10. 关系营销为客户创造和传递的价值一般用"让渡价值"来衡量。（　　）

三、简答题

1. 简述一对一营销的概念。

2. 简述直复营销的定义及目标。

3. 简述关系营销的含义。

四、实训题

1. 实训目的

通过本次实训，获得客户关系管理营销策略的感观体验，进而更深入地理解关系营销在市场竞争中的重要作用。

2. 实训内容

（1）情境一：你作为售楼员，面对一位客户模拟销售"下沙伊沙卡"楼盘。

① 客户 1：在校女大学生（商业大学），家在台州，父母供 20 万元在杭州买房，一则可安心；二则可升值。

② 客户 2：下沙某外资企业经理，年薪 10 万元，为了工作需要，也看好下沙发展与江景房。

③ 客户 3：浙江经济学院男教师，40 岁，副处级，天天上班，有时值晚班。

（2）情境二：你认为酒店（近火车站、经营多年、价位不高、饭菜不错）服务员，应如何应对以下情形？

① 服务员张小姐在总台接待一对老夫妻（在西北工作的上海知青），他们来询问住宿情况。

② 酒店的领班李小姐在总台当班，此时来了一位高声嚷嚷"不得了了，在房内被钉子刺伤，哎哟……"的房客。

3. 角色演练

学生任选一个场景，分组进行情境模拟训练，交替扮演企业员工与顾客，体会客户关系管理的营销策略。

第八章

客户关系管理系统的设计与开拓

学习目标：

1. 熟悉客户关系管理系统的内涵和作用。
2. 理解呼叫中心的应用范围与类型划分。
3. 了解客户关系管理对企业资源整合的影响。
4. 了解电子商务时代客户关系管理的新特点。

案例导入

上海某电力修造有限公司始建于 1956 年，1999 年按照现代企业制度进行公司化转制，近年来企业的多项经济指标一直名列全国电力系统机械制造行业前茅。公司现有员工 800 多名，其中中高级技术人员占 20% 以上；拥有各类先进的制造、检测设备 500 多台和 CAD、CAPP、CAM 等技术手段；建有目前国内先进的给水泵、液力耦合器试验台和阀门试验台；获得英国摩迪能源国际质量认证有限公司颁发的 ISO9001—2000 版质量管理认证证书。

随着公司业务的不断发展，企业管理者敏锐地发觉公司出现越来越多的问题。首先，企业信息化缺少统一规划，少数业务尚缺乏系统支撑，现有的多为自己开发的程序，功能较为单一且缺乏流程的支持，集成度不高。其次，系统的硬件系统中不少设备陈旧，操作系统和数据库的版本也比较老，有停止服务支持的风险，需要尽快进行设备的升级。最后，纵观现有企业信息化的基础，需进一步盘活已有的信息资产，应该进一步加强在客户管理和服务管理的系统应用，准确把握销售机会，防止客户的风险和流失，并对企业进行信息咨询总体规划，为以后信息化工作做指导。

为了有效实施推动企业运营的标准化、规范化、自动化和智能化，在一定程度上提高企业的管理水平和生产效率，提升企业在市场竞争环境下的适应能力和快速反应能力，公司高层管理者拟定上马新的客户关系管理系统项目。

资料来源：http://info.chinabyte.com

思考：在案例中，上海某电力修造有限公司高层管理者为什么要拟订客户关系管理系统项目？

第一节　客户关系管理系统概述

客户关系管理系统在客户关系管理中的应用已经成为趋势,尤其是在电子商务时代,企业通过引进 CRM 系统实现客户关系管理信息化势在必行。在这个任务中,你不仅要十分熟悉企业的运作规律、业务流程和目标客户群,而且还要非常熟悉客户关系管理系统的基本内涵、基本功能、实施客户关系管理系统的基本步骤以及实施客户关系管理系统可能带来的问题。

一、客户关系管理系统的内涵

客户关系管理系统是一个大型 IT 概念,简单地说,是企业应用信息技术,获取、保持和增加可获利客户的一对一营销过程。

客户关系管理系统的核心内容主要是通过不断改善与管理企业销售、营销、客户服务和支持等与客户关系有关的业务流程并提高各个环节的自动化程度,从而缩短销售周期、降低销售成本、扩大销售量、增加盈利、抢占市场份额、寻求新机会,最终从根本上提升企业的核心竞争力,使得企业在当前激烈的竞争环境中立于不败之地。

二、客户关系管理系统的功能

客户关系管理的所有思想最后必须在应用软件的功能上得到实现,通过 CRM 软件的实施,建立企业的客户关系管理系统。

不同软件开发商提供的 CRM 软件功能有所区别,但基本功能基本相同。它主要包括客户管理、联系人管理、时间管理、潜在客户管理、销售管理、电话营销、营销管理、客户服务等,有的软件还能与呼叫中心、合作伙伴关系管理、商业智能、知识管理、电子商务功能相互融合。

(一) 客户管理

客户管理的主要功能包括:客户基本信息;与此客户相关的基本活动和活动历史;联系人的选择;订单的输入和跟踪;建议书和销售合同的生成。

(二) 联系人管理

联系人管理的主要功能包括:联系人概况的记录、存储和检索;跟踪同客户的联系,如时间、类型、简单的描述、任务等,并可以把相关的文件作为附件;客户的内部机构的设置概况。

(三) 时间管理

时间管理的主要功能包括:日历;设计约会、活动计划,有冲突时,系统会提示;会议、电话、电子邮件、传真;备忘录;进行团队事件安排;查看团队中其他人的安排,以免发生冲突;把事件的安排通知相关的人;任务表;预告/提示;记事本。

(四) 潜在客户管理

潜在客户管理的主要功能包括:业务线索的记录、升级和分配;销售机会的升级和分配；潜在客户的跟踪。

（五）销售管理

销售管理的主要功能包括：组织和浏览销售信息，如客户、业务描述、联系人、时间、销售阶段、业务额、可能结束时间等；产生各销售业务的阶段报告，并给出业务所处阶段、还需要的时间、成功的可能性、历史销售状况评价等。

（六）电话营销

电话营销的主要功能包括：电话本；生成电话列表，并把它们与客户、联系人和业务建立关联；把电话号码分配到销售人员；记录电话细节，并安排回电；电话营销内容草稿；电话录音，同时给出书写器，用户可作记录；电话统计和报告；自动拨号。

（七）营销管理

营销管理的主要功能包括：产品和价格配置器；在进行营销活动（如广告、邮件、研讨会、网站、展览会等）时，能获得预先定制的信息支持；把营销活动与业务、客户、联系人建立关联；显示任务完成进度；提供类似公告板的功能，可张贴、查找、更新营销资料，从而实现营销文件、分析报告等的共享；跟踪特定事件；安排新事件，如研讨会、会议等，并加入合同、客户和销售代表等信息；信函书写、批量邮件，并与合同、客户、联系人、业务等建立关联；邮件合并；生成标签和信封。

（八）客户服务

客户服务的主要功能包括：服务项目的快速录入；服务项目的安排、调度和重新分配；事件的升级；搜索和跟踪与某一业务相关的事件；生成事件报告；生成服务协议和合同；订单管理和跟踪；问题及其解决方法的数据库。

（九）呼叫中心

呼叫中心的主要功能包括：呼入呼出电话处理；互联网回呼；呼叫中心运行管理；电话转移；路由选择；报表统计分析；管理分析工具；通过传真、电话、电子邮件、打印机等自动进行资料发送；呼入呼出调度管理。

（十）电子商务

电子商务的主要功能包括：个性化界面、服务；网站内容管理；店面管理；订单和业务处理；销售空间拓展；客户自助服务；网站运行情况的分析和报告。总的来说，CRM软件在技术上实现了销售、营销、服务、计算机、电话和网络的集成。下面以某企业的CRM为例，介绍CRM系统的主要功能，见表8-1。

表 8-1　CRM 系统的主要功能

主要模块	目　　标	主　要　功　能
销售模块	提高销售过程的自动化和销售效果	销售：此模块是销售模块的基础，用来帮助决策者管理销售业务，它包括的主要功能是额度管理、销售渠道管理和地域管理
		现场销售管理：此模块为现场销售人员设计，其主要功能包括联系人和客户管理、机会管理、日程安排、佣金预测、报价、报告和分析

主要模块	目　　标	主要功能
销售模块	提高销售过程的自动化和销售效果	现场销售/掌上工具：这是销售模块的新成员，该组件包含许多与现场销售组件相同的特性，不同的是，该组件使用的是掌上型计算设备
		电话销售。此模块可以进行报价生成、订单创建、联系人和客户管理等工作。还有一些针对电话商务的功能，如电话路由、呼入电话屏幕提示、潜在客户管理以及回应管理
		销售佣金：此模块允许销售经理创建和管理销售队伍的奖励和佣金计划，并帮助销售代表形象地了解各自的销售业绩
营销模块	对直接市场营销活动加以计划、执行、监视和分析	营销：此模块使营销部门实时地跟踪活动的效果，执行和管理多样的、多渠道的营销活动
		其他功能：此模块可帮助营销部门管理其营销资料；列表生成与管理；授权和许可；预算；回应管理
客户服务模块	提高那些与客户支持、现场服务和仓库修理相关的业务流程的自动化并加以优化	服务：此模块可完成现场服务分配、现有客户管理、客户产品全生命周期管理、服务技术人员档案、地域管理等，通过与企业资源计划系统的集成，可进行集中式的雇员定义、订单管理、后勤管理、部件管理、采购管理、质量管理、成本跟踪管理、发票管理、会计核算等
		合同：此模块主要用来创建和管理客户服务合同，它可以使企业跟踪保修单和合同的续订日期，利用事件功能表安排预防性的维护活动
		客户关怀：这个模块是客户与供应商联系的通道，此模块允许客户记录并自己解决问题，如联系人管理、客户动态档案、任务管理、基于规则解决重要问题等
		移动现场服务：这个无线部件使得服务工程师能实时地获得关于服务、产品和客户的信息；同时，他们还可使用该组件与派遣总部进行联系
呼叫中心模块	利用电话来促进销售、营销和服务	电话管理员：此模块的功能主要包括呼入呼出电话处理、互联网回呼、呼叫中心运营管理等
		开放连接服务：此模块支持绝大多数的自动排队机
		语音集成服务：此模块支持大部分交互式语音应答系统
		报表统计分析：此模块提供了很多图形化分析报表，可进行呼叫时长分析、等候时长分析等
		管理分析工具：此模块可以进行实时的性能指数和趋势分析
		代理执行服务：此模块支持传真、打印机、电话和电子邮件等
		自动拨号服务：此模块可管理所有的预拨电话
		市场活动支持服务：此模块可管理电话营销、电话销售、电话服务等
		呼入呼出调度管理：根据来电的数量和坐席的服务水平为坐席分配不同的呼入呼出电话
		多渠道接入服务：提供与互联网和其他渠道的连接服务
电子商务模块	帮助企业把业务扩展到互联网	电子商店：此部件使得企业能建立和维护基于互联网的店面
		电子营销：允许企业创建个性化的促销和产品建议
		电子支付：使企业能配置自己的支付处理方法
		电子支持：允许顾客提出和浏览服务请求、查询常见问题、检查订单状态

上述 CRM 软件详细展示了 CRM 系统所具有的功能,但有些抽象。下面的案例是闽发证券客户经理日常工作的一个片段,它形象地反映了客户关系管理系统是如何支持客户经理工作的。

小王是闽发证券的一名客户经理(经纪人),8 点 30 分刚上班,小王做的第一件事就是打开计算机进入 CRM 系统。最先发现的是营销部经理下达的任务——9:30 去拜访某潜在客户。此外,系统还提示小王下周有几位客户要过生日,"看来得提前做些准备,看看还有什么信息",小王心里想着,"客户张三要我帮助留意招商银行的行情,赶紧设定价位预警,达到设定价位就会收到手机短信。"接下来,小王在自己的自选股中加入了"招商银行",快速浏览了招商银行的相关信息。

下一个信息"李四明天要出国,希望我通过邮件而不是手机和他联系,那么我得修改他的首选渠道。""某某股票刊登了预亏公告,我必须通知持有这只股票的客户。点击鼠标找出持有该股票的我的客户,复制提示信息,点击'发送'就 OK 了。一会儿客户李四桌面的电话响了,张三收到了手机短信,王五的邮箱收到一封新邮件。我再也不用像以前那样挨个打电话通知了。"小王完成了这些客户服务工作,开始浏览自己定制的"中国联通"、"上海石化"等股票的公告、信息和个股点评,再也不用像以前那样在庞杂的信息海洋中苦苦搜索了。

9:30,小王准时外出拜访某潜在客户,返回途中,小王的手机收到了一条短信:"招商银行"达到了预定的价格,小王随即将这个消息发给张三。回公司后,小王在 CRM 系统中记录了这次拜访的主要内容和人员。

离中午吃饭还有点时间,快到月底了,看看本月任务的完成情况如何。小王在 CRM 系统中将目标任务与实际完成情况一对比,发现五项指标完成了三项,另两项还差一些,所幸这两项指标考核的权重较小。"还要继续努力哦!"小王给自己打气。

资料来源:王晓望.客户关系管理实践教程[M].北京:机械工业出版社,2011

三、客户关系管理系统实施规划步骤

在现实情况中,出于成本的考虑,不少中小企业拒绝引进客户关系管理系统;有些企业即使引进了客户关系管理系统,也只是实现了客户关系管理系统的基本功能,客户关系管理系统涉及的分析功能尚未充分实现;还有些企业引进了客户关系管理系统,却发现系统不适用,造成企业内部抱怨不断。

实施客户关系管理项目是个系统、复杂的工程,也是一个长期、持续的系统工程,因为它不仅涉及企业内所有员工客户服务理念的转变,而且客户服务的工作流程、工作方式也会因此改变。如果在实施前,企业不做足基础准备工作或者模仿、照搬别人的系统,就有可能导致上述低收益情况的出现。

实施客户关系管理系统应该有具体的规划,才可能建立一个适合企业竞争和发展需要的客户关系管理系统。

(一)确定客户关系管理战略目标

企业在实施客户关系管理系统之前,首先必须明确目标与需求;其次才是如何实现这些需求。

(1)全面了解客户,而不仅仅是他的交易情况。对客户的服务、与客户的各种交流都应整理记录,并且让不同角色的人员能查询到一致的客户信息。

(2)对客户按价值贡献度和各种特征进行有效细分,有针对性地开展营销和服务。能够及时预知客户可能的流失,尽快采取行动。

(3)利用多种渠道,加强与客户的联系和服务。

(4)提供便利的工具对客户经理的工作进行支持,方便其获取行情、资讯和客户资料以及与客户多渠道的沟通,同时加强对客户经理工作的考核。

(5)加强对交易客户的服务,尽量利用信息技术为交易客户提供快速、低成本的自助服务。

(6)为客户提供咨询、建议和投诉的渠道。

(7)为业务分析和科学决策提供数据支持。

(二)确定阶段目标和实施路线

客户关系管理系统作为一个复杂的系统工程,其实施并非一蹴而就,它需要分阶段来实施。

1. 准确识别客户

搜集详细的客户信息,这种搜集需要通过设计准确的问卷、记录客户在网站的点击流以及通过呼叫中心记录客户信息等来实现。确定何时、何地、以何种渠道、以何种有效的流程持续搜集客户信息,将是实施客户关系管理首先面临的问题。

通过对客户资料的分析,将进一步产生客户个人化的交易建议、推送信息等,并由此产生针对不同客户的营销措施。

2. 区分客户

区分客户的步骤主要包括区分客户的交易目的,定义客户的交易特征和习惯,根据公司的价值观对客户进行分类。

3. 与客户互动

与客户互动这一步骤可以从以下几方面入手。

(1)对象。面向细分的目标客户。

(2)内容。它包括营销内容、定制的、个性化的资讯、分析工具、投资建议、促销信息等。

(3)渠道。应选择正确的渠道与客户双向互动,互动应该记录在案并可管理。

(4)标准化。客户不论通过何种渠道,得到的服务内容和水准应是相同的,这就需要多种渠道的整合和信息的统一保存。

4. 提供个性化产品和服务

企业应根据所估计的客户的终身价值和吸引及保持顾客所需成本进行成本收益权衡,确定"金牌"客户、"银牌"客户及一般客户。个性化服务初期,企业首先对能给自己带来丰厚收益的"金牌"、"银牌"客户提供个性化服务,等条件具备之后,逐渐地扩大其服务范围。

（三）分析组织和流程

根据行业特点和企业特点，在"以客户为中心"这一根本原则的指导下，建立符合此原则的组织结构，并建立以"以客户为中心"的工作流程，才能配合客户关系管理系统的实施。

1. 建立跨部门的客户关系管理小组

由于客户关系管理的实施涉及公司从高层到员工，从业务到技术的各个层面，因此企业需要成立跨部门的客户关系管理小组来具体实施，包括企业各个部门的人员，以保证有较强的业务流程重组能力和对系统进行客户化和集成化的能力。

2. 业务与技术的整合

由于 CRM 系统功能丰富，涉及部门、人员众多，与企业大部分部门和系统都有关系，因此无论在业务上还是技术上，整合、协调的难度都极大。因此，需要在确定公司整体战略的前提下，在架构上注重整体性、系统性，在开发和实施上注重模块化、实用性，从点到面分步实施。

3. 保证数据质量

由于各种交易数据、客户信息、服务数据等可能来自不同的数据库系统，如何实施数据"迁移"、保证数据的一致性，是每个公司必须面临的问题。

（1）数据的采集、清洗和转换是工作量最大的后台基础性工作。数据的清洗和转换是工作量最大、时间最长、最枯燥烦琐而又无人注意的后台基础性工作，技术人员需要具备足够的业务知识、数据库、数据库编程经验和足够的细致耐心，对这部分工作的艰巨性应有充分的思想准备。

（2）持续地保持客户数据的动态更新。数据可以从不同的渠道进入 CRM 系统，同时客户的信息是动态变化的。新数据不断加入，确保精确的客户信息并不是很容易的任务，需要与其他系统数据保持同步，及时更新（如客户的联系方式、偏好、收入等）。

4. 系统集成和数据集成的问题

随着应用需求的不断提出，在开发新系统时，不断碰到与旧系统进行整合、互动的问题。应用越多，整合的难度和工作量就越大。比如，监控、管理、分析和服务系统有很多交叉重复的数据，若是各存一份，数据的一致性和可维护性都较差。因此在系统的规划和设计上需要有全面的考虑。

（四）设计 CRM 架构

企业 CRM 系统是面向客户、客户经理、各业务部门和管理层的综合型服务和营销平台，一般包括以下子系统。

1. 客户经理工作平台

（1）日常工作、任务管理。它包括处理上级下达、自己安排、系统提示的任务，以及重要活动的事前准备。

（2）每个客户经理可对自己的客户进行有效管理。它包括对客户等级的管理、对客户资料的查询和维护、客户流失管理，对客户通过多种指标进行分类、分组，经由多种渠道对不同的客户群进行信息群发、联络和营销、回复客户留言等。

（3）信息定制。客户可通过企业定制网站或订阅网站去"关注"信息源的最新"动态"结果，也可通过在线浏览、邮件订阅甚至手机短信等多种方式获取、接收企业最新结果。通过信息定制，客户经理可高效、精准的掌握客户的信息，从而更好的服务客户。

2. 管理人员工作平台

管理人员工作平台子系统主要包括上级对下级指派任务、对客户流失指标的设置、对客户经理的目标制定、业绩统计和考评等功能。系统内置多种业务指标、服务指标、成本指标，不同的客户经理可以设定不同的指标和不同的指标值，系统自动按指标设定全方位考核客户经理工作。该子系统还可以按多种方式查询客户经理的业绩，考核概括包括实际的业绩与目标任务的对比以及单项分数、总分、排名等。

3. 信息管理平台

信息管理平台子系统是提供信息录入、采编和发布的平台，可对信息进行等级分类和内容分组管理，分角色授权查询，为客户经理、坐席和客户提供一致的信息。

4. 业务分析平台

业务分析平台子系统通过对客户、交易、资金、价值、盈利能力、活跃程度、交易方式等各种特性的分析，以及对某一类特定客户群体，如潜力客户、静止客户、流失客户多维度的分析，真正了解客户需求和价值，为业务活动及公司相关决策提供科学依据。

5. 客户服务中心（call center）

（1）自动语音系统除了传统的电话委托功能外，还有声讯服务、语音信箱和服务定制。

（2）提供咨询、投诉、预约、资料查询、服务定制等功能。

（3）系统管理可对呼入、呼出、来电分布、服务项目等进行统计查询，以及对人员进行考核。

（五）实施 CRM 系统

CRM 客户关系管理的实施是一个很重要的步骤，在企业引进 CRM 之前就要做好一套初步的实施计划，因为只有成功实施的 CRM 才真正能帮助企业。如果实施失败，企业就等于把钱投进大海，浪费精力和财力，所以实施 CRM 客户关系管理一定要有一个详细的实施流程。

1. 评估阶段

进行企业内部需求再调研和 CRM 能力成熟度评估，针对需求调研和评估结果进行相应的培训和讨论，确保实施前企业对 CRM 理念和 CRM 系统以及 CRM 实施的认识是比较统一的，并有效地避免出现部分对 CRM 系统期望值过高或者过于悲观的现象。

2. 采集阶段

基于统一的 CRM 系统作为信息平台，企业与客户接触的所有部门都在统一的平台上进行客户资源的统一管理。此阶段涉及客户信息数据、关联的消费数据以及采集、录入、有效性校验、分类、共享等功能和方法的培训、实践和优化。这一阶段是客户资源管理的基础,也是很多 CRM 项目恰恰忽略的地方,没有真实有效而且及时的客户数据,是无从谈起 CRM 管理的。在客户资源管理基本梳理明细后,进行第一阶段的客户分析和商业智能分析,初步建立各业务部门的客户模型。

3. 过程阶段

在有效采集客户数据并进行分析利用后,第三阶段的工作是加强过程管理和过程考核。客户接触过程,主要是建立呼叫中心,与 CRM 无缝集成,有效管理与客户接触的沟通渠道,包括电话、传真、电子邮件、短信等。基于呼叫中心的建设和技术,建立多层次的客户服务体系和多层次的客户沟通渠道;加强营销与销售的过程管理,包括行动管理、销售机会管理、量化管理和销售预测等。

4. 流程阶段

加强客户流程,如客户接待、客户拜访、客户投诉、客户回访等流程的标准化和规范化;加强会员俱乐部和客户满意度调查的建设,然后在前期实施的基础上进行第二阶段的商业智能分析。

5. 协同阶段

在这个阶段上,要开始进行各部门之间的协同工作,基于整体战略进行企业门户、知识管理、电子商务和商业智能的建设,建立集团级的企业协同,并进行第三阶段的基于企业整体战略层面的商业智能分析,提供企业决策分析报告。

CRM 系统的实施流程化对于企业的 CRM 客户关系管理的进行很重要,所以,企业在实施 CRM 系统的时候一定要制订一套适合自己企业需求和发展的实施方案,这样才能通过 CRM 帮助企业实现利润最大化,提高客户的忠诚度和满意度。

(六)评估实施效果

在 CRM 项目实施完成后,企业应该协同咨询公司对 CRM 项目的实施效果进行评估,促进企业内部顺利推广使用 CRM 系统。

从本质上说,客户关系管理是以客户价值为中心的一种经营思想,必然要与运营和流程管理、公司策略和需求价值链进行联结,它涉及公司的各个层面、各个部门,以及对管理和技术问题的理解能力,需要对 CRM 技术管理与业务战略进行紧密的整合。

目前,客户关系管理的思想已深入人心,但如何有效地实施,仍是需要业内共同探讨的课题。实施 CRM 系统是一个长期、持续的系统工程,及早尽快地建立"以客户为中心"的价值体系和业务流程,会为企业成功实施 CRM 系统奠定良好的基础。

第二节　策划和建设呼叫中心

一家大型药店准备实施 CRM 建设。配合 CRM 的实施,药店决定建设一个呼叫中心,加强同客户的互动,更好地为客户提供个性化服务。考虑到呼叫中心有好几种模型,他们最后决定根据自己的实际情况,采用基于互联网的呼叫中心模式。他们请专业人员设计了公司网站,为客户提供了一个从网页站点直接进入呼叫中心的途径。经过一段时间的试运营,访问量日均超过两万人次。该公司通过电子邮件、文字交谈、客户代表回复和互联网电话与客户加强了联系。在经过一段时间的试运营后,客户给他们提供了很多好的建议。公司经过研究,请教专家以后,都一一采纳了。

随着 CRM 项目建设的深入,公司的呼叫中心也逐渐成熟起来,成了医药行业著名的呼叫中心。公司的业务量也成倍地增加,取得了巨大的经济效益与社会效益。

资料来源:王晓望.客户关系管理实践教程[M].北京:机械工业出版社,2011

思考: 假如你是这家药店的客户服务经理,被任命为呼叫中心建设项目负责人,你能否说出该呼叫中心系统的建设应分为几步完成,每一步的目标和具体任务是什么?

呼叫中心的建设是一项专业性很强的工作,也是一个渐进的、个性化的工作过程。一蹴而就往往会导致华而不实的呼叫中心的落成,企业投入很大却不能从中获得效益,将企业陷入尴尬境地。若想避免这种情况的发生,做好前期建设规划就显得十分必要。因而你需要熟悉呼叫中心的发展现状、常见分类、呼叫中心的应用领域和建设基本步骤方面的基本知识,以具备规划呼叫中心的基本能力。

一、呼叫中心的产生与发展

1. 呼叫中心的概念

呼叫中心,是英文 Call Center 的直译,是一种基于 CTI(computer telecommunication integration)技术,综合利用先进的通信及计算机技术,对信息和物资流程优化处理和管理,集中实现沟通、服务和生产指挥的系统。传统意义上的呼叫中心是指以电话接入为主的呼叫响应中心,为客户提供各种电话响应服务;现阶段呼叫中心的概念已经扩展为可以通过电话、传真、互联网、电子邮件、视频等多种媒体渠道进行综合访问,同时提供主动外拨服务,应用业务种类非常丰富的客户综合服务及营销中心。

2. 呼叫中心的产生过程

呼叫中心最早源于北美,其雏形可以追溯到 20 世纪 50 年代美国的民航业和旅游业。20 世纪 30 年代初,美国的一些旅游餐饮公司,开通了电话服务热线。例如,1956 年美国泛美航空公司开通了电话服务热线,当时旅客可以通过这个 24 小时都提供服务的全天候服务中心进行机票预订、航班查询等。20 世纪 70 年代呼叫中心形成了初具规模的行业,应用主要集中在民航业、银行业和旅游业。有代表性的是美国 AT&T 公司,首家推出了被叫方付费的 800 服务号码。由于这一举措的有效性,800 号得到了非常广泛的使用。也是在 20 世纪 70 年代,IBM 推出了专门的客户服务界面和工作站,这两点极大地促进了呼入型呼叫中心的快速发展。这一时期呼叫中心的应用主要集中在民航业、银行业和旅游业。

从 20 世纪 80 年代起,国外的呼叫中心业迅速发展为一个庞大的产业。作为一个庞大的产业,目前呼叫中心在国外不仅有各种硬件设备提供商、软件开发商、系统集成商,还有众多的外包服务商、信息咨询服务商,专门的呼叫中心管理培训学院,每年举办有大量的呼叫中心展会和数不清的呼叫中心杂志、期刊、网站等,从而形成了一个庞大的、在整个社会服务体系中占有相当大比例的产业。随着信息科技的发展和以顾客为中心的商业理念被广泛认同，呼叫中心的发展已从简单的热线电话演变到集计算机和电信技术之大成，从成本中心变成创造利润的工具。在美国，呼叫中心已形成44亿美元的行业价值，年销售额6500亿美元，并以每年20%的速度递增。

3. 呼叫中心在我国的发展

与国外相比，我国的呼叫中心行业发展要落后十年左右，并且离形成一定规模的产业化还有一段距离。呼叫中心的发展历程大致经历了以下四个阶段。

（1）基于交换机的人工热线电话系统的第一代呼叫中心。

（2）交互式自动语音应答的第二代呼叫中心系统。这时数据库技术引入呼叫中心。最早的、最为人熟悉的114和119特服电话被认为是早期比较典型的呼叫中心，接着，大量声讯台、寻呼台普遍采用自动应答系统提供服务，这也被称为呼叫中心服务。现在电信运营商已建成多个呼叫中心，如10000、10086等，都通过其方便快捷的服务，使呼叫中心的概念深入民心。这一时期，呼叫中心的应用主要集中在电信、邮政、金融以及公共服务等行业。

（3）基于语音板卡客服系统的第三代呼叫中心。随着计算机电话集成技术（CTI）的发展，实现了通信技术与计算机技术的结合，可以将通过电话语音、计算机及网络获取的数据（如客户信息等）进行集成和协同，可以大大增加服务的信息量、提高速度、拓展新型客户服务业务。CTI技术的引入使呼叫中心发生了飞跃性的变革。比较有代表性的系统有：中国电信10000客服热线、中国移动10086热线、中国邮政11185热线、中国银行95566热线、消费者投诉热线12315。此外，海尔、联想等中国著名的制造企业也通过800免费电话系统建立了很大的客户服务网络。

（4）基于IP的第四代呼叫中心系统。IP呼叫中心是一个结合互联网技术的新型呼叫中心，除了具备传统呼叫中心的各项功能和以电话为主的接入方式外，还提供网页呼叫服务，支持用户从网页站点直接访问呼叫中心，而且，还支持未来的宽带音频、视频终端，将传统业务和新型增值业务完美融合在一起。第四代呼叫中心的设计重点集中在应用层面上，而不是硬件上，更能够适应企业的要求，更有效地配合企业客户关系管理的进程。

2000年以来，我国的呼叫中心市场持续保持了高速的增长。在数量和业务范围上都得到快速扩张。截至2005年年底，中国内地呼叫中心坐席总数达到216000多个，市场累计规模为255.3亿元人民币。根据Frost & Sullivan《2007年最新中国呼叫中心产业报告》，从2006年到2011年，中国呼叫中心仍以年复合率19.2%的速度增长，成为亚太地区发展最快的市场。此阶段呼叫中心向利润中心转变的需求越来越强，"互动营销中心"是呼叫中心发展的必然趋势。越来越多的企业通过呼叫通路实现营销、销售、服务、内部支持和渠道管理等多种功能有机整合。呼叫中心作为企业与客户的重要接触点将承担起企业营销策略的核心任务：电话销售、客户维系、营销渠道管理、网络营销管理等。同时CRM技术的引入将使呼叫中心的价值得以大幅提升。CRM的核心在于分析客户信息、发掘客户需求、把握营销机会、实现客户价值。而呼叫中心作为企业的统一对外窗口，担负着客户信息采集、客户需求分析、客户价值分级、客户需求满足，以及企业的客户服务、信息发布、市场调研、直接营销和形象展示的重要责任。呼叫中心成为 CRM 的统一对外信息平台。

在这样的发展历程中,呼叫中心出现了许多别名,这些别名都生动地反映了呼叫中心功能的不断增强和企业的客户价值观。常见的别名有:客户服务中(customer service center)、客户关怀中心(customer care center)、客户联系中心(customer connect center)、客户接触中心(customer contact center)、客户接触域(customer contact center)、客户支持中心(customer support center)、多媒体接入中心(multimedia access center)、客户关系中心(customer relation center)、电话行销中心(telemarketing center)等。

二、呼叫中心的应用范围

(一)行业应用势头强劲

领先采用呼叫中心系统的金融业(银行、证券、保险)、电信业和邮政业,其呼叫中心系统经过近 20 年的发展,业务应用范围已实现了新的发展。这些行业的呼叫中心突破了仅仅面向客户,完成客户服务的局限,已经升级到重视客户服务,整合营销渠道,服务与营销并重,挽留、增值和挖掘客户并重的全面发展战略上。一些金融机构已经将 CRM 系统与呼叫中心结合,同时纳入企业 ERP(enterprise resource planning)的规划中,使呼叫中心成为金融企业成员访问企业资源、调度、执行的门户。具有代表性的有深圳招商银行服务热线,工商银行上海分行理财热线。电信运营商也将呼叫中心看作其扩大规模、提高服务水平的工具。

电力、自来水、煤气、公交等公用事业单位都已经建立了不同规模的呼叫中心系统,在服务模式和管理模式上日趋完备。作为城市服务功能配套的信息系统,这几年逐渐表现出融合的态势。

制造业近年来在呼叫中心建设和改造上呈现出前所未有的高潮。企业建设和扩建呼叫中心着力为客户提供服务与支持、监控渠道服务质量、了解客户感知、打造品牌服务,将客户服务纳入企业产品战略。出于品牌效益、公众感受的考虑,制造业呼叫中心在业务上多以服务为主,大多不倾向主动营销活动。海尔集团、联想集团、春兰集团、美的集团、TCL 集团均建立了自己的呼叫中心,一汽、二汽、上汽等汽车制造企业也都建立起自己的呼叫中心。注重服务营销的管理、制造企业呼叫中心与 CRM 系统相融合是其主要特色。

包括中央电视台在内的电台、电视台、新闻媒体等传媒机构已经将呼叫中心作为信息增值的首选平台,业务品种从电话点歌到节目互动,形成了极其丰富的信息增值产品线,使呼叫中心成为广告收入之后的另一主要利润来源。目前国内媒体呼叫中心市场仍保持着较大的发展空间。

应急呼叫中心的出现极大地推进了呼叫中心在政府及公益事业领域的发展。诸如各地 12345 市长热线、市民"生活 110"、消费者服务热线 12315 等呼叫中心对推动政府贴近老百姓、大力发展公益事业都起到了助推器的作用。

随着电子商务企业在国内的发展,呼叫中心在该行业得到了广泛应用。携程网通过建立大规模的呼叫中心印证了自己的商业模式,在纳斯达克成功上市;当当网、卓越亚马逊的网上书店都已形成基于呼叫中心的大规模业务。呼叫中心是电子商务企业提高客户服务质量最有效的解决方案。

（二）呼叫中心主要应用领域

1. 客服部门

目前市场竞争激烈，各行各业都面临着严峻的考验，企业必须有的放矢地改变自身的服务内容、服务范围、服务方式、服务对象、服务质量、服务意识，才能保持企业的市场竞争力。建设以呼叫中心为主体的客户服务中心是顺应大趋势作出的最为积极的举措。目前无论是大的国际集团，还是小到几个人的企业都在积极建设这样的系统，目的只有一个，就是改善客户服务的质量，提高客户服务的水平。

2. 销售部门

电话的普及使得电话成为销售的重要工具。为提高电话销售的效率，更好地利用电话资源，建设以呼叫中心为主体的电话销售中心成为关键的解决方式，它能把售前咨询、售中技术支持、售后回访等各个销售环节整合在一起，形成强大的功能多样的销售平台。

3. 技术维修部门

各企业的技术支持部门、物业管理部门、连锁店面等有关维修的专业领域所涉及的客户问题通常很专业，问题的答案以固定形式居多，问题的解决常常又涉及责任、利益等重要方面，而呼叫中心能全程跟踪，并能记录相关数据，从而能够提高问题解决的效率并明确当事人的责任。

4. 物流部门

现代经济对于物流行业的要求已经不是简单的货物流转，而是对货物流转进行系统化、总体化的管理，为客户提供最快、最准确、最高效的服务，而信息的传递是此目标能够实现的重要前提。呼叫中心能够保证物流企业和物流部门与客户之间的信息顺畅传递，因而物流企业纷纷建立自己的呼叫中心，以赢得更多的客户。

三、呼叫中心的类型划分

按照不同的参照标准，呼叫中心可以分成多种类型，见表8-2。

表 8-2　呼叫中心的类型

分类标准	分类结果	类 型 含 义
接入技术	基于交换机的呼叫中心	由交换机将用户的拨入呼叫接入后台的坐席人员，该方式稳定性和可靠性好，但成本较高
	基于计算机的呼叫中心	由计算机通过语音处理板卡完成对用户拨入呼叫的控制，该方式成本较低，但是可靠性和稳定性相对较差
呼叫类型	呼入型呼叫中心	这种类型的呼叫中心不主动发起呼叫，其主要功能是应答客户发起的呼叫，其应用的主要方面是技术支持、产品咨询等
	呼出型呼叫中心	这种类型的呼叫中心是呼叫的主动发起方，其主要应用是市场营销、市场调查、客户满意度调查等
	呼入/呼出型呼叫中心	单纯的呼入型和呼出型呼叫中心都比较少，大量的呼叫中心既能处理客户发出的呼叫，同时也能主动发起呼叫

续表

分类标准	分类结果	类 型 含 义
中心规模	大型呼叫中心	一般超过100个人工坐席；它要有足够容量的大型交换机、自动呼叫分配设备、自动语音应答系统、CTI服务器、人工坐席和终端、呼叫管理系统以及数据仓库
	中型呼叫中心	人工坐席在50～100。其PBX与CTI服务器、人工坐席直接相连,人工坐席又与应用服务器相连,客户资料存储在应用服务器中,应用服务器实时地将打入电话的客户的资料自动地在计算机屏幕上弹出
	小型呼叫中心	坐席数目在50个以下,其结构与中型呼叫中心类似,不过几个主要部分如PBX(也可用板卡代替)、CTI服务器(主要板卡线数可选择低一些的)、人工坐席、应用服务器(根据数据库大小确定)在数量上均可作相应减少
使用性质	自建自用型呼叫中心	由企业自己规划与建设,企业自己使用和维护
	外包服务型呼叫中心	由呼叫中心服务公司建立,外包给企业使用,以收取费用
	ASP型呼叫中心	由ASP(应用服务提供商)提供呼叫中心的设备和技术平台,而由租用平台的企业自己进行日常运营管理
分布地点	单址呼叫中心	呼叫中心的工作场所分布于同一个地点
	多址呼叫中心	工作场所分布于不同地点(基于不同城市),但是,无论处理呼出还是呼入,分布于不同地点的子中心给客户的感觉都是同一个呼叫中心；分布于不同子中心之间的信息交互是通过企业广域网技术或互联网技术来实现的

四、呼叫中心的发展趋势

由于呼叫中心系统是IT技术的全面集成,因此在IT领域中的任何技术进步都将直接影响和推动呼叫中心的发展。下面将未来呼叫中心的几个发展方向进行介绍。

1. 基于互联网的新型呼叫中心

基于互联网的新型呼叫中心不是简单地把互联网信息提供给呼叫中心,而是把呼叫中心与互联网集成为一体。用户可以从Web站点直接进入呼叫中心,用点击按钮的方式实现与对方通话。当然远端可以用IP电话,也可以通过白板功能进行文本交互,互联网上的功能都可结合为一体共同使用,如E-mail、IP传真等。由于IP电话、IP传真、E-mail的价格便宜,使得这种呼叫中心为大型跨国公司建立环球服务中心成为可能,用户不用800号也可全天候呼叫,企业减免了800号的电话费用负担。

现在已有大公司尝试建立了环球呼叫中心,而且一般选在第三世界低工资水平国家,企业可以把成本降到最低,而这些国家也可以获得更多的就业机会。

2. 多媒体呼叫中心

由于人类接收信息的70%来自视频,因此呼叫中心引入视频技术,即采取多媒体技术将使呼叫中心在功能上有一个飞跃。当然,要实现交互式视频通信,对用户端也提出了较高要求,所以它仍属于未来的呼叫中心。

3. 虚拟呼叫中心

利用智能化网络技术和虚拟现实技术,建立虚拟呼叫中心,这种呼叫中心可以是系统庞大、功能齐全、坐席数目过千的环球呼叫中心,可以用这样一个庞大的系统为若干中小企业同时服务,呼叫中心为运营商所有。各个中小公司的坐席员特别是资深的专家,可以在自己的公司、实验室工作,用虚拟网络与中心相连,随时接受那些对公司极为重要的来自中心的询问。这种系统具有大型数据库或数据仓库,它可以为每一个"入网"的中小公司作决策和分析用,当然中心运营商要保证各公司之间信息绝对保密和安全,以使任何一个公司不因采用共同的呼叫中心而泄密。

4. 其他新型的呼叫中心

除了以上类型外,以后还会出现其他的新型呼叫中心,如基于 ATM 技术的分布式呼叫系统、无线接入的移动呼叫中心等。实际上由于现代通信系统技术、互联网技术和交互式视频信号系统的发展,这些技术进步都会对呼叫中心产生影响,并直接被采用。因此,完全可以说,今后呼叫中心将随着信息技术进步,向着智能化、个人化、多媒体化、网络化、移动化的方向发展。由于呼叫中心会给企业带来巨大利润和良好的社会效益,为广大客户带来满意的服务,其快速发展和广泛被采用已成必然。

五、呼叫中心建设实施的基本步骤

企业建设呼叫中心的工作主要涉及职场、人员、流程、系统四项内容。这四项内容中的每一项在不同时期又会包括很多具体细致的工作。一般而言,建设呼叫中心应参照以下步骤。

1. 成立呼叫中心实施项目组

呼叫中心的建设是一个技术要求较高的工作,牵涉的部门较多。对于企业内部来说,应成立由相关部门人员组成的项目组,吸收呼叫中心建设专家、信息技术专家、硬件提供商等企业外部人员加入项目组。这样能便于了解各部门的业务和便于部门间的沟通。如图 8-1 所示。

2. 分析自身业务需求

呼叫中心具有个性化、专业化的特点,不同企业发展状况和业务流程都有所区别,对呼叫中心的功能要求也不一样。因此,项目组需要仔细梳理和完善企业业务流程,并明确呼叫中心建设的分阶段目标,在呼叫中心行业专家的指导下,制订满足企业需求的呼叫中心构建模型、业务流程及与之相适应的 IT 系统规划方案。

呼叫中心系统必须和企业业务需求紧密结合,因而对业务流程进行充分分析,并以客户的感受为依据进行完善,是呼叫中心建成后能否实现企业目标的重要基础工作。

3. 与提供技术方案的厂商联系沟通

呼叫中心的硬件需要厂家提供,并由其负责安装调试。在清楚自身需求之后,才能开始选择具体的集成技术。这就需要与能提供该技术的厂商进行充分沟通,使其准确地理解企业的需求和所要达成的目标。CTI 应用是一个专业性非常强的领域,要求厂家在呼叫中心实施过程中能够给予良好的支持和配合,因此企业需要重点考察硬件提供商的服

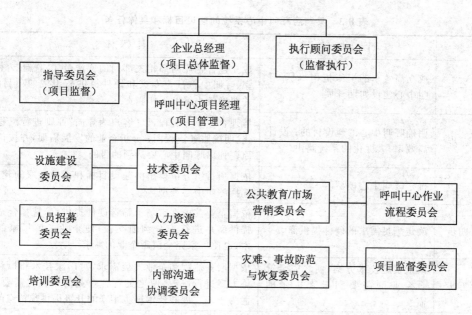

图 8-1 某企业建设呼叫中心项目时的组织架构

务能力。

4. 结合业务流程分析,进行技术改造和方案的修改

厂家提供的硬件一般不能完全切合每个呼叫中心的需要,企业应选择与自己具有同样客户价值观的厂家,以便于实施过程中沟通交流,共同对原有的技术方案进行修改,使之更加合理、完善。

5. 实现系统设计、测试与运行

配合厂家完成有关的编码工作,完成具体的呼叫中心系统建设并进行充分的测试后,将系统投放到实际的运营中,及时解决出现的有关问题。

6. 规范呼叫中心的管理

呼叫中心投入运营后,需要规范呼叫中心与企业其他部门及内部各部门的职责、衔接流程和业务操作标准,同时完善中心人员的岗位、薪酬、绩效及素质管理方法。

7. 为呼叫中心的升级提供空间

系统投入运营后,需要对系统进行日常运营维护。同时伴随呼叫中心技术的进步和企业发展的需要,增加呼叫中心新的功能,完成升级目标。以某药店呼叫中心系统为例,具体的建设目标和任务见表 8-3。

六、呼叫中心建设为企业带来的利益

呼叫中心是一种基于 CTI(computer telephony integration,计算机电话集成)技术、充分利用通信网和计算机网的多项功能集成,并与企业连为一体的一个完整的综合信息服务系统,利用现有的各种先进的通信手段,有效地为客户提供高质量、高效率、全方位的服务。

表8-3　某药店呼叫中心系统的建设目标和具体任务

步骤	目标概述	具体任务
第一步	成立高效率的组织机构,保障呼叫中心建设如期开展	成立包含企业内部相关部门的资深员工、信息技术专家、呼叫中心行业专家和硬件提供商组成的项目组,并明确各小组的工作职责
第二步	明确呼叫中心的建设目的;设计高效率、人性化的系统路由	梳理企业业务流程,以"客户为导向"原则进行流程优化,明确服务流程图;分析企业的发展需要,并按优先原则列出呼叫中心要达到的目的
第三步	确定呼叫中心模型	依据项目组分析得出的建设目标和行业专家的建议,选择呼叫中心类型
第四步	确定满足需求的硬件提供商	依据企业需求在市场上筛选硬件提供商,选择合适的提供商并进行充分沟通交流,使企业了解厂家的技术,也使厂家完全清晰企业的需求
第五步	改造实施技术方案,使之完全符合企业的需要和未来扩张的需要	依据服务流程和企业发展需求,对厂家技术和拟订实施方案进行修改,使之更符合企业的个性化需要,并能为未来发展和技术进步带来的升级提供预留空间
第六步	分阶段实施建设方案,保障呼叫中心的建设如期完成	制订明确的进度方案,按阶段实施建设方案
第七步	完成呼叫中心选址、人员培训和内部各项管理方法	选址、培训人员和建设管理制度
第八步	呼叫中心顺畅运营	呼叫中心投入运营后,进行日常维护,保障其顺利运转,并根据实际情况对呼叫中心进行完善和升级

1. 为企业开拓市场,增加销售业绩

电话营销手段在越来越激烈的现代市场竞争中成为企业不得不应用的一种销售手段。同样的产品,同样的服务,甚至是同样的价格,获取市场、客户、订单的多少则取决于企业在电话营销方式上的差异。现在我们可以看到,许多企业建设呼叫中心,无非是为了电话呼出(也就是电话营销)的便利和有效管理。所以,要想在电话营销上不致落伍,建设一套基于电话销售的呼叫中心是必然的趋势。而一套智能型呼叫中心系统的客户资料分组、智能拨号功能等往往在这个时候开始显现出强大的拓展威力。电话营销人员通过系统分组归类自己的客户资料,然后通过智能拨号系统将电话拨给潜在客户,接通电话后,电话营销人员可以按照企业此前已经拟订的交流要点针对客户开展营销,呼叫中心系统同时对电话营销人员与客户沟通的全过程进行了全程录音,这非常方便企业的创办者事后检查自己的语言针对客户是否有效。

2. 规范企业内部服务流程

任何一个企业的日常经营与发展往往都会遵循一定的整体服务流程,如生产流程、服务流程、配送流程、发货流程、检测流程、财务审批流程等。企业的整体服务流程严谨而完善,则企业的规模化、规范化、集团化发展将是指日可待的。如果企业的整体服务流程相对混乱,那么企业将只能停留在家庭小作坊式的经营局面上,虽然短期内有订单,有业务往来,但长期下去将很难逃脱被市场湮没的危险。

智能型呼叫中心系统毫无疑问会在企业的内部运作流程规范方面发挥重要的作用,

从细微的拓展客户话术管理,到知识库内容,继而可以直接切入企业业务服务系统等,如旅游行业中的机票预订、酒店预订、租车业务、签证服务、线路预订等环节,系统的IVR导航首先可以细分客户的具体需求,在服务人员接听客户电话时,已经对客户的大致需求有了一定的了解。此时直接展开客户服务,如机票预订中的查询航班、定位、出票、送票、结算等一揽子服务流程。企业很容易就可以理顺这些服务流程,进而将这些流程规范化,使得操作人员在进行系统操作时遵循相应的操作流程,从而在一定意义上规范了企业的整体运作流程。

3. 考核员工的绩效

呼叫中心系统后台提供的数据统计报表功能可以协助企业创始人有效针对企业内部人员开展绩效考核。一方面,在进行企业的业务拓展时,每天为电话营销人员规定一定量的工作考核指标,并督促大家按时保质保量地完成任务,提交任务报告。另一方面,由于所有的电话营销人员每天的工作量有可能是相同的,企业将可以很容易地从不同的电话营销人员的业务拓展效果中发现不同的电话营销人员出现的问题,如同样是每天需要拨打200个客户拓展电话,A业务员可能成交客户为100个,而B业务员可能成交客户只有30个,系统的通话记录显示B业务员确实打足了200个业务拓展电话,但是为什么拓展效果没有达到业务员A的效果呢? 通过通话录音检查。电话营销人员是否按照规定的话术与客户开展了沟通,与客户沟通中是否产品的关键点被轻描淡写了,等等,这些都有助于企业管理人员及时发展问题并给予纠正,使得业务拓展能尽快恢复到计划中的发展水平上。企业当然可以按照呼叫中心系统后台提供的相关业务统计报表针对内部服务的工作人员开展绩效考核,激励积极拓展业务的服务人员,鞭策后进业务人员快速达到更高的业务拓展层面。

4. 提升企业整体形象

呼叫中心系统往往由许多不同的功能模块组成,如ACD排队、智能分组、IVR导航、录音、话务管理、监控系统、TTS语音合成等,人工通话部分有外呼、转接、抢线、强插、三方通话等。在非工作或服务时间还可以设定留言信箱、一号通转接等。这些功能无不给一个电话主叫人员造成一个这样的印象,即企业的客户服务流程非常正规,用户服务及时、到位。即使在非工作时间,客户仍可通过语音留言或一号通转接功能与企业相关的工作人员取得直接联系,这些将直接正面提升企业的服务形象,给客户留下深刻的印象。

5. 有效控制企业运营成本

呼叫中心作为企业直接与客户联系和沟通的前端,正是企业提升服务,了解客户需求,提升客户满意度的有效武器。通过信息共享,能快速、准确地满足用户查询和申报服务,使服务量和服务质量都大大提高;而建立用户专属的服务档案和人性化的服务体系,能极大提升客户满意度,从而促进用户忠诚度。此外,利用呼叫中心建立的庞大客户资料库,企业还可以进行电话、网络推销和市场调查,挖掘潜在用户,真正使得呼叫中心从单纯的成本中心转化为利润中心。

第三节 客户关系管理与企业资源整合

一、客户关系管理与企业资源整合的意义

企业研究 CRM,是要研究客户的消费行为、消费习惯、购买(采购)周期、消费额度;要研究客户的流失倾向、流失率、不满意度;要研究客户的价值,包括:客户自身价值、客户对企业的贡献度及客户创造价值率;要研究同类企业的产品、服务及市场占有率;要通过营销、服务、市场、促销等手段或活动,提高客户的重复购买率,使客户与企业间保持一个相对长的并且稳定的生命周期。脱离开这些目标,则 CRM 就没有达到它应具有的功能,也就谈不上 CRM 为企业的发展助力。

要想实现 CRM 追求的目标,就要求企业的各个部门之间要协同起来,做到资源共享。市场数据不和财务数据结合,CRM 系统如何知道客户的销售信息? 服务数据不和产品信息结合,CRM 系统又如何知道客户对产品的需求及意见? 销售信息不和客户信息结合,又怎么知道客户的表现? 所以在企业中,CRM 的实践绝不是孤立的,也不应该将其孤立起来。

一套完整的客户管理软件——CRM 系统在企业资源配置体系中是承前启后的。向前,它可以朝企业的全面渠道各方面伸展,既可以综合传统的电话中心和机构,还可以结合企业门户网站、网上客户服务等电子商务内容,构架动态的企业前端;向后,它能逐步渗透至生产、设计、物流配送和人力资源等部门,整合 ERP、SCM 等系统,使企业的信息和资源流在网络经济中高效顺畅地运行。

客户管理软件方案在实施过程中,企业、产品提供商或咨询厂商需要详细规划和分析企业自身的具体业务流程的资源体系。通过广泛地征求雇员意见,了解他们对销售过程的理解;争取企业高层管理人员的积极参与,对整个业务过程做出全面考察,消除不必要的步骤;从业务和销售人员的角度出发,确定对其有益的及所希望使用的系统功能;支持销售人员的市场预测、销售渠道管理等工作,以及销售额制度、销售建议、产品目录以及客户历史资料提供等工作;能够对各种销售、服务活动进行追踪,记录员工与客户的交往,帮助企业全面地了解客户,并根据客户需求进行交易;能够从不同角度提供成本、利润、生产率以及风险分析等信息,并对客户、产品、智能部门和地理区域等进行多维分析。采用客户管理软件系统解决方案,可以整合企业的全面资源,用以创建成熟的、综合的商业过程,这已经为众多具有远见的领先企业实施客户管理软件 CRM 技术方案在自身内部产生的巨大变化所证实。

可以肯定,如果应用得当,客户管理软件为企业带来的好处首先将体现在整合了企业的全部业务环节的资源体系上,带来运营效率的全面提高,实现企业范围内的信息共享,使得业务处理流程的自动化程度和员工工作能力大大提高,企业的运营更为顺畅,资源配置更为有效。

小案例

　　一天,一位姓张的先生给某企业的客户服务中心打进一个电话,反映在其企业的网站上购买的一款产品存在质量问题,具体申诉是产品包装不严,在邮递的过程中有遗漏。该企业客服中心的工作人员在记录张先生的投诉过程中,调出了张先生的订单资料,发现张先生购买企业的产品已经有 5 年的时间,订单多达 27 个,购买产品的总金额达到了 2 万多元。客服人员在详细记录张先生的投诉后,答应尽快对问题做出处理意见和结果,并承诺在处理意见出来后及时回复张先生。

　　该企业的客服人员随即以内部邮件的形式将张先生的投诉发到了客服中心负责人邮箱中,负责人在接到邮件和仔细阅读后,马上调出了成品库库存信息,查询张先生购买的同款产品的库存情况,当明确得知库存给出的信息为该产品有库存,并确认具体数量后,该负责人给出了处理意见,并发给企业的财务、发货、仓库、客户中心值机等部门,而且抄送企业的相关领导。

　　以后的事情就是客服中心发出出库单,经财务审核后批转给仓库,仓库依据出库单的货号及数量将指令发给发货部门,发货部门通过快递将产品按照张先生在订单中留的收货地址进行发货,并将发货日期反馈给客服中心。客服中心在确认补偿给张先生的产品已经发出后,及时拨通了张先生在订单中留下的联系电话,首先表示歉意,随后告诉张先生处理的结果是免费再邮递给张先生同款产品一件,同时在服务提醒中进行了三天的设置。

　　三天后张先生又接到了企业客服中心的电话,询问张先生是否已经收到,当获得张先生的肯定答复后,客服中心将此投诉注销,并填报最终结果。

　　资料来源:客户世界网.http://www.ccmw.net/

　　在这个案例中,CRM 所起到的作用就是记录了张先生作为企业的客户的完整信息。包括基本个人信息、产品购买历史信息、客户价值信息等。同时 CRM 还可以衍生出更多的有价值信息,比如可以衍生张先生的购买习惯信息,可以衍生张先生对产品的喜好程度信息,可以衍生张先生对产品的消耗周期信息,可以衍生张先生的消费档次信息等。而衍生出的信息,对于企业一对一的客户服务和客户关怀具有实际价值和意义,对于企业进行交叉销售和新产品推介也具有实际价值和意义。

　　所以 CRM 要做到为企业服务,为企业创造价值,就必须整合企业资源,在企业内部形成一个客户服务的闭环。只有这样,CRM 才会发挥它更大的作用和价值。

二、客户关系管理对企业资源整合的影响

　　企业资源整合,是企业战略调整的手段,也是企业经营管理的日常工作。整合就是要优化资源配置,就是要有进有退、有取有舍,就是要获得整体的最优。资源整合是指企业对不同来源、不同层次、不同结构、不同内容的资源进行识别与选择、汲取与配置、激活和有机融合,使其具有较强的柔性、条理性、系统性和价值性,并创造出新的资源的一个复杂的动态过程。

在客户经济时代,企业整合客户资源,实现资源共享离不开 CRM 系统,通过 CRM 帮助企业管理不断壮大的客户群体,提升客户满意度尤为重要。

(一)CRM 为企业提供一站式管理

CRM 将销售管理、客服管理、市场管理、财务管理、人力资源、办公管理等一体化,帮助企业全面管理决策、执行、绩效等要素,形成联系紧密的有机整体。同时又将整个业务流程融入其中,方便企业掌握发展进度,有利于新业务员快速熟悉业务,按照流程完成产品销售订单任务。

(二)CRM 方便数据操作

CRM 系统对客户、供应商等资源进行全面管理,如业务往来记录、信用等级、交易频度、交易历史等,根据客户来源、客户类型、客户分布地区、客户跟进情况等进行统计分析,随时提供关联数据的查阅、打开关联单据功能,清晰掌握各项交易数据的来龙去脉。系统自动设置提醒功能,督促业务员跟单维护,把握客户资源,有效实施进度管理。

(三)CRM 实现信息共享

CRM 根据不同的级别权限,严格控制用户操作系统功能的权限和了解信息资源的权限。这样就保证了信息安全。同时管理者可以将某些客户的部分信息共享给其他同事,企业客户部的客户要求便可得到共享,便于采购部、生产部、财务部、销售部等部门协调安排工作日程,省略企业管理的部分中间环节,信息传递更加迅捷,有利于企业节省成本,提高效率。

(四)CRM 提升客户满意度

CRM 集成产品信息,对复杂产品特征可附加图纸、图片等各类型的文件,根据产品规格、包装、销售区域的变化,自动计算产品成本,并自动生成报价单或制作其他单据。企业按照客户要求提供完整的产品信息,确定交易细节,力争最短的时间促进订单完成,提高服务效率,提升客户满意度,培养客户对企业产品的忠诚度。

三、CRM 与 ERP 的区别和联系

随着市场竞争的日益激烈,传统、静态、扁平的企业管理系统越来越难以胜任对动态客户渠道和关系的管理,互联网催生的 CRM 系统给企业带来了经营管理方式上的重大变革。它的作用首先体现在整合企业资源体系方面,那么必然要提到企业资源计划系统(enterprise resource planning,ERP)。

ERP 是指建立在信息技术基础上,以系统化的管理思想,为企业决策层及员工提供决策运行手段的管理平台。ERP 系统集中信息技术与先进的管理思想于一身,成为现代企业的运行模式,反映时代对企业合理调配资源,最大化地创造社会财富的要求,成为企业在信息时代生存、发展的基石。

我们可以进一步从管理思想、软件产品、管理系统三个层次给出它的定义。

(1)ERP 是由美国著名的计算机技术咨询和评估集团 Garter Group Inc. 提出的一整套企业管理系统体系标准,其实质是在 MRP II 基础上进一步发展而成的面向供应链的管理思想。

（2）ERP 是综合应用了客户机/服务器体系、关系数据库结构、面向对象技术、图形用户界面、第四代语言、网络通信等信息产业成果，以 ERP 管理思想为灵魂的软件产品。

（3）ERP 是整合了企业管理理念、业务流程、基础数据、人力物力、计算机硬件和软件于一体的企业资源管理系统。

CRM 软件与 ERP 之间的区别和联系，是从不同角度进行理解的，总体来说，二者之间是相互依存的关系。在管理理念上，ERP 的管理理念是提高企业内部资源的计划和控制能力，讲究的是在满足客户、及时交货的同时最大限度地降低各种成本，通过提高内部运转效率来提高对客户的服务质量，可以说是以效率为中心。CRM 的理念是以客户关系的建立、发展和维持为主目的。它们的理念在关注对象上有区别，与企业级的内部资源计划 ERP 相比，CRM 更关注市场与客户。因为今天的客户既可以通过传统市场所提供的销售形式接触各类产品和服务，也可以方便地通过呼叫中心或互联网找到自己感兴趣的产品和服务。他们的消费方式由被动接受变为主动选择。所以 CRM 的作用主要在与客户直接接触的部门，它主要针对的是企业的市场营销、销售、服务部门，包括管理整个客户生命周期等各个阶段，为企业提供了对客户及所购产品的统计、跟踪和服务等信息化手段和功能。也就是说，如果说 ERP 是企业级的全面管理应用的话，CRM 就是 ERP 的最前端，它的作用延伸到了 ERP 以前力所不能及的范围之外。

（一）客户关系管理系统是 ERP 的延伸

客户关系管理软件侧重于管理企业的客户，同时企业的客户也是企业最重要的资源，ERP 作为企业资源的客户做比较全面的管理，这点在 ERP 的分销系统和应收账模块等中都有一些体现。所以夸张一点说，客户关系管理系统可作为 ERP 系统中的一个子系统，是 ERP 系统中销售管理的延伸，是对 ERP 的补充与增强。因为客户关系管理系统不仅对现有客户资源进行管理，还对潜在客户资源进行管理，客户关系管理系统包括原本不在 ERP 之内的呼叫中心、B2B、B2C、一对一营销等。既然是延伸，ERP 就是客户关系管理系统的基础，是培养客户关系管理的土壤，所以 ERP 与客户关系管理系统是有些交叉的，这也是我们经常会提到 ERP 与客户关系管理系统整合的一个原因。

（二）关注对象不同

如果从系统的角度讲，二者是不同的系统，而且关注的企业问题不同，客户关系管理系统更偏重于外向型的问题，比如营销、服务等与市场和客户相关的外部资源，强调合理利用优质服务来开拓和保持客户，优化面对客户的流程以减少获取和保留客户的成本。而 ERP 则偏重于内部的问题，关注点是企业资源，比如生产、库存、质量、成本等，它的方式主要是优化内部管理流程和其他内部资源。

（三）管理理念不同

ERP 的管理理念是提高企业内部资源的计划和控制能力，讲究的是在满足客户的同时最大限度地降低各种成本，通过提高内部运转效率来提高对客户的服务质量，可以说是以效率为中心。客户关系管理系统的理念是以客户关系的建立、发展和维持为主要目的，更关注市场与客户。ERP 更注重企业内部的管理，它的目标是规范管理，而客户关系管理系统的目标是为客户提供更加全面的服务,如果说 ERP 是企业级的全面管理应用的话,客户关系管理系统就是 ERP 的最前端,它的作用延伸到了以前 ERP 力所不能及的范围。

(四)应用系统的设计不同

大部分客户关系管理系统的业务流程相对比较灵活,ERP 的主要业务流程则相对固定。ERP 系统是一个"事务处理"系统,强调准确记录企业中人、财、物各项资源的轨迹,无缝地集成企业生产、库存、仓库、财务等管理模块,提高企业的"自动化"能力,从而极大地降低人力需求及差错,提高效率。而客户关系管理系统的体系设计以客户关系发展和维系为目标,系统以统一的客户数据库为中心,为系统用户提供客户的统一视图和对客户的分析、预测等工具,同时强调和其他企业应用的集成。

与 ERP 系统相比,CRM 软件更专注销售、营销、客户服务和支持等方面的管理,实际上,CRM 系统的价值在于突出销售管理、营销管理、客户服务与支持方面的重要性,CRM 系统本身可以看成广义的 ERP 的一部分,二者应该可以形成无缝的闭环系统。

第四节　电子商务时代中的客户关系管理

随着信息技术的发展,传统的经济模式发生了重大变化,经济全球化和网络化的发展,导致了电子商务的出现,并在世界范围内掀起了电子商务的热潮。

今天的 CRM 依赖互联网,其设计思想是力求通过提供更多的在线式自我服务、知识传递和信息分享等手段,使得客户在与企业进行交易时更容易。企业必须能够为客户提供适合的手段以培育起良好的企业与客户之间的关系。可以说在网络社会,唯一能把企业和竞争对手区分开来的不是技术,也不是产品,而是企业与客户的关系,CRM 因此成为企业在实施电子商务战略时的重点。

一、电子商务时代客户关系管理的新特点

在传统条件下实现客户关系管理有较大的局限性,主要表现在客户信息的分散性以及企业内部各部门业务运作的独立性,基于互联网的客户关系管理是一个完整的搜集、分析、开发和利用各种客户资源的系统,它的新特点如下。

(1)集中了企业内部原来分散的各种客户数据,形成了正确、完整、统一的客户信息为各部门所共享;

(2)客户与企业任一个部门打交道都能得到一致的信息;

(3)客户可选择电子邮件、电话、传真等多种方式与企业联系,都能得到满意的答复,因为在企业内部的信息处理是高度集成的;

(4)客户与公司交往的各种信息都能在对方的客户数据库中得到体现,能最大限度地满足客户个性化的需求;

(5)公司可以充分利用客户关系管理系统,可以准确判断客户的需求特性,以便有的放矢地开展客户服务,提高客户忠诚度。

二、电子商务时代客户关系管理带给企业的主要优势

（一）降低成本，增加收入

在降低成本方面，客户关系管理使销售和营销过程自动化，大大降低了销售费用和营销费用。并且，由于客户关系管理使企业与客户产生高度互动，可帮助企业实现更准确的客户定位，使企业留住老客户，获得新客户的成本显著下降。在增加收入方面，由于客户关系管理过程中掌握了大量的客户信息，可以通过数据挖掘技术，发现客户的潜在需求，实现交叉销售，可带来额外的新收入来源。并且，由于采用了客户关系管理，可以更加密切与客户的关系，增加订单的数量和频率，减少客户的流失。

（二）提高业务运作效率

由于信息技术的应用，实现了企业内部范围内的信息共享，使业务流程处理的自动化程度大大提高，从而使业务处理的时间大大缩短，员工的工作也将得到简化，使企业内外的各项业务有效运转，保证客户以最少的时间、最快的速度得到满意的服务。所以，实施客户关系管理可以节省企业产品生产、销售的周期，降低原材料和产品的库存，对提高企业的经济效益大有帮助。

（三）保留客户，提高客户忠诚度

客户可以通过多种形式与企业进行交流和业务往来，企业的客户数据库可以记录分析客户的各种个性化需求，向每一位客户提供"一对一"的产品和服务，而且企业可以根据客户的不同交易记录提供不同层次的优惠措施，鼓励客户长期与企业开展业务。

（四）有助于拓展市场

客户关系管理系统具有对市场活动、销售活动的预测、分析能力，能够从不同角度提供有关产品和服务成本、利润的数据，并对客户分布、市场需求趋势的变化做出科学的预测，以便更好地把握市场机会。

（五）挖掘客户的潜在价值

每一个企业都有一定数量的客户群，如果能对客户的深层次需求进行研究，则可带来更多的商业机会。客户关系管理过程中产生了大量有用的客户数据，只要加以深入利用，即可发现很多客户的潜在需求。

三、电子商务发展中的客户关系管理实施

首先，必须统一思想，提高认识。这不仅需要企业高层领导的支持和推动，也需要提高员工对客户关系管理重要性的认识，要让员工充分认识到客户是企业最为宝贵的财富，没有满意的客户就不可能有员工的前途，同时客户满意与忠诚度需要每一位员工通过积极的努力去培育，客户关系管理需要充分发挥每一个员工的自觉行动，才能保证客户关系管理真正落到实处。其次，要组建项目实施团队。客户关系管理系统的实施必须有专门的团队来具体组织领导，这一团队的成员既应包括公司的主要领导，以及企业内部信息技术、营销、销售、客户支持、财务、生产研发等各部门的代表，还必须要有外部的顾问人员参

与,如有条件,还应邀请客户代表参与到项目中来。最后,进行业务需求分析。从客户和企业相关部门的角度出发,分析他们对客户关系管理系统的实际需求,可以大大提高系统的有效性。因此,对客户关系管理系统进行业务需求分析是整个项目实施过程中的重要环节。

电子商务离不开互联网,网站是电子商务中企业与客户进行联系的特殊且重要的平台和沟通工具。网站将提供产品和服务的厂商与最终客户之间的距离消除了。作为客户,可以通过网站直接向厂商咨询信息、提出意见、发表看法;作为厂商,则可以利用网站实现向客户提出一对一的个性化服务。另外,企业通过网站可以了解市场需求和客户信息,加快信息传递、加快商流的周期。在一定程度上,可以说正是由于电子商务网站提供了企业与客户(包括潜在客户)之间的新的沟通渠道和沟通方式,才使电子商务具有如此旺盛、鲜活的生命力。为了和客户沟通,在电子商务中采取的措施如下。

电子邮件链接,便于客户和网站管理者通过邮件联系。邮寄目录,请客户签署邮寄单。让所有在邮寄单上的人及时了解你所提供的最新产品,为了把客户放在邮寄单上,在做第一次交易的时候询问客户的电子邮件地址,可以提供给他们两种选择,一种是明确列在邮寄单上,一种是不明确的,一旦有了地址,勾画出他们的购买行为,就可以传送适当的信息了。不久就会感受到顾客反馈的信息。

可利用网络社区培养稳定的客户群。社区建立的原则基于基本的心理学常识,人类不喜欢改变,不喜欢决策。一旦他们寻求某种大目标的时候,就会融入一个团体中去,他们不愿意轻易放弃。考虑到客户第一次决定购买你的产品的难度,如果尽可能地降低下一次购买的障碍,他们就会非常满足,创造一种环境,让客户在其中培养良好的感觉,认识到他们是被理解的,成为一种强势集团的成员;运用电子公告板,供客户在网上公开发表意见。通过邮件列表,定期或不定期地向不同的客户群体发送不同信息;开展网上调查,了解市场需求和客户消费倾向的变化;提供网上呼叫服务,及时解答客户的问题和投诉。

客户购物专区,存放每一个客户的购物信息,便于客户跟踪、查询订单的执行。与顾客进行成功互动的一个先决条件是:需要向客户提供其购物全过程的全面情况,以推动他的购买决策。应当非常明确地告诉客户何时预订,一旦预订了商品,就要告知它的价格。这种说明应该包括购买前、购买中、购买后。这样,提高了购物过程的透明度。

无论产品多么好,无论品牌多么有名,如果要保持对竞争对手的优势,吸引一批又一批的回头客,做好客户服务是唯一选择。实际上任何产品和服务,从生产到会计核算,都有可能成为商品,每一个竞争者都希望自己在各方面都做得很好,尽量消除缺陷。如果企业要从竞争中胜出,那么,可以使企业保持持续优势的一个方法就是保持优秀的客户服务。许多企业客户关系管理的实践表明:在电子商务发展时代,有效实施客户关系管理是企业保持旺盛生命力的强劲动力,只有客户关系管理得成功,才有电子商务的成功,也才有企业持续、快速、健康的发展。

本 章 小 结

客户关系管理系统在客户关系管理中的应用已经成为趋势,尤其是在电子商务时代,企业通过引进 CRM 系统实现客户关系管理信息化势在必行。

本章首先介绍了客户关系管理系统的基本内涵、基本功能、实施客户关系管理系统的基本步骤以及实施客户关系管理系统可能带来的问题;然后介绍呼叫中心的发展现状、常见分类、呼叫中心的应用领域和建设基本步骤方面的基本知识;最后介绍了客户关系管理对企业资源整合的影响、CRM 与 ERP 的区别与联系、电子商务时代客户关系管理的新特点以及电子商务发展中的客户关系管理的实施。

案 例 分 析

清大世纪呼叫中心项目

清大世纪是在北京市工商局登记注册的股份制独立法人单位,注册资本 3000 万元人民币,并由北京市科技局批准为高新技术企业(证书编号:GR200911000345)。清大世纪是一家以教育项目投资、教育产品经营、专业人才培训、网络远程教育为主要业务的公司。公司以"专注教育服务,专业服务教育"为企业理念,围绕早期教育、基础教育、职业教育及成人教育为社会提供高品质的教育服务,致力于打造中国教育资源最全、受众群体最大、服务质量最好的"终身学习平台"。

清大世纪经过 5 年多的经营和发展,成功搭建了国内领先的个性化、交互式、数字化立体教育服务平台,实现了教学互动、资源共享功能。特别是独创的"网络＋门店＋清大学习中心"的创新服务模式,在全国拥有近 2000 多个特许加盟连锁机构及独立承销商,渠道体系覆盖全国 27 个省 1300 多个城市及乡镇。

清大世纪的社会影响力及认可度不断提升,一是中央电视台及各地方卫视等对清大世纪进行了专题报道,如 CCTV-2《财富故事会》、《第一时间》、《全球资讯榜》、《经济信息联播》、CCTV-1《晚间新闻》、CCTV 新闻频道《午夜新闻》等,同时新浪、搜狐、腾讯、央视网等众多门户网站也给予清大世纪强有力的支持,另外《中国教育报》、《三联竞争力》、《齐鲁晚报》等国内重要平面媒体也竞相对清大世纪进行了专题报道;二是公司与全国几百家高等院校、教育培训机构、科研部门和政府组织建立了良好的合作关系;三是清大世纪于 2008 年年底获得了"中国十大教育连锁品牌机构"的称号。

清大世纪呼叫中心项目相关情况如下。

一、项目需求

(1) 一期部署 8 个坐席,二期部署 16 个坐席,三期预计部署 16 个坐席。

(2) 智能话务排队。排队功能有多种可定义的策略。

(3) 语音信箱、留言、通话录音及转手机。

(4) 话务分析。

(5) 发短信。

(6) 与电子商务平台网站、ERP 系统实现对接。

(7) 数据库验证,验证该主叫号码对应的客户是否有录音权限。

(8) 自主语音服务,判断留言条数。

(9) 开放的业务接口。

二、实施功能

根据清大世纪目前的业务现状,考虑未来的业务发展,实施了以下方面的功能。

1. 呼叫中心的实施

为了改善客户体验,规范管理客服人员的服务,提升客户服务品质,为清大教育实施了风语者的呼叫中心系统,并完成了与 ERP 系统、学宝网无缝对接。

(1) 呼叫中心的基本功能:来电弹屏、IVR、ACD、录音等基本功能。

(2) 坐席的监管与数据分析:为坐席班长提供了坐席组管理功能,便于对下属坐席人员进行实时的服务监管与指导;CRM 还可以对坐席所有的话务数据进行分析,为客服的运营提供决策支持。

2. 客户资料管理

(1) 建立统一的客户资料数据库。

(2) 规范客户资料格式。

(3) 整合家宝贝客户、学习吧客户、电话客户、门店客户。

(4) 整合客户动态信息,便于客服及时了解客户沟通历史、购买历史、爱好变化等。

(5) 与呼叫中心结合,智能识别客户身份。

3. 数据统计与分析

IT 系统的实施,只有为企业提供决策支持,才是企业最终的目的。清大世纪实施风语者 CRM 系统,同样是为了给企业运营提供决策支持,包括为客服运营提供数据支持,为网店运营提供决策支持。

(1) 坐席数据的统计:统计所有坐席的数据,包含呼入呼出数据,通过各个报表来分析每个坐席人员的休息时间、工作时间。

(2) 学宝网网店数据统计:通过与学宝网同步和数据筛选技术,可以根据不同品牌的客服人员来处理不同的售后信息。精确分工,统计每个品牌的问题。

三、实施收益

1. 客户数据完美整合

统一管理客户资料。

2. 提高服务质量,提升企业形象

人工坐席+IVR 语音应答的 7×24 不间断服务,通过提供准确、统一的服务,提高淘宝店的订单成交率和订单处理效率,通过监听、转接、强踢和休息功能,提供更人性、科学的坐席管理。

3. 加强企业管理,提高工作效率

系统采用自动话务分配(ACD)的多种排队机制,以最优化的策略分配给最适合的坐席人员,风语者呼叫中心系统提供坐席监控功能,使坐席工作时间考核更加准确,加强企业内部人员的管理,提高工作效率。通过呼叫中心的通话录音的功能,发生纠纷时,还可提供有力的法律依据。

4. 业务报表统计功能为决策提供依据

通过系统提供的日/周/月等统计分析报表数据,为企业领导在产品、业务等方面的调整提供有力依据,并通过对录音的有效分析提高客服员工的整体服务水平。

资料来源:客户世界网.http://www.ccmw.net/

思考：

1. 企业为什么要建立呼叫中心？

2. 呼叫中心的建立，使传统的客户服务方式发生了翻天覆地的变化，请根据你的理解进行详细的说明。

思考与训练

一、思考题

1. 客户关系管理系统的基本内涵、基本功能是什么？

2. 实施客户关系管理系统的基本步骤有哪些？

3. 呼叫中心的应用领域和建设基本步骤有哪些？

4. 客户关系管理对企业资源整合的影响是什么？

5. 电子商务时代客户关系管理的新特点是什么？

二、实训题

1. 社会调查

联系一两家企业，对其 CRM 软件系统的实施情况进行调研。

2. 信息检索

(1) 目前在我国 CRM 软件市场上，哪些软件提供商占据了主要市场？

(2) 请列举 2011—2013 年在我国 CRM 软件市场上占有率前三名的厂商。

参 考 文 献

1. 周洁如,庄晖.现代客户关系管理[M].上海:上海交通大学出版社,2008.

2. 李小圣.客户关系管理一本通[M].北京:北京大学出版社,2008.

3. 彭彬.客户关系管理学[M].上海:上海财经大学出版社,2009.

4. 李志刚.客户关系管理理论与应用[M].北京:机械工业出版社,2009.

5. 马学召.客户服务管理实操细节[M].广州:广东经济出版社,2010.

6. 李志宏.客户关系管理[M].广州:华南理工大学出版社,2011.

7. 蔡瑞林.客户关系管理实务[M].北京:北京交通大学出版社,2010.

8. 周贺来.客户关系管理实用教程[M].北京:机械工业出版社,2010.

9. 苏朝晖.客户关系管理——客户关系的建立与维护[M].北京:清华大学出版社,2010.

10. 林建宗.客户关系管理[M].北京:清华大学出版社,2011.

11. 管琼斯.企业实施客户关系管理现实意义的探究[J].价值工程,2013.

12. 杨路明.客户关系管理[M].重庆:重庆大学出版社,2012.

13. 李文龙.客户关系管理实务[M].北京:清华大学出版社,2010.

14. 张慧锋.客户关系管理实务[M].北京:人民邮电出版社,2011.

15. 施志君.电子客户关系管理与实训[M].北京:化学工业出版社,2009.

16. 郭兵.基于客户生命周期的关系营销策略探析[J].江苏商论,2009.

17. 杜蓉,孙烨.基于生命周期理论的客户知识挖掘[J].现代管理科学,2008.

18. 万隆,王鹏.最有价值客户的生命周期管理[J].物流技术,2008.

19. 顾菁菁.客户关系管理中客户生命周期利润价值细分的思考[J].企业管理,2009.

20. 浩仁.试论顾客忠诚的影响因素与理论模型[J].商业经济与管理,2005.

21. 荣伍.美国顾客满意度指标测评[J].世界标准化与质量管理,2000.

22. 清峰,晁钢令.服务产品质量与价格认知一致性对顾客满意度的影响[J].上海经济研究,2010.

23. 利丰研究中心.供应链管理香港利丰集团的实践[M].北京:中国人民大学出版社,2009.

24. 程国卿,吉国力.企业资源计划(ERP)教程[M].北京:清华大学出版社,2010.

25. 朱桂平.基于核心竞争力的业务流程再造研究[M].北京:中国商务出版社,2009.

26. 郑方华.客户服务技能案例训练手册[M].北京:机械工业出版社,2006.

27. 王晓望.客户关系管理事件教程[M].北京:机械工业出版社,2011.

28. 汤兵勇.客户关系管理[M].北京:高等教育出版社,2008.

29. 李莉平.电子商务中的CRM分析与策略[J].物流科技,2014.

30. 吕凌菁.浅论电子商务中的客户关系管理[EB/OL].2007.

31. 王广宇.客户关系管理[M].北京:清华大学出版社,2013.

32. 瞿艳平.国内外客户关系管理理论研究述评与展望[J].财经论丛,2011(3).

33. 滕连爽.客户关系管理在营销管理中的地位研究[J].商业时代,2011(9).

34. 谷再秋,潘福林.客户关系管理[J].长春大学学报,2010.

35. Kumar V. Customer relationship management[M]. John Wiley & Sons, Ltd, 2010.

36. Kumar V, Reinartz W. Strategic Customer Relationship Management Today[M]//Customer Relationship Management. Springer Berlin Heidelberg, 2012:3-20.

37. Linoff G S, Berry M J A. Data mining techniques: for marketing, sales, and customer relationship

management[M]. John Wiley & Sons, 2011.

38. Baird C H, Parasnis G. From social media to social customer relationship management[J]. Strategy & Leadership, 2011, 39(5): 30-37.

39. Lin R J, Chen R H, Chiu K K S. Customer relationship management and innovation capability: an empirical study[J]. Industrial Management & Data Systems, 2010, 110(1): 111-133.

40. Nguyen B, Mutum D S. A review of customer relationship management: successes, advances, pitfalls and futures[J]. Business Process Management Journal, 2012, 18(3): 400-419.